JN071297

教科書を書き換える
日本史の教室

浮世博史

下

教科書を書き換える 日本史の教室 下

装丁　柴田淳デザイン室

目次

【上巻目次】

Ⅵ

近代の扉

——対立する人々と国々、江戸から明治へ

宇田川安高『館砦志士戦没之図』(市立函館博物館所蔵)

序

18世紀に始まった産業革命は、19世紀にかけて社会を変えることになります。産業革命の「成果」は、1851年のロンドン万博に結集しました。当時の最先端は「鉄」と「ガラス」。"Crystal Palace" 水晶宮はその象徴で、経済で世界に君臨するイギリスの繁栄ぶりが示されました。

大きな進歩ももたらしましたが、人々の間に新しい分断も、もたらしました。経済の繁栄は安価な労働力によって支えられ、資本家と労働者という階級を生み出し、貧富の差の拡大がみられ、両者の対立や妥協で政治が進みます。そうして選挙権の拡大とともに人々の意見が反映して、大きな政治・外交の変化が起こりました。

人々の生活が変化し、新しい思想も人々の中に根付き、新しい国家のあり方が模索され、そのしくみが整えられます。そして自国の発展のためには他国との対立も容認する風潮が広がることになります。

「世界の工場」となったイギリスは、世界を自分の都合の良い国際環境に変えていきます。イギリスの原料供給地となるところは外交と軍事力で支配下に置き、市場となるにふさわしい国や地域には自由貿易を強制しようとしていきます。

このような動きの中、イギリスは中国を市場化しようとし、清帝国の交易体制に挑んで行きます。それがアヘン戦争とそれに続くアロー戦争でした。

また、イギリスやフランスに遅れをとっていたロシアは、18世紀に入り、膨張策を進め、西はバルト海に勢力を拡大、南はオスマン帝国を圧迫して黒海に出る機会をうかがい、東は清帝国との国境を画定し、日本に使節を派遣して通商を求めるようになります。

これらの世界の動きは、「鎖国体制」にあった日本に大きな影響をあたえていきます。日本近海に出没する外国船の商人たちは、日本との通商を求めるようになり、18世紀には沿岸にくらす日本の人々と交易を始めるようになりました。

このような動きを警戒した幕府は、従来の外交体制を固守しようとして沿岸の防備と外国船の打ち払いを命じますが、アヘン戦争の結果をみた日本は、諸外国との対立を避けようと方針を変更します。

一方、イギリスやフランスは、ロシアの南下政策に警戒を示し、オスマン帝国の維持によってロシアを封じ込めようとロシアとクリミア戦争を起こします。

西欧諸国のアジア・アフリカへの進出は、西欧諸国とアジア・アフリカ地域の人々との対立を招いただけでなく、西欧諸国間の激しい対立をもたらします。

この列強間の対立の隙間を利用して、新興のアメリカ合衆国は中国との通商拡大、太平洋の捕鯨基地の確保をめざして日本に接近していくことになりました。

日本の幕藩体制は、18世紀から、これらの世界情勢に対応する形で、その政治体制を変更し、再編強化せざるをえない側面もあったのです。

（1）ペリー来航と日本の開国

岩倉具視使節団の帰国後にまとめられた報告書の冒頭（例言）に、「明治維新」という大変革が可能となった背景について説明されています。

「其由て然る所を熟察すれば、世界気運の変に催さるるにあらざるはなし」。

つまり、世界情勢の大きな変化が背景にあった、というわけです。

幕末から明治にかけて、この「世界気運の変」の中に当時の人々が身を置き、そして、ある者は流れに逆らおうとし、ある者はその流れの行く先を見つめて行動していくことになります。

すでに幕末、日本の沿岸にはロシアやイギリス船が来航し、幕府や諸藩だけでなく、農民や漁民たちは海防の役夫として動員されたり、また、幕府や藩の監視をのがれるように来航した諸外国の商船と取り引きしたり（「抜け荷」）しており、庶民レベルで「世界の中の日本」を感じるようになっていたのです。

幕末以来、異国船の打ち払い、あるいは薪水給与令などを通じて、外国船などを目の当たりにしていた藩や民衆にとって、１８５３年６月のペリーの浦賀来航は、突然降ってわいたことではなく、従来の政治・外交の延長線上の「事件」で、各藩それぞれのマニュアル、民衆レベルで外国に対する知識が積み重ねられていました。

房総半島の漁民・農民たちは、すでに蝦夷地の警備に動員されていますし、大名の警備配置などを通じて農民たちは「御手伝い」をしていて、民衆レベルの危機意識も高まっていました。

海防について、すでに農村ではさまざまな負担をしているので、外国の情勢に無知ではおられず、名主や豪農たちの中には、林子平（はやししへい）の『海国兵談』（ロシアの南下政策に危機を抱き、海防の充実を提唱）、工藤平助の『赤蝦夷風説考』（カムチャッカ半島を中心にしたロシアの事情と地理をまとめた）、さらには長崎の情報も手に入れて、「世界情勢」を彼らなりに得ようと努力していました。実際、「海防差配役」などは村の有力者に課されていたのです。

幕府や藩は、こういった庶民・農民層に役職を与え、支配体制に組み込みながら、地域の情報収集、沿岸警備などの海防を実現しようとしていました。

異国船発見の情報伝達、軍需物資の手配、大名沿岸警備の御手伝い、台場の建設の手配など、村人、地域の有力者、とくに商品作物生産などを通じて成長してきていた豪農らの協力なしには海防体制は築けなかったのです（『黒船がやってきた』岩田みゆき・吉川弘文館・歴史文化ライブラリー）。

とはいえ、江戸という大都市に近い、江戸湾の入り口浦賀に、軍艦4隻（うち2隻が蒸気船）が来航したことは、おおいに江戸の人々を驚かせました。

もちろん、戦争が始まるのではないかと考えた人々が家財道具をまとめて逃げ出すという騒ぎもありましたが、黒船を「見物」に出かける民衆も多数いました。

図１　1854年、横浜沖に来航したペリーの黒船（ウィルヘルム・ハイネ 画）

　また、ペリーは大砲（空砲だった）による「示威行為」を幕府に対しておこなったりもしましたが、最初は驚いた江戸の町人たちも、やがて湾岸に見学に集まるなど、町人側に残る史料では「花火」を楽しむように集まったことがわかっています。

　民衆にとって、ペリーの来航は「驚異」ではありましたが「脅威」ではなかったことがわかります。

　さて、従来は、ペリーの来航によって（翌年の日米和親条約の調印によって）「開国」した、と説明されていますが、当時の国際情勢や「ペリーの意図」から、もう少し大きく理解しようとする考え方が中心となってきました。

　ペリーは、太平洋を渡って日本にやってきたのではありません。1852年にノーフォークを出航し、大西洋を渡ってアフリカ沿岸を南下、1853年1月にケープタウンに寄港し、モーリシャス諸島、セイロン島、シンガポールに寄港しました。そしてマカオ・ホンコン・シャンハイを経て、「琉球」に来

図2　マシュー・ペリー

航したのです。

ペリーはアジアで植民地・市場を獲得して勢力を伸ばすイギリスを強く意識していました。彼が寄港した地域のほとんどはイギリスの影響下、植民地支配下にあるところでもあり、この航海で、まだイギリスの影響下になく、そして中国市場進出の足がかりになる「日本列島」をとくに意識することになったのではないでしょうか（『ペリー提督日本遠征記』）。

ペリーの記した遠征記を読むと明白ですが、ペリーは「日本列島」の3つのポイントをおさえることを重視し、薩摩の支配から琉球を「解放」し、那覇港を「開港」させようとしたのです。1854年4月、ペリーは軍艦3隻で那覇港に入り、軍隊を上陸させて首里城を訪問しています。以後、五度にわたって那覇港に立ち寄り、通商条約を琉球と締結して石炭貯蔵施設を建設（貿易船の寄港地として整備）しました。

「ペリーの意図」は、まだイギリスの勢力圏下に入っていない中国近海の島々と台湾、さらにはフィリピンなどをアメリカの影響下におき、太平洋を「アメリカ合衆国の内海」にすることでした。

1850年代のアメリカは北部で商工業が発達しており、中国市場はたいへん魅力のあるものです。従来の大西洋航路では中国まで約130日もかかりますが、太平洋航路が就航すれば約1／7に短縮できるのです。アラスカから北太平洋を横断する北太平洋ルートは、中国市場への通商路のみならず捕鯨ルートとしてもたいへん有効なものでした。そのため「日本列島」の諸港はなんとしても確保したい寄港地・貿易港だったのです。

このアメリカ合衆国の大きな戦略と日本の歴史を考えた場合、ペリーによって開港された場所は、従来の教科書的説明の「下田・箱館（函館）の2港」という理解で果たしてよいのでしょうか。世界地図を広げ、函館・下田、そして那覇を俯瞰したとき、その3つの港の距離が等間隔であることに気づくはずです。大きな対中国貿易のために3つの港を開港させた、という考え方をすべきだと思います。

実際、『ペリー提督日本遠征記』には、「休養と疲労回復に大変便利な三つの場所をわれわれは持つことになる」と記しています。

（2）開港と人々の生活

ペリーの来航とそれに続く日米和親条約の締結、さらにはオランダ・イギリス・ロシアとも和親条約を結んだことは、従来の「日本の外交思想」に大きな転換をもたらしました。

従来東アジア世界は（中国の側から見れば世界は）、中国（中華帝国）を中心とする、華夷（かい）思想と朝貢体制の秩序の中にありました。日本もこの秩序体制の周縁部に位置し、ときに従属的（倭から古墳時代、飛鳥・奈良時代）に、ときに距離を保ち（平安・鎌倉時代）、ときに朝貢し（室町時代）、と、「中華帝国秩序」と向き合った外交を展開し、「華夷思想」を日本国内の秩序形成（奈良・平安による隼人（はやと）・蝦夷（えみし）という考え方）に取り込んでいました。

しかし、幕末以来の欧米諸国の接近で、それは動揺し、ペリーの来航で「くさび」を打ち込まれたかのように、従来の外交観にかわる「外交秩序」を知ることになりました。「中華帝国秩序」と「華夷思想」に代わり、急速に拡大しつつある「西欧を中心とする世界秩序」と「国際法」を知ることになったのです。

当時の日本の進歩的な学者たちは、これを「万国公法」と呼び、坂本龍馬などはさかんにこの術語を使用していました。

もちろん「西欧中心世界秩序」は、産業革命と技術革新を背景とした「力の秩序」でもあり、世界を「文明国」「半文明国」「野蛮国」に3分し、半文明国は文明を取り入れて文明国の仲間入りを果たさなくてはならず、野蛮国は野蛮なままであるならば、文明国の支配を受け入れなければならない、というものでした。よって、「国際法」も国家間の「合意」にもとづいて国と国の関係を規定するものであるとしながらも、その国家間の関係は「力」によって決められるということが前提でした。

ペリーとの交渉、さらにはアメリカ合衆国の総領事として1856年に下田に着任したハリスとの交渉によって、幕府の外交当事者たちは、この「世界新秩序」と「国際法」を「学んで」いくことになったのです。

ハリスは日本と貿易を開始しようとしますが、「世界新秩序」と「国際法」の説明にあたって、直近、進行中の「事件」を利用しました。

それが清とイギリス・フランスが戦ったアロー戦争です。

ハリスと幕府が貿易交渉をしている真っ最中にアロー戦争が起こっていました。

アロー戦争は、アヘン戦争で得た利権をさらに拡大しようとしていたイギリスが、アロー号事件（イギリス国旗を掲げていた密貿易船アロー号を清の官憲が取り締まろうとしてイギリスの国旗を侮辱した事件）をきっかけに起こした戦争で、フランスも宣教師殺害事件を口実にイギリスと共同歩調をとって参戦したというものです。

ハリスは、イギリスやフランスの「脅威」を説き、今、アメリカと貿易協定を結べば国際慣習とし

図３　アロー戦争：フランス軍の侵攻（London News より）

てイギリスとフランスはアメリカと日本が定めた貿易協定に準じた協定を結ぶことになるであろうし、またアメリカもうまく交渉して日本の不利にならないようにする、と通商条約締結を急がせました。

こうして１８５８年、日米修好通商条約が締結され、貿易上の取り決めと箱館・新潟・長崎・兵庫・神奈川の５港の開港が決定されました（神奈川と長崎は１８５９年、新潟は１８６０年、兵庫は１８６３年に開港。条約締結後すぐに開港されたわけではない）。

そして、教科書でも大きく取り上げられるのがこの条約の「不平等性」です。一般に説明される「不平等」の内容ですが、大きく二つのことに集約できます。

「領事裁判権（治外法権）」を認めていた、ということ。「関税自主権」がない（協定関税を認める）、ということです。

この領事裁判権もよく誤解して説明されがちで

す。「アメリカ人が日本で罪を犯しても、日本人が裁くことができない」「アメリカ人は日本で犯罪をやり放題ということになる」という説明は誤解と誇張です。

条文を正確に読むと明らかですが、「アメリカ人の犯罪には、アメリカ人の法律が適用され、アメリカ人の犯罪は領事が裁判する」ということです。

アメリカ人が日本で犯罪をすれば、もちろんアメリカ領事がそのアメリカ人を有罪とします。たとえばアメリカ人が窃盗を犯した場合、日本の公事方御定書が適用されるのではなく、アメリカの刑法が適用されることになります。

アメリカにせよイギリスにせよ、日本で自国人が罪を犯すことがないよう、かなり厳格に在留外国人に法を運用・適用していました（『近世の日本において外国人犯罪者はどのように裁かれていたか』荒野泰典）。

それから「関税自主権」や「貿易」に関する説明の「不平等」に関しても誤解が広がっています。いわゆる「関税の不平等」は1865年以降なのです。

この時決められた関税率は、輸入品には約20％、輸出品には5％でした。

関税は、ふつうは相手国とは相談なく、自国で決定できます。つまり「関税自主権がない」というのは、関税を当事国間で話し合って決める必要がある、ということです。

1858年の段階では、「関税自主権がない」ことはとくに問題にはなりませんでした。というのも、アロー戦争の結果、清が英仏と締結した天津条約の輸入関税は5％でしたから、日本が締結した20％というのは、不平等どころか当時の国際水準に適合したものだったのです。

　また、この「輸出関税５パーセント」も幕府の財政をおおいに潤しました。たとえば、アメリカが生糸を日本から輸入すればするほど幕府の関税収入は増加し、１８６４年段階で幕府の関税収入は幕府の歳入の18パーセントを占める１７４万両にも及んだのです。

　欧米との貿易が「不平等」な状態になり、国内の生糸価格が高騰し、さらに外国から安価な製品が入ってきて日本経済に大きな影響が出るのは、１８６６年の「改税約書」で輸入関税が一律５％に引き下げられてからのことです。

図４　井伊直弼

　インドからの安価な綿花が大量に輸入され、河内・濃尾平野の綿花畑はほぼ消滅することになってしまいました。一方、国内の綿織物業も影響は受けましたが、もともと綿織物生産のベースがあったために、明治維新後、南河内、濃尾平野の紡績業の発展につながりました。

　では、そもそも「改税約書」をなぜ幕府は認めることになったのでしょうか。

　その最大の原因は、長州藩による下関砲撃事件でした。

　１８６０年、日米修好通商条約、そしてオランダ・イギリス・フランス・ロシアと同様の通商条約を締結した大老の井伊直弼（いいなおすけ）でしたが、幕府が朝廷の許可を得ずに条約を調印したことや、将軍の後継問題などから反対派から激しく

図５　薩英戦争

批判されることになりました。これに対して井伊直弼は、国内の反対派を強硬に押さえ込んだのです（安政の大獄）。これに反発した水戸藩などの浪士たちは、1860年、江戸城の桜田門外で井伊直弼を襲撃して暗殺するという事件を起こしました。

以後、幕府は朝廷の権威を利用し、幕府の権力を回復しようとする「公武合体」をめざすようになる一方、天皇の権威を尊び（尊王(そんのう)）、外国勢力を排除しようとすること（攘夷(じょうい)）が結びついた「尊王攘夷」運動が水戸藩・長州藩・薩摩藩で活発となります。

1862年、薩摩藩の藩士が生麦村（神奈川県）でイギリス人を殺傷する事件を起こしました。翌年、この報復にイギリス艦隊が薩摩に派遣され、鹿児島を砲撃し、薩摩藩士たちとの戦いに発展しました（薩英戦争）。軍事力の差を痛感した薩摩藩はイギリスとの関係を深めるようになり、武器や軍艦を購入し、洋式装備の充実に力を注ぐようになります。

一方、1863年5月、長州藩はすでに準備してい

図６　下関の前田砲台を占拠する連合国軍（フェリーチェ・ベアト撮影）

た関門海峡の砲台や軍艦を用いて、ここを通過する外国商船を砲撃する事件を起こしました。

これら過激な長州藩の行動に対して薩摩藩は幕府に接近し、京都から長州藩の勢力を一掃する計画を立て、1863年8月、政変を起こして攘夷派の公家、および長州藩勢力を京都から追放します（八月十八日の政変）。

このような状況のなか、1864年、アメリカ・イギリス・フランス・オランダの4ヵ国の艦隊が、前年の砲撃事件の報復と、通商条約の遵守と海峡の自由航行を認めさせるために、長州藩を攻撃しました。

四国艦隊は17隻の軍艦と5000人の陸戦隊という圧倒的な兵力で長州藩を屈服させ、下関砲台も占領されることになったのです。

幕府も、幕府の方針に従わない長州藩を攻撃するため兵を集め（第1次長州征討）、長州藩も戦わずして幕府に屈服することになりますが、藩論を一変させた長州藩は、薩摩藩に接近していくようになります。

さて、イギリス公使パークスは、この「下関戦争」を「外交の材料」としました。賠償金を要求したのですが、その金額を2／3に減免することを条件に「条約の勅許」「兵庫の早期開港」「関税引き下げ」を要求したのです。

この結果、長州藩による諸外国への攻撃が原因で、幕府は「不平等条約」をおしつけられることになりました。

こうして幕末の大きな経済転換が始まったのです。イギリスの安い製品やインド産の綿花が大量に国内に出回り、国内の綿花生産は打撃を受ける一方、インド産綿花を原料にした綿織物生産も始まりました。外国への輸出、とくに生糸や茶は日本国内の安価な労働力（農家の副業）によって価格は安く、品質も良いために大量に輸出されました。そのためこれら日用品が国内で品不足となり、物価を著しく高騰させることになります。

さらに「金銀比価問題」がインフレーションに拍車をかけました。

日本国内では当時、小判1枚は一分銀4枚（「1両＝4分」）で交換されていました。また、貿易にあたり、為替レートは同じ重量の銀貨で交換することが定められ、1ドル銀貨1枚と一分銀3枚が交換される（「1ドル＝3分」）と決まっていました。

ところが日本の1両小判は、シャンハイやホンコンなどでは「1両＝4ドル」で交換されていたのです。

つまり、4ドルを日本国内で一分銀に交換すると、12分になります。これを日本の両替商に持って行って小判に交換すると3両になります。そしてこの3両を国外に持ち出し、ホンコンやシャンハイで銀貨にかえると12ドルになってしまうのです。

4ドルを国内で両替して海外に持ち出せば12ドルになる「錬金術」。

もともと、金貨の持ち出しは禁止されていたのですが、幕府は外国の貨幣と日本の貨幣が交換されることを嫌い、外国の貨幣をそのまま日本で使用する案を提案しました。ハリスは、急に日本国内でアメリカの貨幣を通用させるのは混乱する、というので一年間に限り、交換することを認めたため、このような事態を招きました。

かつては「このせいで、50万両が流失した」と言われていたのですが、最近の研究では、その後、幕府の貨幣対策で（貨幣の質を下げて国際標準に合わせた小判を発行したため）１８６１年には流失は沈静化し、従来言われていたのは過大であると考えられるようになりました。

ただ、貨幣の質を下げたこともまた物価の激しい高騰をまねき、人々の生活を大きく圧迫するようになってしまいました。

さらに大地震の発生、コレラや麻疹（はしか）の全国的な大流行と相俟って社会不安、幕府の政策に対する不満が拡大することになったのです。

薩摩藩と長州藩は、相互に銃や米の取り引きを通じて次第に接近し、１８６６年には同盟・協力関係を確認しました（いわゆる薩長同盟）。

こうして薩摩・長州両藩は藩政の改革・刷新を図りながら「攘夷から倒幕へ」方針を転換していったのです。

(3) 幕末の民衆運動「世直し一揆」

1866年以降、物価の上昇はおさまらず、庶民の生活は逼迫するようになりました。また、幕府は「長州征伐」の実施にあたって大坂の米を兵糧として徴発し、これがさらなる米価の急騰をもたらしてしまうことになります。

1866年5月に大坂で大規模な打ちこわしが起こりました。この時、捕縛された男は「騒動の張本人はお城の中におわします」と回答しており、米価の高騰の原因が兵糧徴収にあったことを民衆レベルで理解されていたことがわかります。

さらに、大坂・江戸の打ちこわしだけでなく、関東周辺（武蔵・上野(こうずけ)）の養蚕(ようさん)地帯での農家でも十数万人が参加する一揆が起こりました。

これらの一揆は、単に開港による経済混乱が背景にあっただけでなく、18世紀後半からの農村の変容が原因でした。

一部の有力な農民たちは、困窮した農民に高利で貸し付け、返済できない場合は質として土地を取り上げ、それらを集積して地主となりました。こうして借金を返済できない農民は小作人として地主

図７　打ちこわし（細谷松茂『幕末江戸市中騒動図』東京国立博物館所蔵　Image: TNM Image Archives）

に従属していくことになっていたのです。地主たちは、集積した農地に商品作物を生産して換金し、利益をあげて地域の流通・金融の担い手となっていきます。こういう地主たちを一般に「豪農」と呼んでいます。

すでに18世紀後半には、田畑を失った農民たちは、小作人となるか「年季奉公」のために都市部へ出稼ぎに出るようになっていました。彼らは都市部でも貧しい生活を送り、安い賃金での労働で、豪農が生産した商品作物を製品化していたのです。

幕末、日本の輸出品が安価で国際競争力が高かった背景にはこうした安価な労働力があり、それがまた、都市への流民を増やし、打ちこわしの主体となったのです。農村の貧困と都市の一揆はこのように一体的なものだったといえます。

１８６６年、生糸の外国への輸出量が減少し、生糸の価格が下落しました。こうして関東周辺の養蚕農家が生活苦に陥ると、武州・上州など北関東一帯で十数万人が参加する一揆が起こりました。おりからの長雨で冷害となり、米の凶作が生糸不況に追い打ちをかけたのです。

彼らは都市部の物価高に苦しむ人々とともに「世直し」のむし

ろ旗をかかげて米の安売りと借金の質にとられた土地の返還を求めて、豪農や横浜の貿易商人たちを襲い、５００軒以上の家屋が打ちこわされました。これが「武州世直し一揆」と呼ばれる民衆運動です。１８６６年は、江戸時代における一揆と打ちこわしの発生数が最多の年となりました。

このような状況にもかかわらず、幕府は諸大名の兵15万人を動員して2回目の長州征伐を実施します（第2次長州征討）。長州藩の兵は約４０００でしたが、薩摩藩から購入した洋式武器をそろえ、西洋式訓練をほどこされた農民・町人から構成された兵（奇兵隊）を組織し、各地で幕府軍を撃退しました。

第2次長州征討の最中、将軍徳川家茂が死去しました。幕府側はこれを機に軍を撤退させ、長州を従わせることに失敗したのです。

かつては第2次長州征討の失敗で、幕府の権威が失墜し、諸藩が幕府から離反していったと説明していたのですが、実際は違いました。

まず、第2次長州征討を停戦としたのは孝明天皇です。「停戦」の和議が結ばれたものの、長州藩を「朝敵」とした決定は解除されていません。

第2次長州征討の失敗によって長州藩が「得たこと」は、長州藩と薩摩藩の行動に幕府が干渉できなくなったということ、そして幕府の軍事力が前近代的な状況にあることが明らかになったことの2つでした。

政治全般における幕府の影響力はまだ強く、とくに朝廷での幕府の発言力はむしろ高まっていました。

図８　岩倉具視

薩摩藩と岩倉具視（洛北の岩倉村に蟄居謹慎中）は、第２次長州征討失敗をきっかけに、朝廷内での反幕府派公家を復権しようと画策し、24の諸大名に参内を呼びかけたにもかかわらず、集まったのは藩主代理を含めても９名だけでした。

それどころか幕府からは、禁裏守衛総督（きんりしゅえいそうとく）の徳川慶喜（よしのぶ）が公卿の会議に参列するようになり、長州・薩摩派の公家たちが処罰されたのです。

１８６６年の「薩長同盟」の目的の一つであった「長州藩の朝敵指定の解除」はむしろ遠のいてしまったのが実際です。幕府は、長州征討には負けましたが朝廷内の主導権争いには勝利したのでした。

（4）大政奉還――慶喜の〝スクラップ&ビルド〟

幕府の権威の失墜は、第2次長州征討の失敗よりも、むしろ各地で頻発する「世直し一揆」や打ちこわしに対する無策によってもたらされたというべきかもしれません。

図9　徳川慶喜

将軍家茂が死去した後、1867年1月、将軍の位に就いたのは将軍後見職を歴任し、その後禁裏守衛総督となって朝廷内における幕府の地位回復に一定の成果をあげた徳川慶喜でした。

慶喜は、徳川宗家（将軍家）を継いだ時（将軍にはまだ就任していない時）、8ヵ条からなる改革大綱を示しています。そのうち「軍事力強化」「外交信義」は、後の明治維新にも通じる方針で、幕府の終了（滅亡）までの慶喜の改革の中心でした。

図10　西周

そして意外と知らない方も多いのですが、慶喜は将軍在位中、一度も江戸城にいたことがない（京都・大坂など畿内から離れたことがない）のです。あたかも幕府を京都に遷したかのようにそこで改革を進めました。

慶喜は、旗本の軍役を廃止してフランス軍事顧問団の助言を得てフランス式の西洋軍隊を組織し、また横須賀に製鉄所を建設して「富国強兵」策を展開しました。政治改革で重要な役割を果たしたのが西周（にしあまね）です。彼は慶喜にフランス語を教えるかたわら、諸外国の政治制度を教授し、外交文書の翻訳をおこなっています。こうして三権分立の制度、イギリスの議院内閣制など、慶喜は多くのことを知り、幕府の政治改革に生かそうとしていました。これらは大政奉還の前日までおこなわれており、「大政奉還」が単なる幕府の政治放棄ではなく、新しい体制作りのためのものであったことの証左でもあります。

しかし、この改革（慶応の改革）は、経済の回復、とりわけ生活に苦しむ民衆に目を向けた改革ではありませんでした。慶喜の「世直し」と人々の願う「世直し」は大きくかけはなれたものだったといえます。

1867年7月、愛知県豊橋で、伊勢神宮のお札が降ってきたという噂が流れ、人々はお祭り騒ぎを始めました。3月にも名古屋で、8月には豊川でもお札が降ってきた、という話が記録されており、いずれも民衆のお祭り騒ぎに発展しています。これらの運動は、たちまち東海道街道沿いに広がり、各地の宿場で騒乱が発生することになります。西は中国・四国、東は関東地方にまで「ええじゃないか」のかけ声とともに民衆が乱舞する民衆運動が展開されたのです。

「豊年踊りはおめでたい」「日本国の世直りええじゃないか」と囃し立てながら、人々はお札が降ってきたという村や家におしかけて鳴り物、手拍子、手足を振り上げては踊り続けるという奇態を演じ続けました。京都や大坂など人口密集地での「ええじゃないか」は、幕府の役人なども手のつけられない大規模なものとなったのです。

こうした民衆運動の一方、農村の有力者や商人たちは、横浜や神戸の開港地での商売などを通じて欧米の文化に接していきます。外国人宣教師や新聞記者が来日し、そういった人々の間に欧米の文化や思想が広がりました。アメリカ人のヘボン、フルベッキなどは積極的に日本人に欧米文化を伝えるようになっています。

こうした動きは、村役人たちを通じて諸藩の下級武士にも広がり、商人たちも諸藩の改革を積極的に支援するようになります。藩内の「攘夷」の空気がしだいに「開明開国」へと変わっていったことは、「一揆」「打ちこわし」「ええじゃないか」などの混乱した秩序を、攘夷ではなく、むしろ外来の新しい文化や政治によって回復しようとする人々や社会の空気であったと考えられます。

こうした中、1867年10月、徳川慶喜は大政奉還の上奏を朝廷に提出しました。従来将軍として政治をおこなえないと判断した慶喜が政権を朝廷に返還し、幕府が「滅亡」した、と説明されていたときもありました。しかし、現在では、慶喜の目指したところは「幕府の発展的解消」で、新しい政府の枠組みを再編し、その中心に徳川家があって政治の主導権を握ろうとしたものであると考えられるようになったのです。

実際、朝廷は政権を返還された後も、政治を慶喜に委ねざるをえず、諸外国の接受も慶喜が担当していました。諸外国からみれば、まだ政治の実権は「旧幕府」にあったといえます。

これに危機感を抱き、政治の主導権を薩長に取り戻そうとした動きが「王政復古の大号令」であり、そのプロセスをみれば、単なる「宣言」ではなく「政変」であったことがわかります。

1867年12月9日、朝議が終了し、公家らが退出すると薩摩藩や土佐藩などの藩兵が突如宮門を閉ざし、親幕府の公家らの立ち入りを禁じ、「王政復古の大号令」を発令し、幕府・摂政・関白の廃止、総裁・議定・参与の三職の設置を宣言し、参与に薩摩藩など有力諸藩を代表する藩士を入れ（最初は、長州藩は含まれず）、「雄藩連合」の形式による新政府を発足させたのです。

さらにその日の夜に小御所会議が開かれ、慶喜に内大臣（左大臣・右大臣に次ぐ官職）の辞退と朝廷へ領地を返上（「辞官納地」）する処分を決定しました。

この決定に反発した慶喜は、京都から引き上げて大坂城に入って軍事的対立もやむなしという姿勢を示し、こうして旧幕府勢力との間に戦争が始まることになったのです。これが戊辰戦争でした。

1868年1月、旧幕府軍1万5000人が、薩摩藩や長州藩などの新政府軍4500人と鳥羽・伏見で開戦します（鳥羽・伏見の戦い）。

図11　鳥羽・伏見の戦い（高瀬川堤の戦闘）。左側が旧幕府軍、右側が薩長などの新政府軍

しかし、この戦いで旧幕府軍は敗れ、徳川慶喜は江戸城にもどって恭順の意を示しますが、新政府軍は西日本など諸大名を動員して江戸に向かって進撃を続けました。

4月には官軍側と旧幕府側の交渉が二度にわたっておこなわれ、旧幕府側からは山岡鉄舟・大久保一翁・勝海舟が、官軍側からは西郷隆盛・村田新八・桐野利秋らが参加しています（勝海舟と西郷隆盛二人の談判はドラマなどの演出にすぎません）。こうして交渉の末、江戸城が「無血開城」され、一部旧幕府勢力が上野で抵抗したものの、新政府軍はこれを鎮めて江戸および関東一帯を制圧したのです。

さらに会津藩などを攻め、奥羽越列藩同盟（陸奥・出羽・越後諸藩の反新政府連合）を結んで新政府に抵抗した東北諸藩を降伏させました、旧幕府勢力の抵抗は1868年5月の五稜郭の戦い（旧幕臣の榎本武揚が箱館の五稜郭にたてこもって抵抗した戦い）でおさえられ、鳥羽・伏見の戦いに始まる戊辰戦争は終結しました。

この間、並行して新政府は、政治体制の整備を進めています。

新政府は成立当初、「復古と革新」というアンビバレントな政策を展開しました。1868年3月、革新的な「五箇条の誓文」を発する一方で、民衆に対しては「五榜の掲示」で一揆やキリスト教を禁止するなど封建的な政策の継続を示したのです。以後、この二律背反の近代化は、明治政府の政策上の特徴となりました。

「五箇条の誓文」は以下のものです。

一　広ク会議ヲ興シ万機公論ニ決スベシ
一　上下心ヲ一ニシテ盛ニ経綸ヲ行フベシ
一　官武一途庶民ニ至ル迄各其志ヲ遂ゲ人心ヲシテ倦ザラシメン事ヲ要ス
一　旧来ノ陋習ヲ破リ天地ノ公道ニ基クベシ
一　智識ヲ世界ニ求メ大ニ皇基ヲ振起スベシ

ここには「公議世論の尊重」「開国和親」そして「旧来ノ陋習（ろうしゅう）」すなわち「攘夷」を放棄して、天皇中心の世の中を作り上げることが示され、天皇が公卿・諸侯・百官を率いて「神に誓約」するという形式で「天皇親政」を宣言したものです。

原案は由利公正（ゆりきみまさ）の「議事之体大意」の五箇条で、福岡孝弟（たかちか）が修正します。「広ク会議ヲ興シ」は福岡案では、「列侯会議ヲ興シ」となっていました。そして木戸孝允（きどたかよし）が修正・改定をおこない、「五箇条の誓文」が完成します。四項目「旧来ノ陋習ヲ破リ天地ノ公道ニ基クベシ」を挿れたのは木戸孝允でした。王政復古の大号令の理念、「諸事神武創業之始ニ原キ」に即しながらも近代化・国際化をめざすように修正したことがうかがえます。

さて、7月、江戸は東京と改称され、9月には新元号「明治」が定められました。明治天皇は京都から江戸城に入ると、新政府樹立の「祝賀」として、町ごとに最低でも1樽の酒がふるまわれ、その費用は1万4000両にも及んだと言われています。徳川家や幕府への支持や同情が強かった旧江戸の庶民たちに新しい時代の始まりを示し、広く民衆の支持を得ようとしていたことがわかります。「御一新」と呼んで新しい政府に期待を示した民衆もいましたが、一方で、戊辰戦争を通じて、新政府軍は村に火を放ったり、食料を徴発したり、兵站に農民を重用したりして反感もかうようになっていました。

また、新政府に協力し、手柄を立てた農民の中には士分に取り立てられる者もいて、積極的に戦闘に参加した民衆も多数いました。とくに新しい政治に期待していた浪士や豪農の中には農民や町人を兵として組織し新政府軍に参加した者もいます。

後に明治政府の急進的な改革に不満を持って一揆や反乱を主導したり、自由民権運動に参加したりする階層は、当初、このような形で新政府に協力したにもかかわらず、自分たちの求めるところと相容れぬ改革を進めた新政府への反感を持った人々でもあったのです。

（5）水戸学――鳥羽・伏見の戦い後の慶喜逃亡の謎を解く

尊王攘夷思想は、すでに説明したように、文字通り「尊王」と「攘夷」から構成されています。

19世紀、日本近海に「異国船」が頻繁に出現して、「国法」（朝廷では「鎖国」は古からの祖法と理解されていた）を脅かすようになり、さらには飢饉や一揆の多発による社会不安、幕府権力の弱体化が進むという「内憂外患」の国内外の危機が訪れました。

「内憂」に対しては幕府よりもさらに上位の権威、つまりは天皇と朝廷が再認識され、「外患」に対しては異国船打ち払いなどの実力行使という「攘夷」が求められるようになり、新しい「国の形」の中央に天皇を位置づけようとする思想が生まれました。

水戸の会沢正志斎が著した『新論』は、まさにこれをまとめたもので、天皇を頂点とする国家の体系を「国体」と称しました。

水戸においてこの考え方が生まれた背景は、元禄時代にまで遡ります。

17世紀、水戸藩の徳川光圀が紀伝体による日本の通史の編纂を始めたのですが、この研究・編纂過程で、和歌・古典などの国文学、神道・考古学などの研究も同時に深まり、その中で「天皇と幕府の

図12　徳川光圀

関係」をどう捉えるかという思想が体系化されていきました。一言で言うと「幕府は天皇から大権を委任されている」という考え方で、「よって幕府の執政は正統なものである」というものです。

これを基礎に「国体思想」が積まれて生まれたのが「水戸学」と呼ばれるものなのです（水戸光圀に始まるのが「前期水戸学」、会沢正志斎に始まり徳川斉昭（なりあき）のときに提唱されるのを「後期水戸学」として区別する場合があります）。

この考え方に則ると、「尊王」を説けば、朝廷より大権を委任されている幕府の威信もまた高まり、幕府支配の正当性が再確認できるわけですから、「尊王攘夷」すなわち「倒幕」とは短絡的に進まず、むしろ幕府が攘夷をする主体となります。

実際、孝明天皇は「幕府の手によって攘夷を実行するのだ」という考え方に立っておられ、幕府や水戸家に出された「戊午（ぼご）の密勅」の内容も「御三家及び諸藩は幕府に協力し、幕府は攘夷を進める政治改革を行え」というものになっています。

幕府はあくまで天皇から政治の執行を委任された機関である、というのが、水戸家の考え方であり、よって「大政奉還」という発想になるのです。

徳川慶喜は、回想録『昔夢会筆記』に、光圀以来の家訓で斉昭の遺訓でもある言葉を記しています。

「…もし一朝事起こりて、朝廷と幕府と弓矢に及ばるるがごときことあらんか、我等はたとえ幕府に反くとも、朝廷に向いて弓引くことあるべからず。」

幕府は朝廷から大権を委任されている、よって幕府の命に反しても朝廷とは戦わないのだ、という。「大政奉還」も、鳥羽・伏見の戦いでの「慶喜の逃亡」も、水戸学の思想及び水戸家の家訓（父斉昭の遺訓）に即した行動であったことがわかります。

大政奉還・新政府への徹底した恭順の態度は、水戸学の教えを貫いた頑なまでの慶喜の意志だったのです。

［コラム］　幕末英雄たちの虚々実々

「幕末」というと、ついつい人物中心に描かれがちですが、そういう人たちのエピソードだけで「歴史」が綴られているとするならば、一面的な歴史に陥ってしまいます。小説やドラマで描かれる幕末の英雄たちの虚実を、よい機会ですから明らかにしておきたいと思います。

1　坂本龍馬の虚実

坂本龍馬。土佐藩出身の下級武士で、薩摩藩と長州藩を仲介し、いわゆる薩長同盟へと導いた人

図13　坂本龍馬（上野彦馬写真館にて井上俊三が撮影。高知県立民俗歴史資料館所蔵）

物として知られています。

坂本龍馬ほど美化された歴史の英雄はいません。

いや、歴史上の人物で美化されたり歪曲されたりしていない人物は一人もいないと思います。

人物の歴史、というのは、その人物を説明しようとしている時代のニーズや影響（その時代の価値観、社会の流行などなど）によって、過去の人物像は歪められてしまうものなのです。

小説、ドラマとして「楽しむ」のはかまいませんが、それを史実として鵜呑みにしてしまうと、小さなことが累積して歴史の全体像が「気が付けば」「知らないうちに」歪んでしまっている、ということが多々あります。

小説のおかげで、その人物がそうであった、と、思い込んでしまうのは仕方がないとしても、たった一人の人物の「おかげ」で歴史が動く、ということは、実際はあまりありません。

「坂本龍馬」も、多くの史実でない話が累積して、すっかり実像が歪んでしまった人物の一人です。誤解なさらないように。だから実像はたいしたことがない、という話ではないのです。ほんとうの実績や歴史上の役割が隠されて虚像ばかりが実体であるかのような誤解を避けたいだけです。

一例をあげますと、「薩長同盟」は幕府を倒すための同盟ではなく、口約束だけで、〝同盟文書〟のようなものはありません。ただ、桂小五郎(かつらこごろう)（後の木戸孝允）に対して坂本龍馬が裏書した書状が、史料として残っているだけです。

巷間で知られている「薩長同盟」より以前から、薩摩と長州は〝同盟〟（米と銃を交換交易する）を結んでいました。小説やドラマのように、たった一日の会合で（坂本龍馬が西郷隆盛と桂小五郎を説得して）同盟が成立したのではないのです。

とくに坂本龍馬の〝性格〟や〝人となり〟に関しては、その多くが小説家の「空想」です。坂本龍馬の「人物像」は、ほとんどが虚構なのを知っていましたか？

・もともとはあまり利発な少年ではなかった。
・十二歳になっても寝小便をしていた。
・友人から、イジメられても、言い返すこともできない。
・文字をおぼえるのも苦手だった。

これらの小説やドラマの「設定」は、史料的には何も証明されていないことです。
坂崎紫瀾(さかざきしらん)という人物が明治十六年に書いた『汗血千里駒(かんけつせんりのこま)』という小説に書かれているだけのものなんです。

小説やドラマにみられる「坂本龍馬」は、大器晩成で、子どものときは愚鈍な少年で、彼が志を得てやがて大人物となる、というストーリーになっています。

読者や視聴者にとっては「自分自身」や「自分の子ども」、「自分の身近な人物」と重ね合わせて作品に「入り込みやすい」設定となっていて、広く世間に受け入れられてしまいました。

坂本龍馬が江戸に出たのは大きな〝志〟を得たからではなく、土佐の郷士という貧乏武士の次男として家を出なくてはならなかったことが大きな理由です（龍馬以外にも同じような境遇の若い武士はたくさんいました）。

彼が江戸に出たのは１８５３年ですから、ペリーの来航と「遭遇」しています。これが17才か18才の頃になります。

図14　佐久間象山（国立国会図書館所蔵）

勝海舟という大物に出会って近代に目覚める、というのは１８６２年ですから26才くらいのことになります。

でも、江戸にいた十代のとき、佐久間象山の弟子になっています。

小説などでは、この十代の頃には剣術にあけくれ、千葉道場のさな子との恋愛などが描かれている場合が多く、「信夫左馬之助」なる人物と絡む場面もありますが、この人物はまったくのフィクシヨンで実在しません。

佐久間象山から西洋砲術を学び、土佐にもどってからも砲術研究家の徳弘孝蔵（とくひろこうぞう）の弟子となって土佐の海岸で砲術の射撃訓練までやっています。二十代で勝海舟から近代海軍を学んでいるだけでなく、すでに十代で佐久間象山から西洋砲術を学んでいるんです。江戸から送った１８５３年の手紙には、

「異国船が近づいている。
まもなく戦さとなるでしょう。
そのときは異国の首をとって土佐に帰って参ります。」

と書かれていて、近代的な西洋の技術を学んで、それによって攘夷を実現する、という「合理的攘夷論」を佐久間象山から学んでいたことがわかります。

大器晩成どころか早期の段階で当時の最新思想を吸収していました。

さて、「薩長同盟」と並んで、坂本龍馬の〝業績〟と考えられている大きなものは「大政奉還」ではないでしょうか。

この「大政奉還」、実は、「倒幕」を引き出すための、一つの「道具」だったと最近は考えられています。

西郷隆盛はこう構想しました。

・土佐藩に「大政奉還」を勧めさせる。
・しかし、徳川慶喜はそれを拒否する。
・それを口実として幕府を倒す運動を展開する。

ところが誤算が生じます。

幕府がそれを受け入れようとしてしまう……。

小説やドラマでは、坂本龍馬は、倒幕には反対で、大政奉還をさせて諸侯連合のようなものを築き上げる構想をしていたように描かれていますが、そんなことはありません。

龍馬は、桂小五郎への手紙の中で、「後藤を退けて、乾（後の板垣退助）を出す」という話をしています。

後藤（象二郎）は大政奉還派の人物で、乾退助は倒幕派。

坂本龍馬の真意は西郷隆盛と同じで「大政奉還を献策する、幕府が拒否する、それを口実に倒幕する」というプランに添って動いていたはずです。

実際、坂本龍馬は、1867年9月（大政奉還のほぼ直前）に長崎でオランダから1000挺以上の小銃、武器類を購入して土佐藩に売りつけています。倒幕運動の準備を着々と工作しているんですよね。現に戊辰戦争のとき、この坂本が調達した武器類が土佐藩の軍事力の基礎となりました。

大政奉還が成功したのは後藤象二郎の実績で、坂本龍馬は違う路線で動いていた、と考えるべきでしょう。小説やドラマで「坂本龍馬と徳川慶喜が大政奉還を実現させた」というような描かれ方をしているのは史実に添っているとはとても思えません。

図15　西郷隆盛（エドアルド・キヨッソーネ筆。国立国会図書館所蔵）

近代を切り開いたのがなんでもかんでも坂本龍馬、というのは、あまりにひどいコジツケです。最後に、有名な彼のエピソードを否定しておきたいと思います。

坂本龍馬が西郷隆盛に新しい政府の人事案を示したときのことです。

新政府のメンバーに坂本龍馬の名前がないことを西郷が指摘すると、坂本龍馬は一笑し、「世界の海援隊でもやりましょう」と豪快なことを言ってのける。

「お～　龍馬、カッコイイ～！」

と感動した読者や視聴者もおられるかもですが、これ、大正元年に書かれた逸話で、当時の史料では確認できない事実です。

三条実美に仕えていた尾崎三郎（新政府人事案を考えた人物）の回顧録の中では、ちゃんと参議に坂本龍馬の名前が入っていたそうです。

それどころか、その案をみた坂本龍馬は「手を打っておおいに喜んで」、「これ、今日から実施しようぜ！」と、はしゃいだ、と、記されています。こちらのほうが実際的で人間味があふれているエピソードだと思います。

2　高杉晋作の虚実

高杉晋作（たかすぎしんさく）、というとみなさんはどのような人物だったと思われるでしょうか。小学校の教科書や中・高の教科書ではお馴染みの人物で、最大の業績といえば、奇兵隊を組織し、後の近代的な軍隊制度の礎をつくりあげたことでしょうか。木戸孝允と協力し、それまでは頑迷だった攘夷の風の長州藩を開国・倒幕へと導いたことも功績にあげられるかもしれません。

しかし、一部の小説やテレビドラマで作り上げられた高杉晋作像は、誇張ならまだしも虚構が取り混ぜられ、高杉晋作の本当の姿や業績が歪められてしまっている場合も多くみられます。

吉田松陰（よしだしょういん）は、久坂玄瑞（くさかげんずい）とともに高杉晋作の才能を早くから認めていて、後年、幕末・維新の元老となる伊藤博文（いとうひろぶみ）も井上馨（いのうえかおる）も、その回顧録などで高杉晋作を高く評価しています。

その高杉晋作像の「誇張」が始まるきっかけは、明治維新が始まり、幕末に活躍したものの、明治時代には生き残ることができなかった「功労者」の顕彰が進んだこと、それと並行して講談やお芝居の主人公となってしまったことなどだと思います。

物語の主人公は、「英雄」としてその言動は装飾されがちなのは当然です。

例えば吉田松陰の改葬についての逸話です。

吉田松陰が処刑された時、彼は小塚原（こづかっぱら）に埋葬されました。しかし、ここは一般犯罪者の埋葬地であり、長州藩としては松陰がここに埋葬されているのは不名誉なことでした。

桜田門外の変で井伊直弼が暗殺され、幕府は公武合体に傾き（将軍家茂に皇妹和宮（かずのみや）が嫁下し）、さらには時流が尊王攘夷に傾いて、長州藩と朝廷の「接近」が進むと、吉田松陰の「名誉回復」の

図16　高杉晋作

機会が訪れるようになりました。朝廷からの要請も強くなり、幕府は「安政の大獄」で処罰された者の名誉回復を認めざるをえなくなっていきます。これらを背景に、小塚原に埋葬された吉田松陰の「改葬」がおこなわれることになりました。

ここで高杉晋作の虚構が生まれます。これを実現したのが高杉晋作のように描かれているドラマや小説がありますが、これはフィクションで、改葬を進めたのは久坂玄瑞でした。

そしてこの改葬のときに起こったのが「御成橋事件」です。

吉田松陰の遺骸が小塚原から運び出され、上野の三枚橋にさしかかったとき、高杉晋作は「真ん中をとおれ！」と叫んだことになっています。

三枚橋の中央は将軍が東照宮参拝のときに通過する橋で、当然、一般人は使用禁止の〝御成橋〟なのですが、橋役人の制止をふりきって、「勤王の志士、吉田松陰先生の御遺骸である。勅命にてまかり通る！」と「真ん中」を通り抜ける……。

しかし、これは「史実」ではないのです。

明治時代の講談、芝居で上演されたフィクションにすぎません。

一部の小説やドラマでも、あたかも事実であるかのように巧みに演出・説明されていますから、「実話」だと誤解している人も多い「高杉晋作伝説」です。

さて、〝御成橋事件〟におどろいた長州藩の藩主はただちに高杉晋作を長州に呼び戻します。そして晋作は、東海道を通って長州に向かうのですが、その時、箱根の関所を、駕籠(かご)に乗ったまま強行突破してしまう……。

小説などでは「江戸三百年の中で、白昼堂々、関所を破ったのは晋作だけである」と高く「評価」している作品もありますが、そんな話はもちろん史実ではありません。

そうして高杉晋作が京都に入るわけですが、ちょうどそのとき孝明天皇が、賀茂神社へ攘夷祈願に出かけるタイミングで、将軍家茂もその行列に同行していました。

天皇の行列が過ぎ、みんなが土下座しているその中で、家茂の行列がさしかかったとき、高杉晋作が「いよぉ〜　征夷大将軍！」と、歌舞伎役者に声をかけるように、大声を張り上げる……。

なかなかかっこいい「演出」ですが、そんな事件はおそらくありませんでした。

一部の小説では「天皇の行列だから将軍への無礼はとがめられない」と記されていますが、もちろん、そんなことありません。「旗本や御家人たちはくやしくて江戸にそのことを手紙に書いた者が多い」とか、御丁寧な注釈付きですが、そんな「手紙」があったら見たいものです。いや、皮肉ではなく、高杉晋作のこれらの逸話を史実として裏付ける重要な史料になるわけですから、是非公開してほしいものです。

これらの逸話が生まれた背景は、幕末における幕府の無力さを強調し、明治新政府を持ち上げようとする時代の空気があったと考えたほうがよいでしょう。創り出された「高杉晋作武勇伝」です。

3　やりすぎた吉田松陰

吉田松陰と言えば、松下村塾で多くの長州藩士らを教育し、幕末から明治維新にかけての重要人物を産み出した人物として有名です。

松陰に関しては、いくつかの誤解や歪曲されたイメージがつきまといます。まず、よく誤解されているところから申しますと。

「松下村塾は吉田松陰がつくったのではない」ということです。

叔父にあたる「玉木文之進」という人物が自宅で開きました。

設立は１８４２年、ということになります。その次が吉田松陰か、というとそうではなく、やはり親戚の「久保五郎左衛門」という人物が引き継ぎます。吉田松陰が引き継ぐのは安政四年といいますから、１８５７年頃ということになります。

多くの維新の重要人物を輩出した、ということになっていますが、正確には誰が学んでいたかわ

図17　吉田松陰（山口県文書館所蔵）

かりません。「名簿」が存在していないからです。ちなみに、松下村塾の生徒だと勘違いされやすい人物は「桂小五郎」です。

いわゆる維新の三傑の一人、木戸孝允は、塾生ではありません。

ただ、吉田松陰と接点がないのか、というとそうではなく、吉田松陰が藩校の明倫館で教えていたときに授業を受けていました。

それから「井上聞多（もんた）」。すなわち後の井上馨ですが、松下村塾の塾生ではなく、こちらは吉田松陰との関係はありません。

で、維新の重要人物を輩出した、といっても、実際的な深いつながりがあったといえるのは、「久坂玄瑞」「吉田稔麿（よしだとしまろ）」「入江九一（いりえくいち）」「高杉晋作」。

「伊藤博文」「山県有朋（やまがたありとも）」らは、ほんとに松陰の直接的指導を受けていたかどうかよくわからないのです。

伊藤博文は身分が低いために塾内には入らず、本人曰く「外で立ち聞きしていた」と言うし、山県有朋にいたっては「おれは軟弱な文学の士ではないぞ」と入門を拒否した、という話もあり、入門したという時機と松陰が獄につながれる時期がほぼ同じなので、接触があったとしてもほんのちょっとの時期だったはずです（後世に彼らが吉田松陰の門下生だった、と、ウソではないにしてもちょっと大きくホラを吹いてる可能性も否定できません）。

そもそも吉田松陰の主宰していた松下村塾は、師と弟子が、対面式の講義をおこなうという、いわゆる「教室」のようなもので授業がなされていたものではない、ということがわかっています。

みんなで集まっては、何かテーマを議論したり、またみんなでハイキングに出かけたり、と、何か学問的な空間にとどまっていたものではないようなのです。今で言うなアクティヴ＝ラーニングの先駆。

さてさて、吉田松陰の話ですが。

この人、かなりムチャな人としか言いようがありません。

東北に視察に行くぞっ、と決心し、友人と約束した出発の期日までに藩からの許可がおりそうもないとわかると、脱藩してしまう……。

ペリーが来航したときは、漁民から舟を借りて軍艦に乗り込んで、外国へ連れて行ってくれ、と、願い出たり、前年に長崎にロシアの使節プウチャーチンが来航したときは、面会を求めて機会があったら殺してやろうと企んだり（これについては諸説あり）。黙っていたらよいのに、ペリーの軍艦に乗り込んで失敗したことを、わざわざ奉行所に出頭して自白。このときは命を助けられ、長州に送られて入獄。1855年には許されたものの、実家の杉家の預かりとなって幽閉。

その後、松下村塾で教える、ということになるわけです。

1858年、日米修好通商条約を締結したことを知ると、それが天皇の許可なくなされたものであることに憤り、老中間部詮勝（まなべあきかつ）の暗殺を計画。弟子たちは、あまりの師匠の暴走ぶりに、血判状まで用意して諫めているのに、「おまえらはこしぬけだっ」と言い放つ。長州藩をあげて幕府を倒すべしっ、と主張して、またまた獄に入れられてしまう。そして井伊直弼の展開した〝安政の大獄〟で捕まることになるのですが、もともと昔の海外渡航未遂事件の経緯を質（ただ）されたにすぎなかったのに、言わなくてもよいのに「老中間部の暗殺を計画していた」と自ら説明してしまったのです。で、ついに処刑。「そらあんた無茶でっせぇ〜」と言いたくなる人物です。

立志尚特異。

「志」を立てる者は、人とは異なってあたりまえだっ、と、彼は考えていたのかもしれません。

以下は蛇足ですが。

安政の大獄をおこなった大老の井伊直弼。実は、彼が彦根藩主だったときに、いろいろな善政をおこない、名君との評判をとりました。

当時、長州藩士だった吉田松陰はその噂を聞き、そしてその人となりを知って井伊直弼を高く評価しています。吉田松陰は、井伊直弼のことを憎んだりはしていなかったのではないでしょうか。

小生
獄に坐しても
　首を刎ねられても
天地に恥じ申さねば　それにてよろしく候

Ⅶ

近代国家への歩み

——日本人の見た世界とめざしたもの

開業当時の横浜駅（三代歌川広重『横浜海岸鉄道蒸気車図』）

序

１８７１年12月23日、岩倉具視を団長とする欧米使節団が横浜港から出発しました。翌１月15日、サンフランシスコに到着します。首都ワシントンに入ったのは同２月29日で、７月27日まで滞在しました。条約改正交渉は失敗に終わりますが、ここから欧米の優れた文化や技術を目にする旅が始まりました。

図１　岩倉欧米使節団——左から木戸孝允、山口尚芳、岩倉具視、伊藤博文、大久保利通

　１８７２年10月25日、イギリスに入って工場などの見学をすることになるのですが、岩倉具視は、ビスケット工場を見学して驚愕します。

　これだけの優れた技術と設備で、たくさんの人々を用いて、生産されているのが、市民の、しかも必需品とはいえない「お菓子」だとは。

　国を強くすることと、豊かにすることの違いを、岩倉具視は痛感したのです。近代化とは、人々の生活を豊かにすることなのだと。

　彼らの視線は、「産業」に注がれました。同年12月

図２　ビスマルク（左）と木戸孝允（右）

17日にはフランスを訪れてパリのマーケットを見学します。２月21日にはベルギーのガラス工場を訪れました。そして3月15日にドイツに入り、帝国建設の主導者である宰相ビスマルクの演説を聴きました。

翌日の歓迎の宴で、ビスマルクの隣席に座った木戸孝允は、ビスマルクから経済援助とそのための人的協力を申し出られたと回想しています。

一行は、帰路でスエズ運河を通過して、セイロン島、シンガポール、中国を経て１８７３年9月13日、６３２日の旅を終えて横浜港に入ったのでした。

久米邦武は『米欧回覧実記』の中で、１８７３年７月27日、シンガポールにて、ヨーロッパ諸国の精強の裏で、植民地になった地域の哀れさと、利益を欧米諸国に奪い取られないために、通商・交易に力を入れて国を富ませなくてはならぬ、と書き記しています。

日本の近代化は、大政奉還と戊辰戦争という内乱直後の政治改革ではなく、岩倉具視使節団帰国後に、本格的に始まったというべきでしょう。

(1) 中央集権化——身分の解体と再編

司馬遼太郎は、『花神』『翔ぶが如く』などで戊辰戦争のことを評して「簡単に終わりすぎた」、諸外国の内乱・内戦に比べて国土を焦土と化してそこから新しいものを生み出すようなものではなかった、という趣旨の説明をしています。

しかし、これは戊辰戦争に対するやや過小な評価です。

後の「版籍奉還」さらには「廃藩置県」を迅速に進められた背景の一つに戊辰戦争があるのです。あまり教科書などでも強調されないことですが、旧幕藩体制の解体は戊辰戦争を通じて進みました。

その最大の原因は「財政破綻」です。

そもそも諸藩は19世紀後半から慢性的な財政赤字となっていました。1867年から68年の各藩の負債は、戦費負担で大きくなります。藩札発行が確認できる144藩のうち134藩が藩の実収入を、負債と藩札発行額が上回る事態になっていました。

改革を進めた「雄藩」と呼ばれる大名は、それに加えて、軍艦などの艦船、武器をアメリカ・イギリス・オランダ、そして新興国プロイセンから輸入しており、外国からも借金（外国債）をしていました。

戊辰戦争の中心となった薩摩・長州など「雄藩」諸藩では軍事力の増大とともに、戦いの前線にいた下級兵士、農民兵などの台頭や横暴が目立つようになり、末端への統制が効かなくなりつつありました。

長州藩の木戸孝允は、これを「尾大の弊」と憂いています。「しっぽ」の振り幅が大きくなって「頭」が振り回されている、というのです。実際、長州藩（山口藩）では、諸隊の反乱が相次ぎ、農民一揆、打ちこわしとつながる動きをみせていました。

戊辰戦争での西郷隆盛や勝海舟の「物語」ばかりが強調され、無血開城や上野の彰義隊、会津の白虎隊の逸話、五稜郭の戦いなどが幕末・維新の「歴史」であるかのように強調されがちですが、その「裏」では、労役に動員され、兵糧を徴発された農民たちの不満、戊辰戦争において前線で戦った末端兵士、下級武士たちの統制を超えた動きがありました。そしてこれが後に急速な明治諸改革への不満と反発となって、士族の反乱、自由民権運動を起こす「素地」となっています。

1868年に出された政体書（五箇条の誓文に基づいた政治組織法）に加え、「藩治職制」（諸藩ごとに異なっていた職制の統一）は、中央の政治だけでなく、地方政治（諸藩の政治）も中央の統制に置こうとしたものであったことがわかります。門閥世襲の家老政治の廃止、藩主と藩政の分離（家政と行政が藩では曖昧だったがそれを分離）、藩の体制をどこの藩も同じ形態にして新政府の画一した統制下に置こうとしました。

財政破綻で一揆や打ちこわしに翻弄され、その無能ぶりを露呈していた中小の藩は「藩治職制」を甘受して藩政改革を進めざるをえなくなり、これらを背景として版籍奉還・廃藩置県が進められました。

1869年、「版籍奉還」がおこなわれました。

「版」とは土地、「籍」とは人民のことで、それを天皇に返上させ、あらためて大名を「知藩事」に任命しました。名目上の意味としては、将軍（幕府）から安堵された土地を天皇に返還し、改めて天皇から任命されたとするならば、主従関係は「将軍－大名」から「天皇－知藩事」という関係ができるわけで、将軍との主従関係を切断することにはなります。

内容的に細かく説明しますと、第一段階として「すべての藩」が版籍奉還をしているわけではありません。1870年の段階ではまだ4藩が版籍奉還をしていませんでした。これは命じたり、実施させたりしたものではなかったからです。

教科書での説明は「木戸孝允・大久保利通が画策して、薩摩・長州・土佐・肥前の4藩主に朝廷への版籍奉還を出願させると、多くの藩がこれにならった」（『詳説日本史B』山川出版・262頁）となっています。「画策して」とは何やら意味ありげな表現ですが、これは木戸孝允自身が「謀略」と当時説明していた記録があるからです。

旧大名は実質的に温存され、徴税も軍権も、従来通り各藩に属したままでしたが、これによって旧藩主は中央政府の一地方官となってしまいました。

当時、明治政府は直轄地を「府」「県」としていました。ここからの年貢徴収だけでは財政をまかなえません。結果、重い税の取り立てとなり、「御一新」に反対する一揆が続発してしまいました。

これは各藩でも同じで、江戸時代と何も変わらない重い税に不満が高まります。岡山・島根などの中国地方の諸藩でも反対一揆が起こりました。

また、山口藩（長州藩）では、奇兵隊が反乱を起こしました。版籍奉還によって藩地の一部返還（石見国浜田・豊前国小倉）によって藩収入が減ったため、奇兵隊など藩の諸隊が約半数解散させられたのですが、これを不満に思った兵士たちが蜂起したのです。

こうして、第二段階に移行します。教科書では「新政府は藩制度の全廃をついに決意し、1871年、まず薩摩・長州・土佐の3藩から御親兵をつのって軍事力を固めたうえで、7月、一挙に廃藩置県を断行した」（前掲・山川出版）とされています。

「御親兵」を募った、というのも、戊辰戦争で肥大化した軍隊を藩から切り離し、政府直属の軍をつくったことで、木戸が憂いた「尾大の弊」も緩和されました。

前述したように多くの藩が負債に苦しんでいた原因の一つは「戊辰戦争」によるものでした。東北の諸藩の場合は、100万円の負債（現在の200～300億円）をかかえていた仙台藩をはじめ、多くが窮乏しています。その負債額は全国合計7813万円。当時の国家予算の約2倍にものぼります。新政府は、「廃藩置県」にあたって1843年以前の借金を帳消しにし、1844年年以降の3486万円を国債化して政府が引き継ぐ、という対応をしてこの問題を解決しました。

各藩、新政府の当事者たちの「廃藩置県」に対する意識はどのようなものだったのでしょうか。

福井藩の例をあげますと、藩校で物理・化学を講義していたアメリカ人教師グリフィスが『明治日本体験記』の中で以下を回顧しています。

廃藩置県が来たときに騒然となったが藩士たちは、「これからの日本は、あなた方の国やイギリスの仲間入りができる」と喜んだ、というのです。

木戸孝允自身、『木戸孝允日記』で廃藩置県の目的を「始てやや世界万国と対峙の基、定まるといふべし」と記していますが、その考え方が「藩」にも浸透していたことがわかります。

教科書には「ついに決意し」「断行した」と表現されていますが、「これで近代化ができる」というような考えも藩士レベルに共有されていたからこそ、受け入れられたといえます。

岩倉具視使節団の副使であった伊藤博文は、サンフランシスコでの歓迎会で高らかにスピーチしました。「一箇の弾丸も放たず、一滴の血も流さずに」封建制度を打破して近代化を成し遂げた、と。

図3　伊藤博文

加えて日章旗をライジング・サンである、と説明し、これから発展する国である、と胸を張ったといいます。

廃藩置県がおこなわれた1871年は、イタリア王国が国内統一を完成させ（1870年に教皇領を併合）、さらにはドイツ帝国が成立した年でした。洋の東西において、新興の近代国家が誕生していた時代です。

このように、明治維新は、幕末から近代の天皇制国家成立までの政治・社会の変動であり、廃藩置県は諸藩の「連立政権」から天皇を頂点とする改革派士族（維新官僚群）が実権を掌握し、中央集権化を進めるものでした。

しかし、「日本」の中央集権化、という視点に立つとき、中央集権化の完成は、１８７９年であると考えなくてはなりません。つまり、琉球藩の「廃藩置県」、沖縄県の成立をもって中央集権化は一応の達成をみたことになります。

１８６９年、北海道統治の開拓使の設置に始まり、１８７９年の沖縄県の設置の10年間によって中央集権体制が整いましたが、それはあくまでも「国家」の形成でまだ「国民」の形成に至ったとはいえません。「器が先で中身が後」の、明治維新の進行でした。

さて、廃藩置県という中央集権化を通じて、旧大名たちは「領主」の地位を手放し、天皇制国家を支える（に寄り添う）「華族」という新しい身分となります。

よって同時に進められていた「四民平等」（封建的身分の廃止）という社会改革は、それまでの身分を「一つの国民」に再編し、それらの支配を容易にするためのものであり、近代的な「平等」を示す概念でもスローガンでもありませんでした。身分の再編は、後年の徴兵令や地租改正、さらには学制の前提となるものだったのです。

１８６９年、武士を「士族」に、農民・町人を「平民」とし、かつて禁じられていた相違身分間の結婚、職業の世襲・固定などを解除し、農民の移動の自由などを認めたのです。士族以外の平民たちも苗字の名乗りなども認められ、戸籍も作成されました。

こうして「複数の身分」を一つにまとめることで、課税や教育、そして将来の徴兵が可能となったのです。

1871年には解放令が出され、「えた」「ひにん」の呼称を廃止して平民となりましたが、逆にそれまで認められていた職業上の利権を失い、それまでよりも生活が苦しくなる者もあらわれ、政府の社会上の近代化の思惑とは裏腹に、就職・結婚など社会生活上の差別が根強く残ることになりました。「四民平等」は農工商の「三民平等」というべきもので、皇族・旧大名は華族となり、「血統・家柄」に基づく新しい身分が生まれています。

さて、かつては一部地域の戸籍には、「えた」や「ひにん」は『新平民』や『元穢多』『元非人』と記載された、と言われていたことがあります。壬申(じんしん)戸籍(1872年に編まれた新政府最初の戸籍)での「表記」なのですが、部落問題の研究者灘本昌久(なだもとまさひさ)教授の研究では、壬申戸籍で「新平民」と記載されているのは俗説にすぎず、壬申戸籍の記載はすべて「平民」であることがわかりました。戸籍そのものの様式に「新平民」というものは存在していません。

（2）文明開化と岩倉具視使節団

2年間の遣欧使節団の視察は、アメリカ・イギリス・フランス・ドイツといった「列強」から日本の指針を学んだと理解されがちですが、スイス・オランダ・ベルギーなどの「小国」への訪問で学んだことも多く、「近代国家」を建設する「日本の将来への進路」は、「大国主義」だけではなく、複数の選択肢を検討していたということを忘れてはなりません。この点、以下、詳細にみていきたいと思います。

まず、岩倉具視使節団が「見た」欧米の風景は、使節団に参加した人々に、それぞれ「同じ思い」を共有させたものではない、ということ知っておく必要があります。

後に「征韓論」をめぐって、使節団に参加した大久保・木戸と留守政府の西郷・板垣が対立した、と説明しがちで、大久保・木戸は「内政重視」と一括りにされますが、欧米視察によって感じた「近代化のビジョン」は大久保と木戸では大きな違いがありました。

大久保利通は、「イギリス」に注目します。日本と同じ小さな島国がなぜ、世界の大国となりえたのか、と。『米欧回覧実記』において、その理由を「産業革命」と「貿易」であると看破し、イギリスが君

図４　大久保利通

主国であることからイギリスの君主制をベースに改革しようと大久保は「憲法制定意見書」をまとめています。

これに対して「ドイツ」に倣うべしと考えたのは木戸孝允でした。同じ長州出身の青木周蔵に草案をまとめさせた木戸の「憲法制定の建言書」は、プロイセンの憲法を下敷きにしていたのです。

欧米使節団は、アメリカやフランスでその工業力や民主政治に目を見張りながらも、とくにフランスの政治の激動の背景にある社会の矛盾を感じ取っています。使節団が訪れたパリは、プロイセンとの戦争に敗れた後、パリ＝コミューン成立と崩壊という内乱直後であったこともあり、大国といえども政治・外交の失敗がいかに国を損なうかを痛感しました。

ロシアでは、貴族専制が国力の発展にブレーキをかけていること、オーストリアでは貴族制の残照を感じて江戸時代の日本と重ね合わせたことなど、『米欧回覧実記』で記しています。

大久保は大国の政治を「民主政治」と「君主政治」により分け、それぞれを分析しながら島国イギリスを意識し、「君民共治」（君主と人民の協議をへた立憲君主制）という言葉を示しているのです。

小説やドラマでは、あたかも大久保がドイツ帝国の宰相ビスマルクの如きと評されていますが、実際は大久保がイギリスを、木戸がプロイセンを憲法制定の下敷きにしていた、ということはたいへん重要な視点です。

司馬遼太郎の小説などでは、伊藤博文が木戸から離れて大久保に歩み寄ったかのような説明、木戸がそれに不信を持っていたかのように描かれがちですが、後年、大日本帝国憲法の策定に携わった伊藤博文がプロイセンの憲法、ドイツの政治制度を範としようとしたことは、木戸・青木などの同じ長州閥の「政治観」の中にあったと言うべきでしょう。

さて、これら「大国」研究に対してあまり大きくとりあげられないのが「小国」研究です。『米欧回覧実記』は１００巻で構成され、それぞれの国の見聞、研究がまとめられています。もっとも多いのがアメリカとイギリスでそれぞれ20巻。この２ヵ国で40巻に及んでいるのです。これに続くドイツは10巻、そしてフランスは9巻、ロシアは5巻。遣欧使節団の興味の割合を示している、とはよく言われるところです。

しかし、では、残りはどうなっているか、ということなのですが。

ベルギー・オランダ・スイスが3巻ずつで、これらで9巻が構成され、さらにスウェーデン2巻、デンマーク1巻を加えるならば「小国」は12巻あることになります。

小国への関心・興味はフランス・ドイツより多くイギリス・アメリカ未満、ということになる、というのはあまりに単純でしょうか。

実際、それぞれ読んでみると、これらの国への視点・研究・感想がなかなか慧眼であり、後の明治の諸改革に大きな影響を与えていることがわかります。

とりわけオランダ・ベルギーに関しては、経済面で、面積は小さく土地は痩せているにもかかわらず現在で言うところのGDPが大国を上回っていることに着目していますし、外交面では、大国・強国の狭間にあって独立を保てていることに驚愕しています。そしてその理由を人民の「勤勉」と「協力一致」であると記し、アメリカ・イギリス・フランス以上に感銘を受けた、と、記載しています。スイスからは、強国・大国の間にあって独立・中立を保っている理由を他国の権利を侵害しない、他国からの妨げを防ぐ、人々の自由の権利を保つことの三つにある、と学んでいました。

大久保の「殖産興業への建議書」を読むと、大国からは、とくに小さな島国イギリスからは、「一大富国」となった理由が「工業と貿易の振興」であったことを学び、小国からは、「人民の気力・勤勉」と「一致協力」にあったことを学んだことがわかります。

大久保は、当時の日本人が「気性薄弱」であると断言し、「薄弱な人民」を「勤勉」「協力一致」の「国民」へと導くのが政治であるとし、自主の気力を養い、愛国心を育てる教育が必要であると認識したのです。

「国民自主の生理に於ては、大も畏るに足らず、小も侮るべからず」

これが小国から学び、明治の改革の一つの柱となった「国民形成」の到達点とされたのです。

１８７０年代に来日し、日本に関する記述を残している人物にイザベラ＝バードがあげられます。バードは、イギリスの地理学会員で世界各地の旅行記を記しているいわば地理学者です。

その紀行文『日本紀行』（講談社学術文庫）を読むと、大部分は日本の風土・習俗を客観的に評価していて、日本人評は実はあまり出てきませんが、なかなか的確に冷徹に日本人を観察しています。

バードは１８７８年の６月～９月が東京・日光・新潟・東北、11月に神戸、京都、伊勢、大阪を旅行していますが、『日本紀行』における日本人の「総評価」はなかなか辛口です。

「日本人の多くと話し、さまざまな見聞をした結論として、道徳レベルはかなり低く、生き様も誠実でもないし、純真とも言えない」と記しています。

図５　イザベラ＝バード

また、１８７０年代以降の来日外国人としてはベルツもあげられます。ベルツは明治政府に招かれ、日本の医学の発展の基礎をつくった人物で（東京医学校の設立に貢献）、彼の日記は『ベルツの日記』として知られています。その記述も、日本の良い点、悪い点をちゃんと客観的に評価しています。「礼儀正しく穏やか」である反面、「極端に高慢になりのぼせあがる国民性」と記しています。

ベルツのこの「極端に高慢になりのぼせあがる国民性」

図6　ベルツ（左）とオールコック（右）

という指摘は、日清・日露戦争後の社会の様子を見てのものです。

幕末に日本に滞在していたイギリス初代駐日総領事オールコックは『大君の都・幕末滞在記』の中で日本人との交流も記し、自分の飼っていた愛犬トビーの逸話を記しています。以下、熱海の伝承も交えて簡潔に記しますと。

彼の愛犬トビーが、熱海の間欠泉で熱湯を浴びてヤケドを負ってしまいました。

熱海の人々が心配し、多くの人が治療に力を貸してくれました。トビーは快方に向かうようにみえたのですが、残念ながら死んでしまいます。

哀しみにくれていると宿の主が、わざわざ僧侶を呼び、熱海の人々が集まって「葬儀」をしてくれることになったそうです。

愛犬トビーは、好物が大豆だったのですが、人々は大豆までお供えしてくれた、と記しています。

オールコックはたいへん感動し、人々に感謝しました。

そしてこう記しています。

「日本人は、支配者によって誤らせられ、敵意を持つようにそそのかされない時は、まことに親切な国民である」。

後年の日本の歴史を概観するとき、このオールコックの日本人評は私の心に響きます。

国内政治に反映されていくことになります。反映のされ方は、三つで、一つはまったく新しいことを始める、もう一つはすでに始まっていた改革に修正を加える、そしてもう一つはそれまでの何かを廃止・停止する、ということです。
教育政策は二番目に該当します。

(3) 学校教育の開始と徴兵令

1　近代化と教育

岩倉具視使節団の「成果」は、国内政治に反映されていくことになります。

学校教育の制度の開始は「留守政府」によって、1872年9月の「学制」から始まっていました。これはフランスの制度を倣ったもので、発布からわずか数年で現在とほぼ同数の小学校が全国に展開することになりました。この背景には政府による推進だけでなく、「新しい教育」に期待した地域の人々の「思い」による後押しと「負担」によって進みました。

具体的には、校舎の建設費など、住民が負担するところがあったのですが、これも多くは受け入れられ、さらには人々の寄付も多数集められています。

しかし、授業料は有償（月額25銭～50銭）であったこともあり、通学児童数は増えず、女子の通学は男子の半分にしか及びませんでした。地域によっては、教育の不要をうったえ、子どもを農村での労働力の一部と考えている人々も多く、学制に反対する一揆や学校打ちこわしも起こっています。

半ば受け入れ、半ば受け入れられない、期待に始まり失望が広がる。

明治の諸改革によくみられたことが学制にもみられました。ヨーロッパの制度を取り入れ画一的な制度を採用したことが、地域の事情などをふまえないものとなっていたのです。

この「修正」の中心となったのが岩倉具視使節団に参加していた田中不二麿です。１８７９年、新たに教育令が出されて学制が改められることになりますが、教育を地方に大幅に委ねた制度（アメリカの州でおこなわれていたような自由な裁量の教育制度）でした。

しかしこれは、同じく岩倉具視使節団の副使であった伊藤博文によって１８８０年、さらに修正を加えられます。80年教育令では、国家による統制、指導が強く出た形のものとなり、教育行政の諸項目については文部卿（後の文部大臣）の認可が必要で、知事・県令の権限が強化されるようになりました。

留守政府の施策は、使節団帰国後、修正を加えられますが、さらに使節団の中で「世界の近代」をいかに捉えたかの相違によって、また修正が加えられていきます。

「フランス」式に始まり、「アメリカ」型が取り入れられ、「ドイツ」的なものへと代わっていきました。

2　徴兵令

徴兵制度も「留守政府」によって開始されました。

まず、1872年11月末、「全国徴兵の詔」が発せられました。そして翌年、徴兵令が出されます。これにより、満20歳に達した男子に士族・平民の区別なく兵役につくことが定められました。徴兵検査後、適格者は3年間兵営で生活し、軍事訓練を受けます。兵役には免除規定があり、戸主・長男（後継者）、役人や学生らは兵役を免れます。また代人料270円を納めた者も兵役が免除されました。

これに対して農民たちは、徴兵反対一揆を展開します。体で納める税、「血税」と表現されたため、通称「血税一揆」と呼ばれました。また、兵役免除規定も活用し、徴兵に対して持続的に「抵抗」していったのです。結果、実際に徴兵されたのは20歳以上の男子の3～4％であったため、陸軍卿（後の陸軍大臣）山県有朋は79年・83年と徴兵規定を改正して免除範囲を狭め、徴兵を忌避する風潮の一掃を図っていきました。こうして1889年には「すべての男子」が対象とされるに到ります。

軍隊では「方言」が禁止されて軍隊用語が使用されました。かつては武士階級のみが「戦闘員」でしたが、その枠組みが崩れ、「画一された身分」の意識が浸透していくことになります。「目的」とは別に、その効果として「一つの国民」形成に大きな役割を果たすことになります。

（4）江戸時代からの決別――地租改正と殖産興業

1　殖産興業

１８７０年代から１８８０年代にかけての改革は大きく三つに括ることができます。それは「教育の改革」「徴兵制度」「地租改正」です。

これらは、いずれもその着手は、「留守政府」によって始められました。

明治政府は、「殖産興業」や「富国強兵」を展開するに先立ち、江戸時代からの決別を進めていきました。関所や宿駅、助郷制度（農村から人馬を供出させた制度）を撤廃し、株仲間などの独占を廃止、封建的身分制度にもとづく様々な制約を除去したのです。さらに「お雇い外国人」を招き、その指導のもとに近代産業を政府主導で経営し、その育成を図る。

こうして明治政府は、欧米の知識や技術を取り入れ、近代産業を育成するという「殖産興業」を展開しました。製糸や紡績工場をはじめ、軍需の官営工場を設立し、軍備を整えて「富国強兵」をめざしていったのです。

１８７３年、長野県の松代(まつしろ)から、女性たちが建設されたばかりの富岡製糸場に集められました。製

図７　富岡製糸場

糸場の機械はフランスから導入されたもので、「お雇い外国人」の一人、フランス人技師ブリューナーの指導で操業が開始されます。

「工女は兵士に勝る」

という言葉があります。並行して進められていた徴兵令とそれにともなう「強兵」策は「男性」によるものですが、富岡製糸場の工場長が述べたと言われているこの言葉は、「女性」が「富国」を担う、という国民全体を巻き込んで新国家建設を進めていくという「意気込み」を示したものともいえます。

１８７２年、新橋－横浜間に鉄道が開通し、蒸気機関車は約28㎞の距離を五十数分で結びます。この建設と運用にはイギリスが深くかかわっていました。機関車本体並びにレールなどはすべてイギリスからの輸入で、時刻表などの作成もイギリス人の手によるものでした。もちろん運転もイギリス人技官によっていて、「国産」

は枕木くらいであったといわれています（枕木すら当初は輸入が検討されていたのです）。

しかし、日本は、帝国主義諸国が植民地支配に導入する、経営権と引き替えに資本と技術を提供する、という方式を拒否し、あくまでも「政府直営」にこだわりました。

インドの場合、鉄道の経営権はイギリスが掌握し、原材料の輸送、現地の労働力活用・動員、用地接収など「支配」に利用されてしまいましたが、なぜ、日本の場合はイギリスの同意を得て政府直営が可能だったのでしょうか。それは、鉄道を利用する住民に「購買力」があったからです。

日本の鉄道の利用客は、運賃が高額（15kgの米40銭の時代に38銭から1円13銭ほどの運賃）であったにもかかわらず、なんと1日4300人以上の利用がありました。

旅客収入が42万円で、貨物の2万円を大きく上回り、経費23万円を差し引いても、21万円の利益をあげています。先進国並の鉄道経営であったといえます。

「鉄道事業は儲かる」と政府は理解できましたし、イギリスも「植民地経営」よりも、日本をより経済的に発展させて「市場」として活用するほうが得策である、ということを、日本人の鉄道利用の実態（日本人の消費力・購買力の高さ）から感じ取ったのでした。

当初、大久保利通は鉄道導入に反対の姿勢を示していたのですが、試運転に一回乗って「始て蒸汽車に乗候処、実に百聞一見にしかず。この便を起さずんば、必ず国を起すこと能はざるべし」と日記（1871年9月21日）に記し、推進派に転じました。

19世紀、鉄道が「植民地支配の象徴」となった地域、国が多かったなかで、日本は鉄道が「近代化の象徴」となったのでした。

後に鉄道は延伸され、神戸・大坂・京都など現在に通じる東海道線へと発展します。さらに1875年には、西は長崎、北は札幌まで「電信」によって繋がり、1877年に起こった「西南戦争」に対しては、兵員や物資を鉄道で運び、諸情報の獲得・連絡を「電信」によって実現し、新政府側の勝利に大きく寄与することになりました。

2　地租改正

もちろん、これらの近代化のためには、近代的な財源確保が必要となります。これが「地租改正」です。簡単に概要を説明すると、田畑・山林などを測量し、その所有者を確定させ、地券を発行します。江戸時代に定められていた「田畑永代売買の禁」と「田畑勝手作りの禁」を解除した上で土地の価格（地価）を算定し、税額（地価の3％）を算出しました。つまり、それまでの年貢という物納を改めて、金納（現金で徴収）するようにしたのです。

明治政府としてはこの税制度改革によって、旧税収を維持した上で（下回ることなく）全国統一した制度で税を徴収し（毎年決まった額の税金を集めて）「予算」を立てようとしました。結果、地租収入（1875〜1880年の平均）は国税全体の約85％を占めるにいたりました。

しかし、地租の算定に際しては農民たちの労賃は計上されず（肥料や種代は必要経費として差し引かれていた）、申告あるいは、合意による調整などはおこなわれず、「上から」の割り振りがおこなわれました。

また実務作業にかかる費用は農民自身の負担で、また実務を担当した農村有力者の中には自分に有利なように「手ごころ」、資料の改竄などをする者もいました。さらに江戸時代からの習慣、利権として農村に認められていたことも「近代化」の名の下に「改革」されていきました。その代表例が農村共有の入会地や山林・原野の扱いでした。これらはもともと、「共有地」であったことから「所有者不明」で、それらはすべて「官有」となったのです。

土地所有者（地主）は地価の３％を納税しますが、小作人は江戸時代と変わらず、小作料は現物で地主に納め、地主はそれらを現金化して地租を納めていたのです。よって小作料を引き上げれば、地価が固定されているので、地主引き上げ分の利益を得ることができたのです。小作人たちは、「御一新」で税の負担が軽くなることを「期待」していたのですが、地主の対応によっては江戸時代より重い税に苦しむことになったのです。

こうして小作人たちの不信・不満をつのらせ、各地で地租改正反対一揆が起こることになりました。とりわけ、１８７６年12月、三重県・茨城県で起こった一揆は大規模なもので、当初は税の引き下げを求める嘆願書を提出する、という穏健な動きであったにも関わらず、「御一新でつくられたものは残らず打ちこわせ」という過激なスローガンとともに役所のみならず、郵便局、学校などを襲撃する事態となりました。農民たちにとって近代化の象徴とでも言うべき「郵便局」や「学校」などまで自分たちの生活を圧迫するものとして理解されてしまっていたということに、「御一新」に対する根深い不信を看て取れます。

政府は、各地で頻発していた士族の反乱とこれらの動きが合流することをおそれ、警察や軍隊を導入して押さえ込みを図る一方、地価の3％の税率を2・5％に引き下げました。こうして新聞には「竹槍で、どんと突き出す二分五厘」という見出しが書かれることになったのです。

［コラム］　大久保利通と木戸孝允——維新対比列伝1

「薩長土肥」という言葉があります。明治新政府は「藩閥政府」と呼ばれて、特定の諸藩、とくに薩摩・長州・土佐・肥前の4藩出身者によって構成されていたと評されます。これは誤りではありませんが、一面的な明治初期政権の理解です。

　1867年の「王政復古の大号令」が出された段階では、長州藩は「朝敵」解除されたばかりで、この段階でまだ新政府には長州藩からの参加者はいません。

「王政」を担う中心的役職の「三職」は、「総裁」・「議定（ぎじょう）」・「参与」から成り立っていましたが、長州藩からの参加は、1868年3月からでした。

「議定」は、皇族・公家から17名が命じられ、大名から選任されたのは、島津茂久（しまづしげひさ）・徳川慶勝（よしかつ）・浅野長勲（あさのながこと）・松平慶永（まつだいらよしなが）・山内豊信（やまうちとよしげ）・伊達宗城（だてむねなり）・細川護久（ほそかわもりひさ）・鍋島直正（なべしまなおまさ）・蜂須賀茂韶（はちすかもちあき）・毛利元徳（もうりもとのり）・池田（いけだ）章政（あきまさ）でした。

「参与」は薩摩藩9名、長州藩5名、福井藩5名、尾張藩5名、佐賀藩3名、土佐藩3名、広島藩3名、宇和島藩2名、岡山藩2名、鳥取藩2名、さらにその他8名は諸藩士と国学者から構成されています。

反幕府諸藩連合として明治政府は発足しており、薩長土肥の藩閥政府という体制ではありませんでした。

新政府の中で、薩摩・長州が中心的存在となるのは、実は、1871年の「廃藩置県」からです。「廃藩置県」は、新政府から諸大名・諸公家を退け、反幕府諸藩連合という雑居状態を解消する、言わばクーデターのようなものでした。以後、1869年から副島種臣（そえじまたねおみ）、前原一誠（まえばらいっせい）、大久保利通、広沢真臣（ひろさわさねおみ）、1870年から佐々木高行（ささきたかゆき）、斎藤利行（さいとうとしゆき）、木戸孝允、大隈重信（おおくましげのぶ）らが任じられていた「参議」が、明治新政府の事実上の執政官となります。

そしてとりわけ、その中でも幕末以来、新政府樹立の中心となった薩摩藩と長州藩を指導し、西郷隆盛とともに「維新の三傑」と呼ばれた大久保利通と木戸孝允が大きな役割を果たしていきます。

一般に長州閥・薩摩閥とそれぞれ一つにくくりがちですが、同じ長州藩内、薩摩藩内でもそれぞれの政治信条・人脈から一枚岩ではなく、派閥横断的な人間関係・勢力関係にありました。同様に、岩倉具視使節団に参加した外遊組と、残留組という単純な二項対立も現在では説明しません。これらはむしろ明治新政府を理解する上の阻害となるステレオタイプといえます。

木戸孝允（桂小五郎）は、幕末、安政の大獄のころから薩摩藩だけでなく、水戸藩・越前藩などの尊王攘夷藩士たちと広く交流して人脈を拡大、高杉晋作らとともに長州藩の尊王攘夷派の指導者となりました。しかし、会津藩と薩摩藩によって京都から尊王攘夷派が追放される八月十八日の政変や、それに続く禁門の変（蛤御門（はまぐりごもん）の変）により、京都から脱出して但馬の出石（いずし）に身を隠しました。高杉晋作らが藩政を掌握すると長州にもどり、ここから「木戸」を名乗るようになります。坂本龍馬らの仲介で薩摩藩と交渉を続け、1866年には長州藩の代表として薩長同盟を実現しました。

一方、大久保利通は、薩摩藩主島津斉彬（なりあきら）の死去後、藩主の父（斉彬の弟）島津久光（ひさみつ）に取り立てられて次第に藩政の中心となり、1862年には公家の岩倉具視と結んで公武合体をめざし、いわゆる文久の改革（一橋慶喜を将軍後見職に、松平慶永を政事総裁職に就任させる）を裏から支えました。第二次長州征討には、すでに協力関係を結んでいた長州藩との関係を重んじて薩摩藩の出兵を拒否します。

以後、朝廷と幕府の融和と幕府と協調して改革を進めようとする公武合体路線を変更し、倒幕に舵を切るようになりました。

図８　徳富蘇峰

木戸孝允と大久保利通。徳富蘇峰（とくとみそほう）（明治から昭和にかけて活躍したジャーナリスト・歴史家・思想家）は、この二人を評しておもしろい指摘をしています。

「二人は性の合わぬ夫婦のように、離れたら離れたで寂しさを、会えば会ったで窮屈を感ずる。付かず離れずの関係であった」。

木戸孝允は、「五箇条の誓文」「廃藩置県」など急進的改革を提唱し、大久保はそれに協力しながらも、木戸の性急な改革をたしなめ、「五榜の掲示」（民衆に対してはキリスト教や一揆を禁止し封建的に支配しようとした）や段階的な廃藩置県（版籍奉還を経ての中央集権化）を進めようとしました。

「征韓論」では、木戸孝允とともに大久保利通は西郷の「征韓」に反対したものの、台湾出兵を進めようとして木戸孝允と対立します。

明治新政府では、木戸に反対できる者は大久保だけ、大久保に反対できる者は木戸だけ、という関係になり、内政の急進性は大久保が制御し、外交・対外進出の急進性は木戸が制御する、というような構図が見られる場合がありました。

「噛み合い」とは喧嘩の意味もある言葉ですが、同時にしっかりした「噛み合い」がなければ歯車は回転しません。

大久保は「台湾の一件では対立したが、あくまでも議論の上でのこと。大きな政治の考え方は木戸君と同じ」と述べていますし、木戸も「大久保先生の人物を批判するところはまったくなく、敬服しています」と述べています。

病に伏した木戸を度々見舞い、その死を看取ったのも大久保だったといわれています。

松平慶永は後年、以下のように評しています。

「御一新の功労に智勇仁あり。智勇は大久保。智仁は木戸。勇は西郷也」（『逸事史補』より）。

二人に共通する「智」によって、明治維新は企画・運営されたといえるでしょう。

（5）自由民権運動――「一揆」から「演説」へ

1　征韓論争と「明治六年の政変」

倒幕運動を進め、戊辰戦争で活躍した士族たちの中には、自分たちの主張が新政府に反映されないことに不満を抱く者がしだいに増えていきました。

１８７３年に起こった「征韓論争」は単なる外交政策の対立から起こったものではなく、背景にこれらの不平士族たちが抱える問題が複雑に絡んでいたのです。

従来、「征韓論」と「明治六年の政変」（征韓論に敗れた征韓派が一斉に辞職した事件）は以下の文脈で説明されてきました。一番多い説明は、岩倉遣欧使節団に参加していたグループと、彼らが外遊している間に留守をまかされていたグループの対立、と捉えるものです。

これは１９８０年代までにドラマや小説でしばしば設定されたものです。

留守政府は、教育改革・地租改正・徴兵令を進めていたのですが、同時にその急進的な改革がさまざまな問題を引き起こし、改革の矛盾を表面化させていました。とくに幕府を倒す最前線にいた士族たちは、これらの改革が身分の解体と自分たちの特権縮小につながるものである実態に気づき、不平・

不満をかかえるようになっていました。

また、「近代化」は、東アジアにおける「日本」という国家観を新政府要人たちに転換する意識も喚起しました。

もともと江戸時代、清や朝鮮の文化に対しては畏敬・尊崇の念がありました。幕末、諸外国の東アジア進出と開国への圧力が高まると、東アジア（日本・中国・朝鮮）は風土・文化・歴史が共通しているのであるから欧米の圧力に「連帯」して対抗しよう、という思想も生まれていました。これを「横縦連合論」といい、幕末の勝海舟や坂本龍馬、そして西郷隆盛もこれに共鳴していたようです。

また一方、復古神道の隆盛と、国学の発達は、尊王攘夷の思想とともに東アジアにおける「優越」意識も生み出し、さらには「朝鮮にさきがけて」開国して近代化を開始した（日本の開国とは裏腹に朝鮮は「鎖国」を続け、当時の大院君政権は攘夷論を頑なに保守している）という自負は、「連帯」とは異なる新しい「東アジアと日本」の関係を捉えようとしました。

「万国に対峙し」「日本の近代化」と「統一国家形成」をめざす時、「日朝は唇歯の関係」と木戸孝允は明言しています。つまり、唇と歯のような密接な関係、切っても切れぬ関係であると理解し、さらに外交上、朝鮮は「皇国の御国体」が成り立つ基で「万国経略進取の礎（いしずえ）」（世界に対峙し、国を治めていくことの基礎）であると断言していました。

木戸孝允が提唱していた「近代日本のかたち」は長州閥の政府要人に影響を与え、プロイセン型の立憲君主政体のあり方は伊藤博文に、「利益線論」（後述）を生み出す対朝鮮外交のあり方は山県有朋に継承されていくことになったとみてもよいと思います。

図９　山県有朋（左）と井上馨（右）

一口に「征韓論」といっても、いわゆる不平士族の不満をそらせるために（不平士族たちを「尾大の弊」として）その力を外にふりむけて）朝鮮を武力討伐しようとするのは板垣退助らで、西郷隆盛は「東アジアの連帯」をめざし、「旧礼」（「万国公法」ではなく）に則って朝鮮に使節を送り（西郷自身がその使節となり）、開国を促して日本のような「明治維新」を朝鮮・中国でも起こさせて近代化し、欧米外圧に対しようというものでした。

これに対して大久保利通は、「欧米列強」型の海外進出（植民地の獲得・海外市場の確保）を企図しており、この点、国内の近代化を優先すべしという木戸孝允とも異なる考え方をしていました。

従来説明されていた「征韓派」の中でも板垣と西郷は考えを異にしており、従来説明されていた「内治派」の大久保と木戸も考え方を異にしていたのです。

使節団に参加した「外遊組」にしてみれば、すでに「留守政府」が教育改革・徴兵令・地租改正という内政上の主導権を握っており、この上「征韓論」によって外交上

図10　久米邦武

の主導権をも掌握されることは、自分たちの新政府における発言力、地位低下の危惧もあったのでしょう。木戸と大久保は外交上意見を異にするところはあったものの、征韓論反対で一致できたのです。

「留守政府」が「主導権」を握ったのは、改革を進めていたからだけではありません。司法卿であった江藤新平（肥前）が、陸軍大輔の山形有朋（長州）と大蔵大輔の井上馨（同）を汚職疑惑で辞任に追い込んでいたことも大きな要因です。

この事件は、山県の汚職が十分に疑われるものでしたが、実は薩摩の桐野利秋を中心とする近衛兵（宮城防備の兵）と長州の山県有朋を中心とする陸軍の対立が背景で、江藤新平が山県を辞任に追い込んだのではなく（肥前が長州を追い払ったのではなく）、薩摩の桐野利秋らが追及して山県を辞任させたものです。

ほぼ薩摩兵で構成されていた近衛の都督（近衛兵の統括者）に長州の山形有朋が就いたことによる薩摩の反発は強く、薩摩と長州も対立していました。

このように、「征韓論争」の内幕は、「薩摩と長州の対立」「肥前の内部対立」「薩摩の内部対立」が複雑に絡んだもので、単純な「外遊組」と「留守政府」の対立ではないのです。

長州閥井上馨・山形有朋は「留守政府」のメンバーですし、「岩倉使節団」にいた山口尚芳・久米邦武は肥前閥、田中光顕・佐々木高行は土佐閥です。

外遊中には重要な政策は実施しないと約束していたのに「地租改正」や「徴兵令」を進めた、と、木戸や大久保が責めるような場面がドラマや小説ではみられますが、それらは長州の井上・山県が進めたもので、木戸孝允や大久保利通はとくにこれに反対していたわけではありませんでした。

「征韓派」も武力討伐を唱えたのは板垣退助です。西郷は武力征伐に強く反対していました。現在では西郷を「征韓派」に括ることは誤りであると考えられつつあります。明治政府が朝鮮と「万国公法」にもとづく「欧米的・近代的な国交」を結ぼうとしたことに対して、朝鮮はあくまでも「旧礼」つまり旧幕府時代の形式で外交を進めようとしたのです。朝鮮の大院君（高宗の摂政）政権の排日運動に対して、日本の居留民の保護を名目に軍を派遣しようと主張した板垣退助に対して、西郷隆盛は旧礼にのっとり、旧礼の対応方式で使節として赴き問題を解決する、と主張しました。副島種臣もこれに同意しますが、使節は自分が行く、と述べたといいます。さらに小説やドラマでは「自分が殺されたら、それを大義名分にして朝鮮を攻めろ」というセリフを西郷隆盛に言わせていますが、これは小説・ドラマの演出・誇張です。

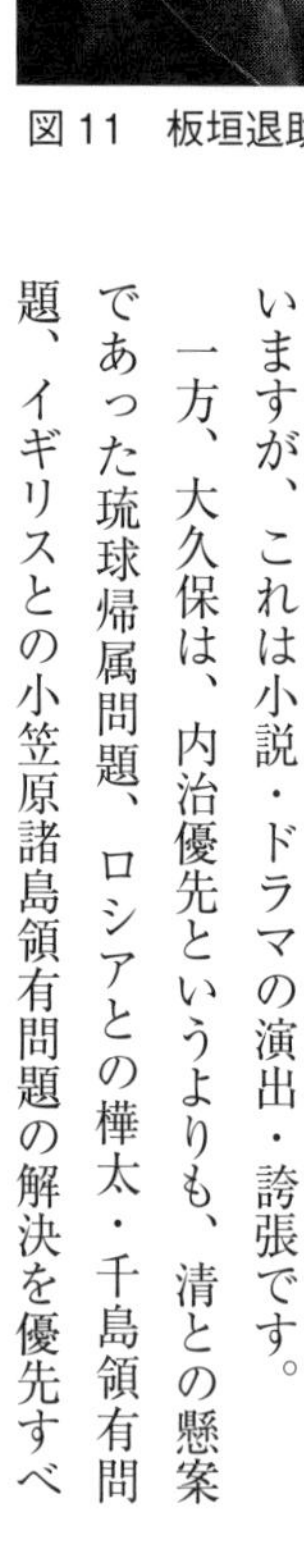
図 11　板垣退助

一方、大久保は、内治優先というよりも、清との懸案であった琉球帰属問題、ロシアとの樺太・千島領有問題、イギリスとの小笠原諸島領有問題の解決を優先すべ

図12　副島種臣

きだ、と考えていました。

大久保は、「明治六年の政変」で西郷・江藤・板垣らが政府を辞職した後、「台湾出兵」をおこない、琉球の日本帰属を明確にさせようとし、後の政府が結ぶ樺太・千島交換条約を実現する準備をしました。

ちなみに、木戸孝允が「内治優先として〝征韓〟を退けながら〝征台〟を行うのはおかしい」と台湾出兵に反対して政府を辞めた事実は、「内治派」として大久保・木戸を括るのが間違いであることを示しています。

2　自由民権運動の潮流

自由民権運動の潮流は大きく三つに分けられます。

一つは、政府を退いた板垣退助が、土佐に帰って立志社を設立し、それを核として愛国社と発展していった「士族中心」の運動。

二つ目は、地方の開明的な豪農・地主たちで、彼らは生糸の生産・売買という副業を通じて地域との繋がり、貿易港との繋がりを持ち、幕末以来、「西洋商人」との接触で、欧米文化に関心を持っていました。

さらにもう一つは都市の知識人たちで、地方紙では「高知新聞」や「長崎新聞」、都市の新聞としては「東京横浜毎日新聞」などを発刊し、民権派グループ、結社をつくっていきました。また、彼らは新聞の発刊や演説会の主催を通じて一つ目の「士族民権」と二つ目の「豪農民権」を繋ぐ役割も果たしました。

自由民権運動は、1874年、板垣退助らの「民選議院設立建白書」の左院への提出に始まる、とするのが一般的です。

「民選議院」すなわち国会開設を謳ったものでしたが、読めばわかりますが、その国会への「参政権」を持つ者は、「士族」と「豪商・豪農」に限られていました。

しかし、士族つまり旧武士階級は、江戸時代を通じて「武」のみならず「文」も独占していた階級でもあります。明治初頭の「知識人」は士族が多かったことも確かで、彼らが西洋の文化、人権思想を受け入れ自分のものとすることができたのは「文」という素地があったからともいえます。

ことに「武」による「士族の回復」の失敗(以下にあげる士族の反乱)後は、その活動を広く深く「文」に求めたのは当然ともいえました。

江藤新平が佐賀の不平士族を糾合して乱を起こしたように、明治六年の政変で政府を辞した有力者を中心に、各地で士族の反乱が連続しました。

とくに1876年の廃刀令・俸禄の廃止は、熊本での神風連の乱(敬神党の乱)を引き起こすなど、不平士族たちが「武」によって「解決」を図ろうとする機運を一気に高めることになります。

こうして1877年、西郷隆盛を指導者とする西南戦争が勃発しました。西南戦争については後に詳述しますが、士族の最大・最後の反乱となりました（４万人が参加し、半年間にわたって九州南部で抵抗を続けました）。

政府は、徴兵令によって組織され、西洋式の訓練と装備を施された「農民兵」によって（指揮官は西洋式軍事訓練を受けた士族たち）この反乱の鎮圧に成功します。

これら士族の反乱による反政府運動の失敗は「武」から「文」への「闘争」へと不平士族の路線変更をもたらすことになります。

３　自由民権運動の展開と政府の対応

自由民権運動が広がりをみせると、全国各地に演説会、政治集会、結社主催の学習会などが開かれるようになります。また、豪農たちの中には学校を設立する者もあらわれ、東京都町田市の青木正太郎（あおきしょうたろう）は「養英館」という学校を設立しました。また、府中市では、町田の石阪昌孝（いしざかまさたか）らが演説会を主催し、東京の新聞記者肥塚竜（こいづかりゅう）も招かれました。このように西南戦争後の１８８０年代は「士族民権」に「豪農民権」が合流していくようになります。

これらの動きに対して、政府は「硬軟」取り合わせた対応を進めました。

１８７５年、士族民権の動きとして立志社が発展的に解消されて愛国社が大坂に設立されると、大久保利通は、「征台の役」（台湾出兵）に反対して下野していた木戸孝允、それに士族民権の主導者であった板垣退助と大坂で会談し、大久保は木戸の提案を受け入れて「漸進的に」立憲君主政に移行す

図13　自由民権運動の演説会

ることを約束しました（木戸と板垣はこれを受けて政府に復帰しています）。こうして１８７５年４月に立憲政体樹立の詔を出し、立法諮問機関の「元老院」、最高裁判所に該当する「大審院」を設立、そして府知事・県令で構成する「地方官会議」が設置されたのです。

政府はこのような動きを進める一方で、自由民権運動を封じ込めようと、１８７５年６月、讒謗律・新聞紙条例を制定し、運動を厳しく取り締まっていきました。

あくまでも「上からの改革」、政府主導の近代化、という明治時代の政策の特徴が、ここでも明確に表れているといえます。

１８７６年から１８７７年にかけて士族の反乱がひとまず終息し（神風連の乱、西南戦争の鎮圧）、地租改正反対一揆も落ち着きをみせると、政府は「地方の要求」をある程度吸い上げられる制度の整備も進めました。

それが郡区町村編制法・府県会規則・地方税規則（地方三新法）の制定で、府会と県会を通じて民意をくみ上げる制度がつくられたのです。

図14　大隈重信

士族の反乱・農民一揆の鎮定後は、自由民権運動の質的転換（士族民権と豪農民権の合流、都市の商工業者や府県会議員の連帯）だけでなく、政府の強硬姿勢にも一定の緩和をもたらしました。

ただ、この背景には「ある一つの要因」があったことも見逃せません。

それは「大久保利通の暗殺」です。１８７８年に大久保が暗殺されると、強力な指導者を失った政府は立憲政体樹立の方針に関して内部対立が生じていたのです。

大隈重信らは、元老院で憲法草案の作成を続け、１８８０年に「日本国憲按」を完成させたのですが、板垣退助と伊藤博文の反対で、これが廃案となりました。

イギリス型の議院内閣制をめざす大隈重信と、岩倉具視・伊藤博文の対立は以後深刻化していきます。

一方、この頃、民権運動の「結集」の一つの成果として、国会期成同盟が結成され、各地の政治結社の代表署名の、政府提出（天皇への請願）という動きにも発展しました。これに対して政府は集会条例を定めて政治結社などの活動を抑え込みます。国会期成同盟の側もより広範な人々の結集が性急であったこともあってまとまりを欠き、１８８１年に各自、各政治結社が憲法草案を持ち寄ることを

図 15　黒田清隆

約して解散することになりました。

ただ、この会同は、一つの「成果」も生み出します。解散後、政治的志向を同じくする者が集まり、板垣退助を中心とする自由党が結成されたことがそれです。

そして政府では、官有物払下げ事件をきっかけに大隈・伊藤の対立は「政変」へと発展しています。

北海道開拓使の官有物（船舶・倉庫・農園・炭鉱・ビール工場・砂糖工場など）の払い下げにあたり、開拓使黒田清隆（くろだきよたか）が同じ薩摩出身の五代友厚（ごだいともあつ）の関係する関西貿易社に不当に安い価格で払い下げようとしたと喧伝され、世論の反発をまねき、このことが自由民権運動と連動してたいへん激しいものとなりました。

しかし、教科書にもみられるこの「官有物払下げ事件」については一部再考が必要と考えられるようになりました。正確には、官有物は元開拓使の役人が設立した会社（北海社）に払い下げられたのであり、五代友厚の関西貿易社は、金銭面でその経営を支援していたのです。ことさらに黒田と五代の関係を癒着・不正として説明することは不正確でしょう。

1881年10月、岩倉・伊藤らは「この動き」に大隈が関係している（情報発信元が大隈ではないか）として大隈を罷免しました（「明治一四年の政変」）。

こうして行政権の強い「欽定憲法」の制定を政府の基本方針に据え、国会開設の勅諭を発して10年後の1890年に国会を開設することを約したのです。

国会期成同盟解散時の「約束」（憲法草案を作成して再度集まる）を背景に、1880年代には各地でさかんに「憲法私案」が作成されます。

こうして行政権の強い「欽定憲法」の制定を政府の基本方針に据え、国会開設の勅諭を発して10年後の1890年に国会を開設することを約したのです。

国会期成同盟解散時の「約束」（憲法草案を作成して再度集まる）を背景に、1880年代には各地でさかんに「憲法私案」が作成されます。

1968年、東京都五日市の深沢家の土蔵から204条からなる「憲法草案」が発見されました。千葉卓三郎（ちばたくさぶろう）らが起草した、いわゆる「五日市憲法」と呼ばれるものがこれです。これは「士族民権」と「豪農民権」の合流の成果を示した好例でした。

五日市は、製糸業がさかんで、幕末・明治初期の開港以来、東京・横浜とのつながりが深く、外国の文化と接する人たちも多かった地域です。千葉卓三郎は士族出身で儒学の造詣が深いだけでなく、キリスト教も学んで五日町で小学校の教師として活動していました。すでに五日市には「学芸懇談会」という結社があり、周辺の豪農たちが集まり、東京・横浜の知識人や新聞記者たちを招いて様々な議題を討論しています。

このような豪農の一人が深沢権八（ふかざわごんぱち）で、彼は東京で出版された書物を買い集めていますが、その中にはルソーの翻訳書や法律書がありました。深沢家の土蔵から憲法案などが発見された所以です。

ここでは、死刑制度の是非や女性天皇の可否など、現代にも通じる議論がおこなわれていたことは刮目に値します。このような中、生まれたのが「五日市憲法」でした。

「日本国民ハ各自ノ権利自由ヲ達ス可シ、他ヨリ妨害ス可ラズ。且国法之ヲ保護ス可シ」という条文など、ルソーの思想をよく理解していたことがわかります。

１８８１年に結成された自由党には、深沢権八や学芸講演会の構成員たちも入党し、国民主権・普通選挙をもとめていきました。

政府のさまざまな弾圧諸法による取り締まりが強化されると、自由民権運動の担い手たちの中には過激な行動に出る者も現れるようになります。

福島県では、県令が農民を徴発して費用を負担させた上で道路建設に従事させました。農民たちと自由党員はこれに抵抗し、多くの逮捕者を出すことになります（福島事件）。また１８８０年代の不況で繭価が急落し、北関東の養蚕農家が大きな打撃を受けると、破産して土地を手放してしまう農家が激増しました。こうして１８８４年、貧農と自由党員が結んで「困民党」を結成し、借金の据え置きと地租軽減を求めて武装蜂起する事件が起こります（秩父事件）。これは裁判所や警察署などを組織的に攻撃した計画的で大規模なもので、政府は警察だけでなく軍隊も投入してようやく鎮圧しました。自由党は、より広範な勢力と結びついて自由民権運動を有利に展開しようとしましたが、かえって末端組織、活動家の過激な言動にコントロールが効かなくなり、自由党はいったん解散せざるをえなくなりました。

かつて明治政府が、旧幕府勢力を一掃する戦いにおいて用いた下級武士や農民兵たちが政府の「尾大の弊」となったのと同様、民権運動を拡大し、広範な「国民運動」にしようと巻き込んだ農民・民衆らが、活動の先兵となり、結社・党の制御から離れて「尾大の弊」となってしまったのです。

（6）国境の画定――日本の輪郭の誕生

1　蝦夷地を北海道へ――アイヌの同化

明治政府は、蝦夷地を北海道と改め、開拓使を設けました。そしてロシアとは樺太・千島交換条約を締結して領土の確定をおこなっています。

明治維新まで、現在の北海道は「蝦夷地」と呼ばれ、アイヌの人々が数万人居住していました。1869年、明治政府はこの地を「北海道」とし、東京に開拓使を設置して（後に北海道へ）支配します。開拓使は、北海道の「小さな政府」で、まさに北海道の内務省と工部省とでもいうべきものでした。

明治政府は、「士族の授産」（士族に仕事を与えて生活ができるようにする方策）の一つとして、そして南下して日本の北辺に進出してくると考えられるロシアに対抗するため、北海道の開墾と防衛に従事する「屯田兵」の制度を設けました。同時に北海道への「移民」を奨励したので人口も次第に増加し、開拓も進んでいきます。

並行して、アイヌの人たちに対しては「同化政策」を進めました。

実は、アイヌの人々への支配方法は、江戸幕府から「連続」したものといえます。

図16　イザベラ＝バード(p.75参照)がスケッチしたアイヌの人々

幕末の1856年、アイヌの人々は「夷人（いじん）」と呼ばれていましたが、その呼称が「土人（どじん）」とされました。ロシアの南下などに危機感をもっていた幕府は蝦夷地を直轄化します。そして、外国人を「夷人」と称するようになったため、それと区別するために「土人」という呼称に改めました。アイヌの人々は外国人ではなく日本人としようとする動きともいえますが、同時に、アイヌの人々は外国人ではないけれども、「日本側の」、「日本の支配下にある人々」として捉えていたことがわかります。

開拓の進行は同時に、アイヌの伝統文化と生活の破壊という側面もあり、実際、習俗の強要、つまり「髷（まげ）」を結わせ、「髭」を落とさせ、「襟を右に合わせる」などがおこなわれていきました。

明治政府はこの幕府の政策を引き継ぎ、さらに「延伸」していきます。

アイヌの風習の女子の入れ墨、男子の耳輪着用などを改めさせ、伝統的な狩猟生活を禁じて農業生産に従事させ、戸籍を編成するために日本式の「姓」と日本語教育をおこないました。開拓使は、1878年にはアイヌの人々の呼称を「旧土人」と改めるに到ります。

2 「琉球」を「沖縄」へ

大蔵大輔であった井上馨が政府に出した「琉球国の処置に関する建議」を読むと、江戸時代の琉球と日本の関係、とくに薩摩と琉球の関係をふまえた上で、琉球が日本・中国と両属関係を続けている「あいまいな関係」を排し、「皇国ノ規模御拡張の御措置」をとろうとしていたことがわかります。

井上馨を始め明治政府の要人が、琉球への関心を高めたのは、「ある事件」がきっかけでした。これが1871年の「琉球漂流民殺害事件」です（台湾に漂着した琉球の漁民が台湾の漁民によって殺害された事件で、もともと両者は漁場をめぐって対立・小競り合いを起こしていた）。

1872年、琉球藩が設置され、琉球は内務省が管轄するようになります。内務卿は大久保利通。彼は、琉球漂流民殺害事件で清が現地住民の殺傷行為に責任を負わないと主張すると、この責任を追及することによって琉球が日本の領土であると国際的に主張できる機会ととらえ「征台の役」（台湾出兵）をおこない、1874年から、琉球を日本の領土とする「琉球処分」を断行していきました（警官160人、約400人の軍隊を投入している）。

1875年には清への朝貢を停止させ、元号「明治」を適用させようとし、明治政府への謝恩を示すという意味の「謝恩使」として藩王尚泰（しょうたい）自ら上京するように命じました。

琉球側はその要求を拒否したため、武力行使の準備を調えた上で、1879年1月、兵300人余り、警官隊160人余りを派遣し、再度上記3項を要求します。そして同年3月、琉球藩を廃止して沖縄県を設置することを通達、3月末までに首里城明け渡しを求めました。こうして1879年4月、

図17　藩王・尚泰

県庁を首里に置いた沖縄県が設置されたのです。

しかし、これら明治政府の一連の動きに対して、琉球の人々の中には不服従運動を展開したり、清に渡航して清政府に嘆願したりする動きまでみられるようになりました。

すでに日本は、1871年に中国と日清修好条規を締結し、かつての「華夷の関係」ではなく、「万国公法」（国際法）に則った、近代的な条約を結んで「対等の関係」を築いていきましたが、清は琉球の宗主権を主張し（琉球が清の属国であると要求し）、日本に厳重な抗議をおこなうようになり、日清両国の対立と緊張は一気に高まります。

これに対して清政府の実力者で外交の全権を持つ李鴻章は外交による妥協を選び、清を訪れていたアメリカ大統領グラントに調停を求めました。グラントは来日して、その中で日本に「一つの示唆」を与えました。それが「分島・改約」論です。

沖縄諸島を二分し、一方を清に譲渡するかわりに日清修好条規を改定して、清国内の通商を認めさせて欧米並みの通商条約に発展させようというものでした。

明治政府は、沖縄をいわば「外交の道具」にしようとしていたわけで、この点、「沖縄」を「県」としていても、実際は「日本の国土」というより「日本が支配している地域」という意識を持っていたといえます。

3　国境の画定と中国・朝鮮との条約

政府は自由民権運動に対応しつつ、立憲政体樹立にむけて動き始める一方、ロシアとの領土問題の解決、アイヌに対する政策、琉球王国の併合、清との対等条約、朝鮮との日本に有利な不平等条約調印を通じて、「日本の輪郭」を形作っていきました。

江戸時代、中国とは長崎において通商をおこなっていましたが正式の国交はなく、１８７１年、日本は清に使節を送り、相互に開港した上で領事裁判権を認め合う（対等な関係の）日清修好条規を結びます。しかし、政府はこの内容に不満で、前述したように沖縄を分割・割譲することで有利な内容にしようと試みています。

朝鮮とは、１８７２年以降、「万国公法」に基づく近代的な外交関係国を樹立しようと明治政府は交渉を続けていました。しかし、保守的で「攘夷」を主張していた大院君（高宗の父）政権との交渉は難航していたのです。

そこで政府は、この停滞した協議を有利に進めようと軍艦を朝鮮近海に派遣し、軍事的威圧を加えることを考えます。しかし、三条実美がこれに反対し、寺島宗則（てらしまむねのり）が進める穏健な交渉案を支持しました。

このような穏健的「外交」を進める外務省の動きに対して、海軍大臣川村純義（かわむらすみよし）は、「雲揚（うんよう）」「第二丁（てい）卯（ぼう）」の2隻の軍艦を隠密裏に派遣し、釜山（プサン）に入港させ（あらかじめ通知した上で）空砲の射撃訓練を実施させました。

同時に沿岸測量もおこない、首都の漢城沖の月尾島（ウォルミド）に停泊、ボートを下ろして江華島（カンファド）にむかわせたところ、砲台から攻撃を受けました。江華島事件の始まりです。

軍艦「雲揚」の艦長井上良馨は、9月29日付の上申書に「本日戦争ヲ起ス所由ハ、一同承知ノ通リ」(『綴り　孟春雲揚朝鮮廻航記事』1875年9月29日防衛省防衛研究所戦史部図書館蔵）と記しており、このことからこれらの行動が、朝鮮側を挑発して砲撃を引き出させるための行為であり、軍も承知した上でのものであったことがわかります。

日本側は、ただちに江華島及び永宗島砲台を攻撃し、永宗島の要塞を占領することに成功します。

この事態に外交部は、フランスにも意見を求めます。「お雇い外国人」で政府の顧問の一人であったボアソナードは、釜山・江華港の開港、朝鮮領海の自由航行権、江華島事件に対する謝罪の3つは要求すべき、と助言しました。

図18　森有礼

また、森有礼は「和約を結ぶ以上は和交を進めて貿易を広げることをすれば、それが賠償金の代わりになる」と穏健な解決策を提言しています。

硬軟入り交じった検討をふまえ、1876年に日朝修好条規を結び、朝鮮を開国させました。この条約で朝鮮は釜山・仁川・元山の3港を開港し、日本の領事裁判権と関税免除を認めることになり、日本は初めて自国に有利な不平等条約を外国と結びました。

また、幕末以来、日本の北辺において南下政策を続けていたロシアとの懸案事項として樺太の帰属問題がありました。１８７５年、日本は北海道の開拓に注力するため、樺太に持っていたすべての権益をロシアに譲渡し、その代わりに千島列島を領有するという条約をロシアとの間に締結したのです（樺太・千島交換条約）。

列島周辺諸島の帰属問題の解決も図っています。

あまり大きく取り上げられないのですが、小笠原諸島の「確保」は日本の巧みな外交の成功例でした。そもそも小笠原の領有問題は通商条約締結後の幕末にさかのぼります。

当時、ヨーロッパではクリミア戦争が終わり、アメリカでは南北戦争が始まっていました。また、中国では欧米諸国がアロー戦争後の中国進出を企図しているところです。日本への領土的進出が、当時の複雑な国際情勢のバランスを崩すことをおそれる空気を欧米諸国は感じていたのです。極東の対立が中央の対立へ発展することを避けて、現状維持にしようとどの国も考えていました。

こうして小笠原は「外交的空白地帯」となって、どの国も「実効支配」に至らなったのです。幕府はイギリスとアメリカに小笠原を開拓する、という通告をしました。

イギリスの場合、ロシアの南下政策を批判している手前、日本の周辺への領土的進出はなかなか主張できない状況にあり、幕府に「イギリスは小笠原に領土的野心はない」と回答しています。

アメリカの場合、当時、南北戦争中でもあり、本国に報告するから、回答は後日にする、と伝えただけでなく、幕府に小笠原にいる住民の保護を依頼しました。

こうして幕府がアメリカに代わって居住民を保護することになり、このことが小笠原に居住するアメリカ人たちにたいへん好印象を与えたのです。この後、フランス・ロシア・ドイツなど駐日ヨーロッパ諸国の代表に同様の領有通告をしたのですが各国は黙認することになりました。

当時幕府は、欧米諸国に軍事力で劣っていたのですが、日本が採った「住民友好外交」は、明治時代に再び有効に機能します。

さて、幕末、内政の混乱などから幕府は小笠原開拓を停止し、日本人の移民は全員引き上げてしまいました。この状態で明治維新となったのですが、島民がアメリカへの帰属を本国に要請し、イギリス公使パークスも、明治政府が小笠原を放置するならイギリス領とする、と通達してきたのです。

これに対して明治政府はすぐに動きました。明治政府がとった方法は、イギリスのような軍艦派遣ではありません。派遣されたのは、「明治丸」という高性能灯台巡視船でした。これに武器ではなく、ワイン・ウィスキー・ジンなどの酒類、砂糖など日用品を積み込み、小笠原に向かわせたのです。

日本が小笠原に到着した二日後、イギリスが軍艦で小笠原に乗り込んだのですが、住民は日本への帰属を主張しました。イギリスは国際法に則り、「住民の意思」に基づいて小笠原の日本領有を承認しました。小笠原の人々は、軍事力にモノを言わせて小笠原に乗り込んできたイギリスよりも、そこに住む人々の生活を優先して支援した日本を選択してくれたのだと思います。こうして日本は1876年、小笠原に内務省の出張所を設置し、その統治を再開しました。

こうして、ロシア、中国、朝鮮、そして蝦夷・琉球・小笠原など南北東西において日本の領土が国際的に確定されることになりました。

（7）大日本帝国憲法の制定

1　憲法研究と草案作成

憲法制定と議会の開設は自由民権運動の「成果」であると同時に、政府による支配体制の再編・強化でもありました。憲法の研究と草案作成は、伊藤博文を中心に、国民には秘密裏に進められ、天皇から「臣民」に与えるという形式の欽定憲法へと完成していきます。

図19　井上毅

憲法研究に伊藤博文が欧米諸国を訪問したのは1882年で、政府の憲法草案作成作業は、1886年から進められました。研究と草案作成は、伊藤博文を中心に、ドイツ人顧問ロエスレルの助言を得ながら、井上毅（いのうえこわし）、伊東巳代治（いとうみよじ）、金子堅太郎らが起草に携わっています。

憲法草案は、1886年、ロエスレルとモッセの助

図20　明治天皇（1890年頃）

言を経て、井上毅が作成し、1887年6月に書き上げました（宿屋を借りて作成したところ、草案原稿を入れた鞄を盗難される、という事件まで起こっています）。

もともと、憲法の作成については、明治天皇が、1876年、元老院議長有栖川宮熾仁親王（ありすがわのみやたるひと）へ国憲起草を命じたことから始まりました。読めばわかりますが、これは「外国の憲法を研究せよ」という命令で、これに基づき、伊藤が研究に出かける前から各国の憲法が研究され、大隈重信も意見書を付与し、「国憲按」が作成されました。内容は後の大日本帝国憲法とは大きく異なり、「君主権の制限」や「議会の権限が強い」ことから、岩倉具視・伊藤博文が反対し、廃案となっています。

また、明治十四年の政変で、大隈重信が罷免されたことで、憲法草案作成は、伊藤博文の手にうつり、改めて開始することになりました。

2　憲法はドイツ帝国を手本にしたのか？

教科書には「伊藤博文がドイツ帝国で憲法を学び、君主権の強い憲法案を作成した」というような説明がよくみられます。

しかし、実際は少し違います。まず、ベルリンで憲法を学ぼうとするのですが、皇帝ヴィルヘルム1世から「注意」を受けます。曰く「憲法などを作ったために、政治がやりにくくなった」と。そもそも憲法は、権力の暴走が国家そのものを崩壊させることを防ぐ、いわば「ブレーキ」のような側面を持ちます。国民が守る、というより、権力者が守らなくてはならないもの、政府が守らなくてはならないもの、国が守らなくてはならないものです。

伊藤博文は、「ドイツ帝国」ですらなお、憲法が行政権を掣肘するものであると感じ取りました。実際、ドイツ帝国の憲法や政治制度にすっかり心酔してしまった金子堅太郎に対して「憲法はその国の歴史や伝統をふまえたものでなくてはならない」とたしなめています。

また、隣国オーストリアのウィーン大学でも「ドイツの憲法」を学びました。隣国であるがゆえに、隣国の研究がよく進んでいると考えたのです。ウィーン大学のシュタインに伊藤博文が気に入られたこともあり、ドイツよりもむしろオーストリアで憲法を深く学んだといえます。

ドイツ帝国の議会は二院制でしたが、連邦参議院と帝国議会から成立する議会であり、日本のそれは同じ二院制であっても帝国議会そのものが貴族院と衆議院に分けられた二院制でした。また、ドイツの帝国議会議員の選挙は「男性普通選挙」ですが、日本の衆議院のそれは直接国税15円以上の男性納税者、というかなり厳しい制限選挙を取り入れたものになっています。

「天皇ハ神聖ニシテ侵スヘカラス」という条文も、フランスの憲法（1814年6月発布）に記されたものを参考にしていて、この部分はプロイセン憲法とは異なる部分です（厳しい制限選挙規定もフランス1814年憲法にみられるものです）。

「国王の神聖」「皇帝の神聖」というのは、19世紀のヨーロッパ君主制の憲法にはありがちな表現で、日本的な「神」を想定したものではないのです。

ドイツ帝国をモデルにした、というよりも、ドイツ帝国の政治制度、憲法だけでなく、ヨーロッパの様々な君主権の強い（行政権の強い）憲法の条文や政治制度を集めて作成した、という感じがします。もちろん明確にドイツ帝国をモデルとした制度もあります。それが「地方制度」で、ドイツ人顧問モッセの提言で、府県・市町村制が定められ、知事など首長は選挙ではなく政府が任命するという仕組みにしています。また、1885年には内閣制度を発足させました。

3　大日本帝国憲法の特徴

大日本帝国憲法は第一条「大日本帝国ハ万世一系ノ天皇之ヲ統治ス」で始まります。現在でも「万世一系」という表現を用いて「皇統」の大切さを説く方もおられますが、そもそも「万世一系」という表現は、どこで誰が使い始めたのでしょうか。

万葉集や『古事記』、『日本書紀』にも見られず、北畠親房の『神皇正統記』にもありません。山鹿素行や頼山陽も使用していませんし、水戸学派も用いている言葉ではありません。記録上は幕末、「王政復古の大号令」の文言を作成しているときに、岩倉具視が考えて使用したことがわかっています（『律令制から立憲制へ』島善高）。比較的新しい表現ですが、大日本帝国憲法の「告文」にみられる

「天壌無窮ノ宏謨ニ循ヒ惟神ノ宝祚ヲ継承シ」（天地と同じく永遠に続く広大なはからいに従い、御神霊の皇位を継承し）という意味を込めたものでしょう。

以後「万世一系」という表現はイデオロギー的に様々な公文書や天皇の枕詞のように使用されていきます。

さて、大日本帝国憲法も、「憲法」であるがゆえに、権力を制限する項目があります。大日本帝国憲法は天皇主権で、統治権が無制限であるかのように誤解されている方もおられるかもしれませんが、第四条に明記されているように、「天皇ハ国ノ元首ニシテ統治権ヲ総攬シ此ノ憲法ノ条規ニ依リテ之ヲ行フ」とされています。

また国民は「臣民」とされてはいますが、その権利（主として自由権）は保障されていました。

しかし同時に「天皇大権」という権限が明記されています。

宣戦布告、講和、条約の締結については、議会その他の政治機関の制約をまったく受けません。これは他の立憲君主国には見られない際だった特色です。これはドイツ人顧問ロエスレルの意見が反映されている箇所で、議会による制限を極力排除するものです。ドイツ帝国が憲法や議会の権限を一定以上認めてしまい、行政権に対する立法権の一部優位をもたらしてしまったことの「反省」から、日本に対してこのことを「助言」した結果、「天皇大権」が明記されました（ドイツ帝国を訪問した際、伊藤博文は皇帝ヴィルヘルム1世から同様の指摘を受けている）。

また、自由権が認められているとはいえ、「法律ノ範囲内ニ於テ」言論や著作、集会・結社の自由が認められているにすぎず、つまりは法律を定めればこれらの自由権の制限が可能であったこともわかります。

義務の規定では「納税」、「教育」ということに関する定めがありましたが、「兵役」を義務としています。

ドイツ人医師ベルツの記した1889年2月11日の憲法発布の日の日記には、「いたるところ、奉祝門、照明、行列の計画。しかし、滑稽なことに、誰も憲法の内容をご存知ないのだ」と記されていますが、憲法制定の過程をかえりみれば当然のことでした。自由民権運動の広がりの中で、各地で私擬憲法が作成されたにもかかわらず、政府はあくまでも政府主導による憲法の作成を進め、行政権の強い憲法・政治体制の確立をめざしていたわけですから、当然ながら政府はそれら私擬憲法を一顧だにしていなかったのです。

また、大日本帝国憲法には規定されていない政治機関が多くあったことも明治立権体制の特徴でした。元老（天皇を補弼する重臣）・軍事参議院・参謀本部・海軍軍令部（海軍における参謀本部）・内大臣などがそれです。

大日本帝国憲法では、軍隊を指揮監督する最高権限である「統帥権」は天皇にあるとされ、とくに内閣から独立した参謀本部と海軍軍令部は、天皇の統帥権を運用・輔弼するものとして後年、その「統帥権の独立」を主張し、軍部の台頭・独走を招き、満州事変・日中戦争・太平洋戦争への道を開いたともいえます。

図21　中江兆民（左）と植木枝盛（右）

4　帝国議会の開催

１８９０年、第１回衆議院議員総選挙が開催されました。前述したように、選挙権を持つ者は満25歳以上の男性で、直接国税15円以上の納税者という極めて厳しい制限があり、当時の日本の人口の約１％しか有権者に該当しませんでした。

しかし選挙の結果は、自由民権運動の流れを組む政党（立憲改進党・立憲自由党）の議員で過半数を占めることになり、中江兆民や私擬憲法を作成した植木枝盛なども当選したのです。

議会で彼らがさっそく主張したことは「民力休養」「地租軽減」でした。

そうして始まった議会では、軍事費を拡大しようとする政府予算案とこれに反対する民権派の政党が衝突します。

しかし、第２代内閣総理大臣黒田清隆は「超然主義」の立場をとり、たとえ民党（民権派の政党）が多数を占めても、政府はこれに超然とした態度でのぞんで政策を進めると言い切りました。

第2回以降の総選挙では、政府による選挙干渉がしばしばおこなわれ、政府は一部民権派議員を「買収」までして議会の多数派を形成しようとしますが、それでも民党が過半数の議席を占めたのです。

これをうけて、あくまでも超然主義の立場をとろうとする山県有朋らに対して、政党の力を発展させて政治力を高めようとする伊藤博文の二つの動きが政府内でも表面化していくことになりました。

5　女性の権利を認める運動の萌芽

女性の参政権など、婦人の権利の拡大を求める動きは、実は自由民権運動の始まりから並行していた、ということは注目すべきことでしょう。

1878年、高知県では楠瀬喜多（くすのせきた）が「納税者であるのに女性という理由で選挙権が無いのは不当である」として高知県や政府に対して抗議をおこなっています。

高知県の一部の地域では、1880年に町村議会ですが、女性議員が認められることになりました。しかし、この動きも1880年代の半ばに自由民権運動が過激化していったん下火になると、1884年の法改正で廃止になり、さらに1890年には、女性が政治集会に参加したり政治結社に加入したりすることが禁止されたのです。

しかし帝国議会の議員の中では、むしろ女性の参政権を求める声は強く、第1回帝国議会では植木枝盛が女性の権利を認める法改正を主張しています。

明治が保守的で女性蔑視的であったと説明されがちですが、それは政府の政策においてであって、議会では婦人参政権に賛同する意見が多かったことはもう少し大きく取り上げてもよいのではないでしょうか。

6　教育勅語と軍人勅諭

近代国家を形成、そして発展させるにあたって、教育制度はともかく、その教育内容に関して、明治政府はまたも「二律背反」の問題を内在させることになりました。

つまり、教育の基底に「国学」を据えるか、「儒学」を据えるか。それとも制度に合わせて内容も西洋式にするのか。

やがて理念的・思想的な部分よりも、不平等条約の改正、工業の発展、軍拡など近代化を急ぐ必要性から実学を重視する方向に傾斜し、「西洋式」の教育内容の導入が図られました。しかし、同時に（理念的・思想的教育をおこなうために）「修身」いわゆる「道徳」教育も進められます。

とくに自由民権運動の進行とともに、西洋の「自由主義思想」が広がるようになると、旧来の伝統的儒学教育を道徳教育の基幹に据える動きが出てきました。「知育」から「徳育」へのシフトが進みます。その中心となった人物が元田永孚（もとだながざね）でした。

彼は教育の根本を「皇祖皇宗（こうそこうそう）の遺訓」とし、「家族国家観」（国を家と捉えて家長を天皇に擬すもの）をふまえて「忠君愛国」を教育の支柱にしようとします。こうして井上毅とともに「教育勅語（きょういくちょくご）」の

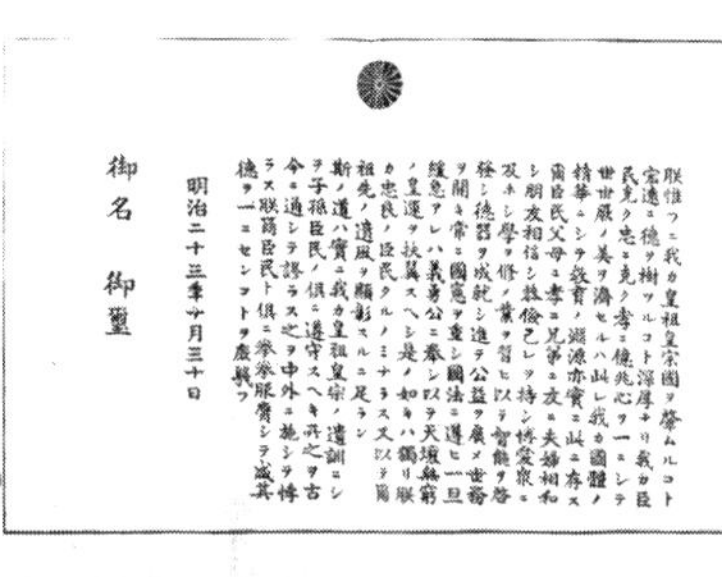
朕惟フニ我カ皇祖皇宗國ヲ肇ムルコト宏遠ニ德ヲ樹ツルコト深厚ナリ我カ臣民克ク忠ニ克ク孝ニ億兆心ヲ一ニシテ世世厥ノ美ヲ濟セルハ此レ我カ國體ノ精華ニシテ教育ノ淵源亦實ニ此ニ存ス爾臣民父母ニ孝ニ兄弟ニ友ニ夫婦相和シ朋友相信シ恭儉己レヲ持シ博愛衆ニ及ホシ學ヲ修メ業ヲ習ヒ以テ智能ヲ啓發シ德器ヲ成就シ進テ公益ヲ廣メ世務ヲ開キ常ニ國憲ヲ重シ國法ニ遵ヒ一旦緩急アレハ義勇公ニ奉シ以テ天壤無窮ノ皇運ヲ扶翼スヘシ是ノ如キハ獨リ朕カ忠良ノ臣民タルノミナラス又以テ爾祖先ノ遺風ヲ顯彰スルニ足ラン斯ノ道ハ實ニ我カ皇祖皇宗ノ遺訓ニシテ子孫臣民ノ倶ニ遵守スヘキ所之ヲ古今ニ通シテ謬ラス之ヲ中外ニ施シテ悖ラス朕爾臣民ト倶ニ拳拳服膺シテ咸其德ヲ一ニセンコトヲ庶幾フ

明治二十三年十月三十日

御名　御璽

図22　元田永孚と教育勅語の謄本

原案を作成しました（1890年）。

内容は、全文315文字から成り、天皇を言わば「国父」とし、「家族国家観」による愛国主義、儒教道徳を教育の根本に置き、「孝行」「友愛」「夫婦の和」「朋友の信」「謙遜」「博愛」「修学習業」「智能啓発」「徳器成就」「公益世務」「遵法」「義勇」の12徳目から構成され、後の「修身」（道徳教育）の学習テーマとなりました。

また、体育教育では「兵式体操」が導入されるようになりました。競争原理、団体活動を養う「運動会」というものが導入されて一般化していくのもこの頃からです。

教育制度の変遷に自由民権運動が影響を与えたことと同様、軍隊制度にも影響を与えます。「制度整備と兵士教育」をどのようにしていくか。自由主義思想の拡大と自由民権運動は農民から構成される軍隊にも少なからず動揺を与えていきました。

とくに陸軍大将自らが反乱の中心となった西南戦争、そしてその翌年の竹橋事件（近衛兵の反乱）は軍隊の精神的支柱の必要性、国家への忠誠を誓うべき兵士の育成が急務であることを政府に痛感させます。

こうして山県有朋の作成した「軍人訓誡」をもとに「統帥権の天皇所在」「忠節・礼儀・武勇」（儒学思想）「軍人の政治不介入」を柱とする軍人勅諭が発せられました。

軍人の政治不介入が明記されていたにもかかわらず、後年軍部の台頭をまねき、政治への関与を強めた背景は、天皇から与えられた「勅諭」であるがゆえに統帥権とともに軍人は政府・議会から独立した存在であるという意識もまた育ててしまったからと考えられます。

［コラム］　伊藤博文と山県有朋――維新対比列伝2

「黒船の来航」というと、「外圧による衝撃とそれによる改革」を象徴する比喩として現在でも使用されます。

1853年のペリーの来航は、当時の幕府に衝撃を与えました。しかし、長州藩にとっての「黒船の来航」は1853年ではなく、元治元年、つまり1864年でした。

いわゆる四国艦隊下関砲撃事件（1863年、長州藩は攘夷を実行し、下関海峡を通過する外国船を砲撃したのですが、その砲撃に対する報復としてアメリカ・イギリス・フランス・オランダの4ヵ国17隻の軍艦が下関砲台を破壊、占領した事件）です。

この事件は攘夷という熱病に冒された急先鋒の長州藩を叩きのめしたのですが、同時にこれにより二人の人物を生み出したともいえます。

一人が伊藤博文、そしてもう一人が山県有朋です。

そしてこの時の「二人の在り方」が、明治維新とそれによって誕生した「大日本帝国」の中での「二人の役割」を決したのです。

伊藤博文は1863年に井上馨（長州藩士・後の外務大臣）の誘いを受けて、長州藩の「留学生」としてイギリスに渡航をすることになりました。英語を学習することになったのは当然として、伊藤は工場や海軍施設を見学し、その驚異の発展と日本との国力差に愕然とします。

そして、ある日、イギリスの新聞「タイムズ」を目にして驚愕しました。

1864年3月、下関砲撃事件の報復にイギリス・フランス・アメリカ・オランダの4ヵ国が長州藩を攻撃する、という記事です。

伊藤は井上とともに急遽帰国、5月に横浜でイギリス公使オールコックに攻撃中止のために交渉を続け、なんと2週間の猶予を得ることに成功しました。そして今度は、長州藩を説得するのですが、攘夷に沸騰していた藩論を覆すことはできず、結果、長州藩は軍艦17隻、砲門288による砲火を浴びて壊滅的打撃を受けることになったのです。

そして、この戦いで、軍監（軍事の監督・現場の部隊指揮官）として長州藩の兵を指揮し、前線の壇ノ浦砲台で激戦を経験したのが山県有朋でした。

この後、長州藩は「激動の一年」を経験します。長州藩は幕府・諸藩の第一次長州征討を受け、幕府への恭順派が藩の主導権を握りますが、これに反発した高杉晋作らが挙兵（功山寺挙兵）し（実はこの時、山県有朋は慎重派でしたが、実質奇兵隊を掌握し、高杉を後援します）、藩論を倒幕へと大転換させました。

その後、薩摩藩と長州藩が歩み寄る中、薩摩との連絡役をおこなうようになった山県は、薩摩藩の西郷隆盛に接するようになり、生涯尊敬の念を抱き続けるほど大きな影響を受けます。薩長同盟が実現したものの、なかなか薩摩藩が具体的な行動をおこさない中、その督促交渉にも骨を折り、ようやく薩摩藩が兵を動かし、戊辰戦争に至ることになります（奇兵隊本体は山口を守衛し、山県有朋は戊辰戦争の初戦鳥羽・伏見の戦いには実は参戦していません）。

外国の見聞と交渉で日本の未熟を痛感した伊藤博文、欧米の圧倒的軍事力の前に日本の未熟を痛感した山県有朋。

1869年、山県有朋は欧米8ヵ国をめぐって各国の軍制を研究し、とくにドイツとフランスの徴兵制度を学んで帰国、兵部省の実質的運営者となり、陸海軍省の設立に尽力、西郷隆盛は山県有朋の軍事の才を高く評価し、徴兵制の実施後、初代陸軍卿に山県有朋を推挙しました。

一方伊藤は1868年、イギリス留学と豊富な外交経験を生かし、外国事務掛（後の外務大臣）に任命され、さらに初代工部卿として産業の育成を進めます。「殖産興業」は伊藤博文によって始められ、内務卿大久保利通に引き継がれることになります。さらにはアメリカに渡って銀行制度を学び、新貨条例の制定を建議して新しい貨幣制度の基礎を築きました。1871年の岩倉使節団では、伊藤は不平等条約改正の交渉と、新たな国家建設のモデルを追求します。

西郷隆盛の下野と西南戦争での敗死、木戸孝允の病死と大久保利通の暗殺……。その後の大日本帝国建設の牽引車、「政治と軍事」の要は伊藤博文と山県有朋の二人になったと言っても言い過ぎではありません。

VIII 帝国主義の時代

――人々の喪失と回復

1919（大正 8）年完成の台湾総督府庁舎

序

南北戦争後のアメリカ合衆国は、南北の対立の矛盾をかかえつつ克服への歩みを続け、経済発展を遂げます。しかし、その一方で解放されたはずの黒人たちは、貧困と新たな差別による苦しみが始まり、経済発展の中でとりのこされた人々が生まれていきました。イタリア王国の成立、ドイツ帝国の成立をへて、ヨーロッパの政治・外交・経済は新たな段階に入り、新興のアメリカ・ドイツは、先発のイギリス・フランスに追いつこうと、海外の植民地においても、その分割・再分割、新たな市場参入を激しく求めるようになって対立します。

当時、日本では「一等国」という言葉で、イギリス・フランス・ドイツ・ロシア・アメリカなどの国を呼んでいました。

資本主義が発達していること。

さまざまな分野で世界に影響を与えていること。

これらが日本の考えていた「一等国」の条件です。これらの国は、資源や農産物などの原材料を供給する場所を求めたり、それらの原材料を用いて生産した製品を輸出する市場を求めたりして海外に進出し、あるときは巧みな外交で、あるときは強大な軍事力でアジア・アフリカ、あるいはヨーロッパの分立した弱小地域を支配しようとしていきました。

日本では、このような国々"Powers"を「列強」と翻訳していました。

日本は、近代化の到達点に、「一等国」となること、列強の仲間入りすることを設定します。列強の歩んだ道をなぞるように、近代化を進めようとし、それをなしとげながら、同時にまたその性急な発展による矛盾に苦しみます。

列強の人々は支配・被支配の関係をつくって自国の優位を誇りに感じたり、政府もまた人々にそういう国であることを誇りに思うように誘導したりし、自分たちの活動が「未開」の地に文明をもたらし、秩序を与えることであると正当化し、さらに、市場が拡大することが自分たちの繁栄と利益になると期待し、また政府も期待させていきました。本来政府に批判的な勢力や、資本主義に反対する考え方なども、体制内に取りこむことに成功していきます。

こういう考え方、動向が「帝国主義」です。これらの列強たちは自国に有利になるよう利害関係を調整し、取り引きし、そして対立し、ついに「世界大戦」をまねくことになりました。

1対1から、複数対複数の戦争へ。兵士と兵士の戦いから、国民と国民の戦いへ。戦争は、総動員による戦いとなり、人々の力も、税も、考え方も「一つにまとめる」しくみが進んでいきますが、同時に戦いの犠牲は、歴史上類をみないほどの規模となりました。

これらの戦争を通じて、日本もまた、大きな転換を迎えていくことになります。得たこと、失ったこと、回復されたもの、目覚めたこと、抑圧されたこと。矛盾やそれを解決する動きが、相互に働いて日本をある方向に導いていきました。

（1）朝鮮問題と日清戦争

1　条約改正交渉の展開――会議は踊る、されど交渉は難航す

明治政府の外交大目標としてよく使用される言葉は「万国対峙（ばんこくたいじ）」というものです。明治天皇がお示しになられた「廃藩置県」の時の詔書に、廃藩置県の目的として明確に「万国ト対峙スル」ために「藩ヲ廃シ県ト為ス」と記されています。

もちろん「万国」と言いながらも、その意識していたところはいわゆる「欧米列強」であったことは想像に難くなく、その「対峙」とは「対等の関係」を築くことに他なりませんでした。

条約改正の端緒は、1871年の岩倉具視使節団にある、ともいえますが、本格的な改正交渉はその後から始まります。

「征韓論」の決裂後、まず、最初の交渉はアメリカ合衆国との間に始まりました。担当者は外務卿（後の外務大臣を当時はこう表記）寺島宗則です。交渉は税権の回復（関税自主権の回復）を目的とするものでした。実は、アメリカはこの改正には前向きだったのですが、イギリスやドイツの反対によって失敗に終わります。

図１　鹿鳴館での舞踏会の様子（楊洲周延『貴顕舞踏の略図』より）

岩倉具視使節団の交渉、および寺島宗則の交渉の失敗の背景に、「日本の近代化」の遅れがあることを明治政府は痛感しました。

後の展開をふまえるならば、確かに１８７０年代の日本は、国内体制の整備においては、「万国対峙」にはほど遠い「発展途上」にあったといえます。列強が「近代国家」とみなす政治体制の近代化、議会や憲法の有無、富国強兵など70年代はまだその緒についたばかりで、「政変」や「内紛」（士族の反乱）など「政治的迷走」（と諸外国から見られていた）の時代でもありました。

これらをふまえ、本格的な改正交渉は１８８０年代から始まったといえます。

外務卿に就任した井上馨は、治外法権の撤廃と、関税自主権の一部回復をめざし、いわば「下駄をはいた」近代化を進めて、欧米列強の「評価」を高める政策を展開します。その一つが「法典の整備」です。法律を「近代的な」ものにすることは、たとえば民法の整備は日本の近代化のアピールにも通じますし、刑法の整備は言うま

図２　明治時代の建物が今も残る横浜の赤レンガ倉庫

でもなく「治外法権の撤廃」には必要不可欠なことでした。

また、鹿鳴館を建設して外交・社交の場として舞踏会を開いたり、横浜にガス灯や煉瓦造りの建物を建てたり、急進的な「欧化政策」を進めて欧米諸国の歓心をかおうとしました。

しかし、この性急な近代化は、さまざまな勢力からの反発を受けます。とくに改正案にあった「外国人判事の任用」ということに対する反感は強く、政府内部からではなく、自由民権運動を展開する在野の人士からも（政府批判の口実にもなり）大きな反発となりました。

「言論の自由」「地租の軽減」を求めることに「外交失速の挽回」を加えて、在野の反政府勢力を三大建白運動に結集させるきっかけにもなります。

2　朝鮮の迷いと動揺――朝鮮をめぐる日清対立

一般に、1875年の江華島事件（前述。現ソウル沖江華島の砲台からの発砲を口実に日本軍が占領した事件）によって朝鮮は翌年、不平等条約としての日朝修好条規を結ばされた、という説明がなされますが、この条約に対する認識については、日朝間には温度差がありました。

日本は「押しつけた」と認識していたのに対して、朝鮮には「押しつけられた」という認識が希薄であった、ということです。

第1条の解釈からすでに相違があり、「朝鮮国ハ自主ノ邦」という表記について、日本はこれにより「朝鮮は清の属国ではなくなった」と解釈し、朝鮮の側は「冊封関係」であっても朝鮮にはもともと「自主」はあったと解釈して、清を宗主国であるとする関係は継続されているものと理解していたのです。

この条約を「日本に有利な不平等条約」とするキモとも言うべき、領事裁判権に関しても、もともと江戸時代、日本人の犯罪（釜山における倭館での犯罪）は対馬藩が裁判し処罰していたこともあり、「従来（江戸時代）のものと変化なし」と捉えていました。

朝鮮は、幕末から日本が意識していた「万国公法」＝国際法という理解が不足していたのです。結果、朝鮮にとって日朝修好条規は江戸時代の日本と朝鮮の関係の「再確認」で、近代的な国際法における「不平等」関係ができあがったと思わず、さらにまた関税がかからない貿易がどういうものかの理解にも乏しかったのです。

すでに1871年に日本が中国と結んだ日清修好条規、そして1876年に日本が朝鮮と結んだ日朝修好条規は、近代の国際法では日本と中国は対等、日本と朝鮮は不平等であり、従来の朝貢・冊封関係（華夷秩序）では清が朝鮮の宗主国、朝鮮が清の属国であるという関係で、日・朝・清の関係は実に複雑・不安定なものとなっていたのです。

これが整然と整理されることになるのが、後の日清戦争とその講和条約である下関条約によってでした。

さて、日朝修好条規によって朝鮮は「開国」したことになるのですが、この開国後の政治をおこなったのが高宗の外戚一族である閔（びん）氏政権でした。

図３　金玉均

閔氏政権は、改革派の金玉均（キムオッキュン）を中心に、朝鮮の近代化を日本の明治維新に倣って推し進めようとしたのですが、保守派で、高宗の父である大院君らが1882年に政変を起こしたのです（壬午（じんご）軍乱）。しかしこれは失敗し、保守派を一掃して改革はいっそう進むはずだったのですが、これをきっかけに日本が朝鮮への干渉を強めたため、閔氏政権は急進的な改革を嫌って金玉均と対立し、清に接近するようになったのです。

これに対して、日本は急進改革派を支援し、これを受けて金玉均は1884年にクーデターを起こすことになります。閔氏政権を崩壊させ、新政府樹立に成功したかのようにみえましたが、清が出兵してこのクーデターは失敗しました（甲申事変）。

こうして朝鮮半島内の勢力争いにより、日清の関係が悪化。状況によっては、日清両国の軍事衝突を引き起こすような緊張関係に発展しかねません。

そこでこの状況を整理、安定化するために、日清それぞれ政治上の有力者、すなわち伊藤博文と李鴻章を派遣し、日清関係の調整をおこないました。こうして、1885年、日清両軍の朝鮮半島からの撤兵、再出兵の際の事前相互通告が決められたのです（天津条約）。

この段階では、日本と清の軍事力の差は、とくに海軍力において日本が下回っており（清は洋務運動という近代化を進めていて、装備や軍艦をフランスから購入していたので）、清に対抗するため軍備拡張が急がれるようになります。

図４　李鴻章

1891年2月の帝国議会で、総理大臣山県有朋が「利益線」論を展開したのは、このような背景からくる危機感からでした。

これは、国家の独立維持には「主権線」すなわち「国境」を維持・保守するだけでなく、「利益線」すなわち「国境」の安危に「影響を及ぼす範囲」を保護しなくてはならない、という考え方で、この日本の「利益線」が朝鮮半島である、と山県有朋は考え

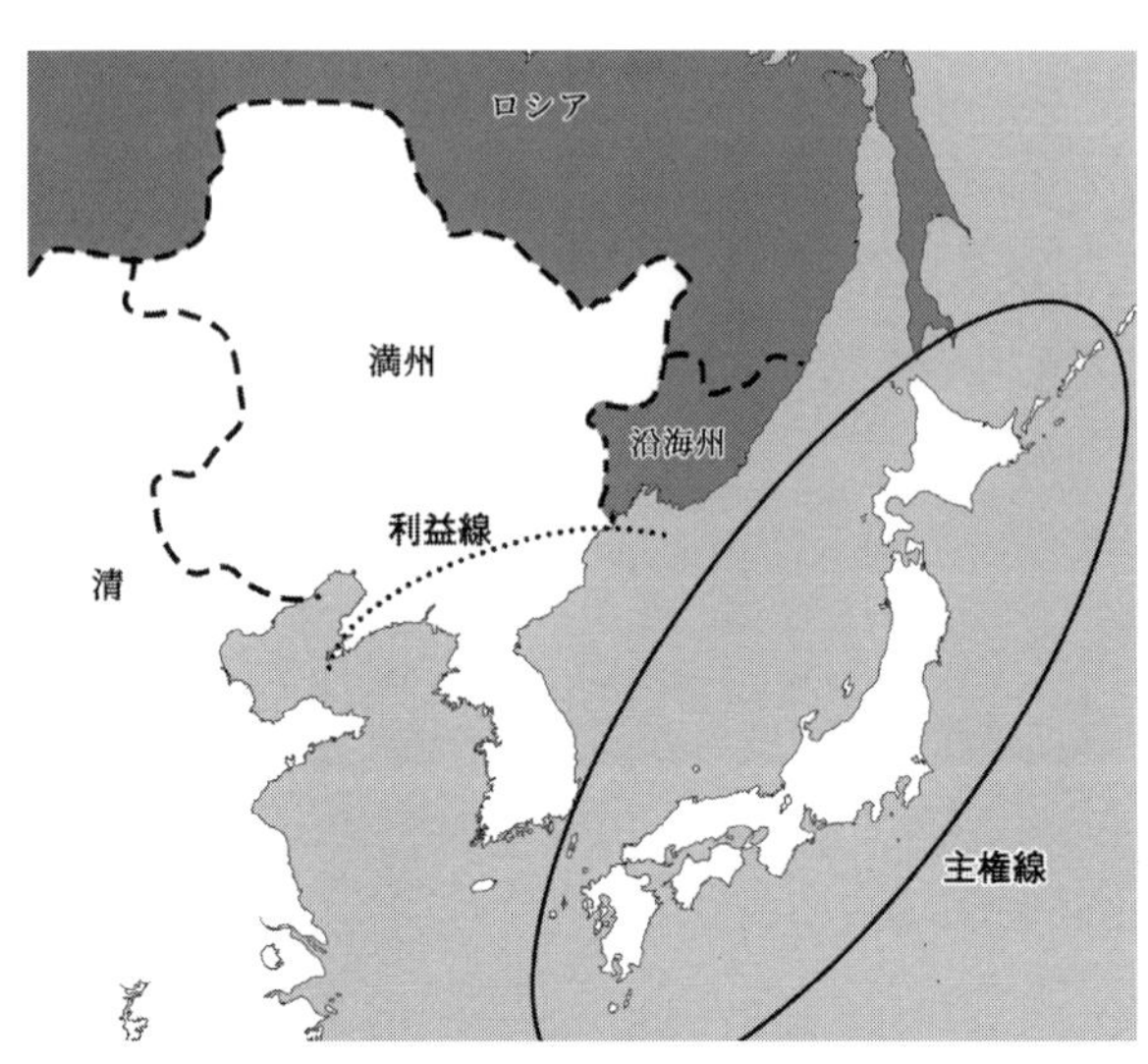

図５　山県有朋の唱えた日本の主権戦と利益線

たのです。こうして、その範囲に及ぶ軍備を拡張するための予算を帝国議会に要求したのでした。

思想家は「を」（目的）で考え、政治家は「で」（手段）で考えると思います。山県有朋の提唱した「利益線論」の背景を、少し世界史的視野を広げて概観すると、当時、アジアにおいてはイギリスの進出・勢力維持とロシアの南下が帝国主義的角逐を展開している時代でした。ロシアはシベリア鉄道を建設して以来、その延伸を続けて東アジアに進出しようとしていました。１８８０年代の日本は近代化の途上にあり、東アジアの不安定は、その近代化の推進の妨げになります。ゆえに、ロシアの南下と清の不安定状況が日本に及ぼすことの「防波堤」として、つまりは国家を定める国境（主権線）の外においても国家の利害に関わる地域（利益線）を定めて、その地域に積極的に関わるべし、と山県は主張したわけです。

もともとこの考え方は、山県有朋がヨーロッパを訪問し、1889年にオーストリアのウィーンで法学者シュタインから学んだとされています。

山県は、70年代の「征韓論」を、この考え方に基づいて近代化し、朝鮮半島を「日本の利益線」と想定しました。1890年の議会においても「軍備拡張」を説き、軍事費の増加を求めた、ということになるのですが、その「根拠」に利益線論を利用しました。

山県は自由民権運動の拡大とその成果として政党（自由党・立憲改進党）が誕生し、議会で多数派をしめ、「民力休養」「経費節減」を提唱して政府から国政に対する主導権を奪おうとしていることに危機感をおぼえていたのではないでしょうか。この緊縮財政要求に対して、政府が主導権をとりもどすためには、対外的危機を主張し、「利益線」という概念を利用したと考える視点も重要です。

つまり利益線論「を」唱えたのではなく、利益線論「で」やろうとしたこと（政府の主導権確立と軍備拡張）が目的だったという考え方です。

時に後世の政治でも「仕事」のために「予算」を求めるのではなく、「予算」の獲得のために「仕事」をつくる、という場合が組織にはあるのですから。

3　条約改正と日清戦争

「欧化政策」、法典整備を進め、治外法権撤廃のために外国人の内地雑居を認めようとした外務卿（外

図6　青木周造

務大臣）井上馨の政策が失敗・不調に終わり、その後に登場したのは大隈重信でした。しかし、彼の改正案もまた、外国人判事を大審院（現在で言うならば最高裁判所）に限って採用する、というものであり、これが（外国のジャナーリズムにスクープされたこともあり）、感情的には国粋的な思想グループの批判を受けました。さらに政府内部の官僚勢力からは、新たに制定された大日本帝国憲法の条文にも反すると批判を受け、これらが大隈重信遭難事件（爆弾を投げられて負傷）の背景となってこの計画・改革も失敗することになったのです。

その後、外務大臣としてイギリスを中心に交渉を進めたのが青木周蔵（あおきしゅうぞう）でした。

1890年代の世界情勢も、日本の条約改正交渉に大きな影響を与えます。ロシアは「南下政策」を企図し、とくにアレクサンドル3世は、シベリア全土を貫通する鉄道建設の勅令を出し、アジア各地を訪問していたニコライ皇太子（後に皇帝ニコライ2世）にウラジオストックにて鉄道建設の定礎式を挙行させました。

勅令の内容はシベリア開発による平和的利用でしたが、イギリスはこれをロシアによる中国進出と警戒し、日本への接近を図るようになっていたのです。これを背景に、条約改正をめざしたのが外務大臣青木周蔵でした。

図７　甲午農民戦争の契機を作った東学幹部・全琫準

交渉は順調に進むかとみえたのですが、日本訪問中のロシア皇太子ニコライが滋賀県の大津市で警備の巡査に襲撃されるという事件が起こり、青木周蔵が引責辞任するということになってしまいます。

こうして改正交渉は第二次伊藤博文内閣の外務大臣陸奥宗光（むつむねみつ）に引き継がれることになります。陸奥宗光は、議会において自由党の支持を得ることにも成功し、日清戦争開戦直前に治外法権の撤廃、関税自主権の一部回復、さらには相互対等の最恵国待遇を認めた日英通商航海条約の締結に成功しました。

関税自主権の回復は、1911年に小村寿太郎外務大臣によって実現するのですが、そのためには日清・日露戦争の勝利、韓国併合による「列強への仲間入り」という国際的地位の向上を待たなければなりませんでした。

1894年4月、朝鮮で民衆の間に広がっていた宗教「東学」の信徒を中心に、それと連携した農民たちが「免租減税」「閔氏政権打倒」「日本排斥」を

図８　大院君

唱えて反乱を起こしました。これが甲午農民戦争です。閔氏政権は清に対して反乱鎮圧の援助を求め、清は天津条約にもとづいて日本に出兵の事前通告をおこないました。これを受けた第二次伊藤博文内閣は、朝鮮に在住する日本人の保護を名目として出兵を決定します。

これに対して農民反乱軍は、ただちに朝鮮政府と和解を進めて反乱を終わらせました。同年7月、日本はイギリスと日英通商航海条約を締結し、イギリスもロシアの南下を抑止するためには日本との連携を必要としていました。日本政府は、これにより朝鮮をめぐる日本の行動にイギリスの支持を得られると確信し、清に対して共同で朝鮮の改革（近代化を進めて国際法に則った外交）をおこなうことを提案するとともに、もし清の同意がない場合は単独で朝鮮の改革を断行する意を固めて、反乱終息後も派遣した軍を撤収しませんでした。

清が共同での朝鮮改革を拒否すると、日本はただちに朝鮮に改革を要求します。これに対して朝鮮は日本の撤兵を要求、日本が撤兵したならば自力で改革を進めると返答をしました。日本は、朝鮮政府に対して、清の兵を撤兵させる要求を出させようとしましたが朝鮮はこれを拒否。日本はただちに軍を派遣して王宮を占拠し、清軍撤兵の要求を出させたのです。朝鮮政府からの依頼という名目を得て、日本は朝鮮にいる清軍に攻撃をおこない、日清戦争が始まりました。

開戦に関する当時の人々の反応はどうだったのでしょうか？

もともと、日清の対立と朝鮮問題については、福沢諭吉が「脱亜論」を説き（1885年3月16日『時事新報』）、アジアの連帯を否定して日本は欧米列強の一員となるべきであると述べ、清や朝鮮に対して武力を用いてでも対応すべきであると示していました。概ね軍事的対決の気運は高まっていたといえるでしょう。福沢諭吉は清との戦いを「文明と野蛮の対決」とし、「文明のための戦争」と考えていたことがわかります。後年、キリスト教の立場から日露戦争に批判的立場をとる内村鑑三も、朝鮮独立のために戦う「正義の戦い」と説明していて、民衆レベルでの反戦論はあまりみられませんでした。

しかし、これには背景があります。

甲申事変は、ベトナムの領有をめぐって清とフランスの間で戦争（清仏戦争）が起こったため、朝鮮の改革派が、清がフランスに敗れたことを好機と見てクーデターを起こしたと説明されがちですが、事実は少し違いました。このクーデターは、井上馨外務卿の訓令を受けて漢城に帰任した竹添進一郎公使が金玉均を支援して起こった事件だったのです。

しかし、失敗してしまい、改革派の金玉均らは日本に亡命し、竹添公使は仁川まで避難することになりました。そしてクーデターの関与を否定し、日本公使館への攻撃を不当なものであると抗議します。

井上馨も、クーデターへの関与を秘して、日本人殺害と公使館の焼き打ちを非難して、朝鮮に対して謝罪と賠償金を認めさせる漢城条約を締結することに成功します。

日本国内に対しても、クーデターへの後援をしていたことを伏せて日本人の殺害、公使館焼き打ちのみの情報を提供したため、日本国内の世論は沸騰し、これをもとにマスコミ各社は清を非難する記事を掲載していきました。

福沢諭吉の『時事新報』をはじめ、『東京日日新聞』、自由党機関誌『自由新聞』も、日本政府の不正確な情報提供によって対清強硬論へ誘導された、という背景があったのです。

4　下関条約と台湾征服

7月23日、日本軍混成旅団が行動を開始、うち歩兵1個大隊が首都漢城に入って王宮を占拠、国王を確保しました。そして、かつて排日を唱えていた大院君を擁立して新政権を樹立させます。その政権に清軍を掃討する依頼を出させて、海では7月25日に豊島沖で、陸では7月27日に成歓で開戦に及んだのです。

日本の勝利の要因として、日本軍の装備が近代的で、清が旧式であったかのような説明をしがちですが、これには少し誤解があります。

清は、「洋務運動」以来、その装備を近代化していて、「装備の優劣」で勝敗がついたのではありません。戊辰戦争で、「幕府が旧式、官軍が近代装備だった」という説明を現在ではしないのと同様、日本軍の「戦い方」が近代化されていたことが日本軍の勝因でした。ドイツ式の参謀本部の設立、治安・防衛型の鎮台形式の軍隊を、対外戦争型の師団形式の軍隊に変更していたことが主な理由で、「軍隊の訓練・規律、兵器の統一性などにまさる日本側の圧倒的優勢のうちに」（『詳説日本史B』山川出版・290頁）

戦いは進んだのでした。

こうして日清戦争は日本の勝利となりました。１８９５年４月、日本の下関で講和条約が結ばれ（下関条約）、日清間で以下の内容が取り決められました。

清は、

①朝鮮の独立を承認する。

②遼東半島・台湾・澎湖諸島を日本へ割譲する。

③賠償金２億両を日本へ支払う。

④沙市・重慶・蘇州・杭州の４港を開港する。

加えて、日本が清に対して通商上の特権を持つ（清に関税自主権がない）ことも認められました。

日清戦争は、「外」にあっては従来の東アジア国際秩序（華夷秩序）を崩壊させることになったのです。清は「属国」であった朝鮮の独立を認めたことによって「宗主国」の地位を失い、朝鮮も「万国公法」に基づく新しい国際秩序の枠組みにおさめられることになりました。

こうして１８７０年代の日・清・朝の３国の国際関係は、大きく改められることになりました。

また、日清戦争が「日台戦争」でもあったという視点にも注目すべきです。

日本に割譲された台湾は、日本の支配に抵抗する動きをみせていきます。１８９５年５月には「台湾民主国」を樹立して独立を宣言し、年号や国旗も制定しました。これに対して日本は７万５０００人以上の兵を派遣し、これを制圧したのです。

以後、台湾総督府が設置され、抵抗運動を排除しながら植民地支配を深化させ、産業や教育政策に力を入れていくことになります。

また日清戦争は、「内」にあっては日本の政治・経済を欧米列強の水準にまで近代化することになりました。

大日本帝国憲法が定められた当初は、日本は、イギリスなどが採用していた近代政治システム、とりわけ議院内閣制、政党政治の形態を採用していませんでした。帝国議会が開催された後も（あるいはそれ以前から）政府の決定に政党、議会を関与させない「超然主義」の立場をとり（を宣言し）、開戦直前まで政府・政党間の対立は繰り返されていました。しかし、開戦されると政党も政府へ歩み寄り、戦争関連予算・法案を承認します。戦後も政府・政党の連携は進み（板垣退助・大隈重信の政権参加など）、1898年には最初の政党内閣である「隈板内閣」（第一次大隈内閣・大隈重信首相・板垣退助内務大臣）が成立します。

この後、内部対立などから第一次大隈重信内閣は短命に終わりますが、政府内部でも政党と協力して政治を進めることを重視する伊藤博文などを中心に政界の再編が進み、1900年には伊藤博文を総裁とする立憲政友会が組織され、「政党政治」の基礎が整うことになりました。

経済の面の近代化については別に詳述したいと思います。

（2）世界の分割・再分割

1　帝国主義の展開――支配される人々と抵抗

帝国主義の時代は、列強間の対立という力関係の面だけでなく、列強の利害によって人々が生きる地域を勝手に線引き、分割されたことをふまえ、分割・支配される側の面から捉える必要があります。資本主義が急速に発展した欧米諸国は、19世紀以降、軍事力や経済力によって植民地や勢力範囲を拡大し、アジア・アフリカの分割・再分割に乗り出していきました。

１８８０年代、イギリスはナイジェリアに進出し自由貿易を強要して現地の王国を支配するようになります。こうして、アフリカへの進出は、同じくアフリカへ勢力を拡大していたフランスとの対立をもたらし、両国は協定を結んで勢力範囲を調整し、いわば「棲み分け」をおこなって諸地域を分割しました。しかし、このようなことは現地の生活空間、生活慣習を無視した分割であったことは言うまでもありません。

さらにイギリスは、ナイル川上流のスーダンにも侵入しました。これに対して現地のムスリムと黒人が宗教や民族の違いをのりこえて団結し激しく抵抗（マフディー派の抵抗）することになります。

この抵抗運動は、一時イギリスに対して優位に立ちましたが、1898年、イギリスが投入した圧倒的な軍事力によって滅ぼされることになりました。

一方、日清戦争によって日本は、東アジアに新しい国際秩序をもたらしたとはいえますが、東アジアへの影響力という点では、列強間に割り込んで主導権を握ることはできませんでした。実際、清から割譲された遼東半島は三国干渉（ロシア・ドイツ・フランス）によって清に返還され、むしろロシアを初めとする列強の中国進出を促すことになりました。

日本は朝鮮半島への内政干渉、影響力を発揮してきましたが、三国干渉によってロシアに屈したとみた朝鮮政府は、ロシアに接近して日本の影響力を排除しようと考えます。

これに危機感を持った在朝鮮日本公使館は、親日政権の樹立を企図し、閔妃を殺害する事件を実行しました。これに対して朝鮮政府は、南下政策を続けていたロシアに接近し、1897年、国号を「大韓帝国」と称して日本と対抗する姿勢を強めたのです。

また、敗戦国となった清には、ヨーロッパ列強が進出し、分割・再分割を進めていきました。この分割を進めたのは、巷間で言われるように日本に敗れた清が「眠れる獅子」、「実態は弱体化していた」ことを知ったため、ではなく、むしろ日本に清が支払うことになった賠償金が大きな契機となっていたのです。

清は賠償金の支払いを外債に依存するしかなく、借款の「肩代わり」に（言わば国土を切り売りするような形で）列強は「租借地」を獲得していきました。

1898年を皮切りに、列強は「点」としての租借地、「面」としての勢力範囲を広げていきました。

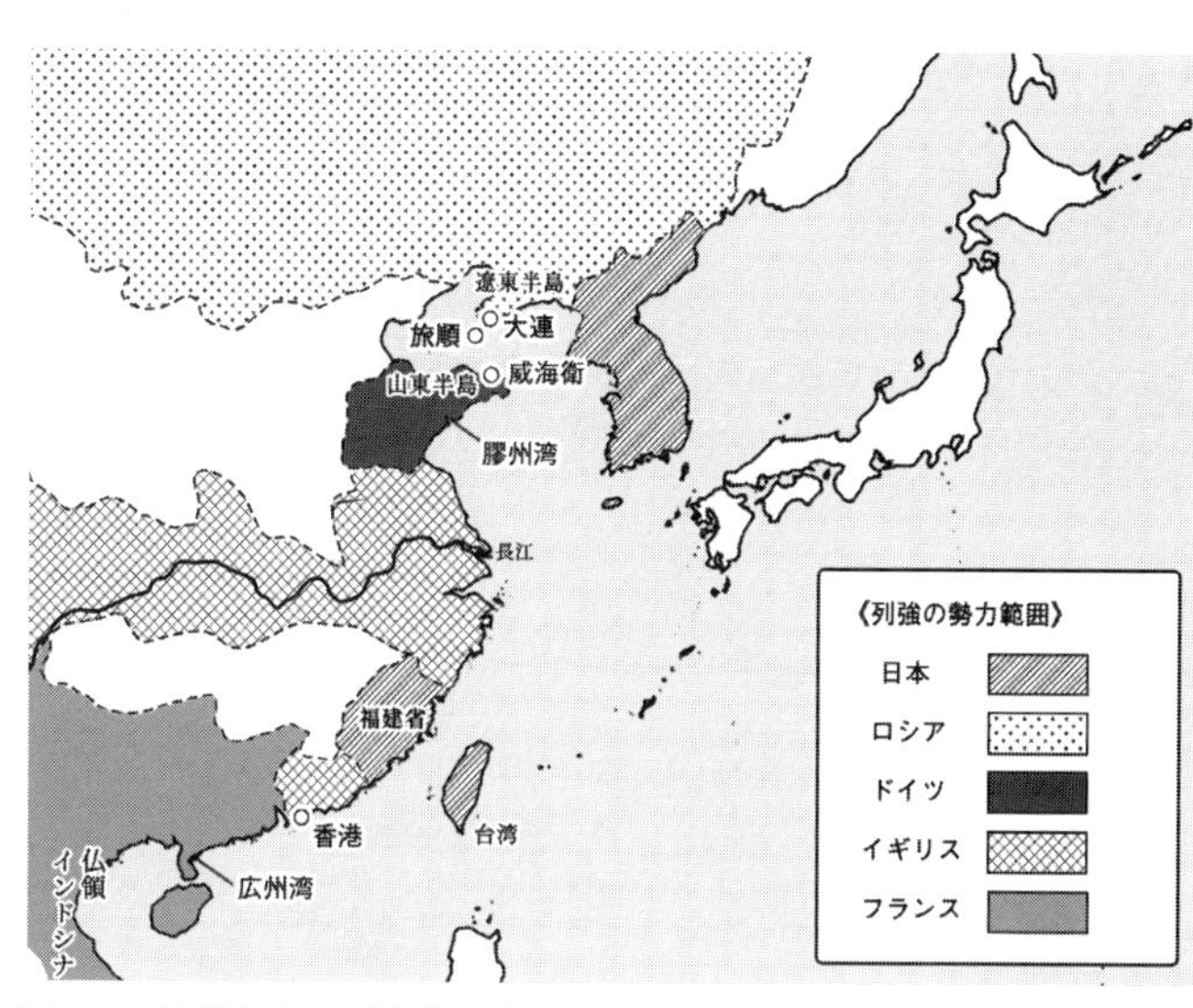

図９　日清戦争後の列強勢力範囲

「点」としては、ドイツが膠州湾を、ロシアは三国干渉で日本が清に返還した遼東半島の旅順・大連を、イギリスが山東半島の威海衛を、そしてやや遅れてフランスが広州湾を獲得していきます。そして「面」としては、ドイツは山東半島を、ロシアは中国東北部を、イギリスが長江流域を、フランスが中国南部を勢力範囲としたのです。日本も福建省を勢力範囲としました（清に他国への割譲をしないという約束をさせました）。

中国進出に出遅れていたアメリカ合衆国は、国務長官ジョン＝ヘイが「門戸開放」「機会均等」を提唱して、中国市場への参入を明示します。

これらの帝国主義的動向に対して、中国国内では排外主義が民衆レベルで広がりをみせていきます。

帝国主義諸国の支配と進出の象徴は、現地

の人々にとっては「キリスト教」と「鉄道」でした。自分たちの伝統的価値観を否定し、文化・慣習を蔑視する欧米諸国の態度と、農地や伝統的村落を無視した鉄道建設は、広範な民衆運動を動かす「人々の不満」として結集されていきました。

「義和団（ぎわだん）」が「扶清滅洋（ふしんめつよう）」を提唱して山東半島で立ち上がり、鉄道や教会を破壊し始めると、運動は拡大し、１９００年には北京にある列強の公使館を包囲・襲撃するようになったのです。

義和団の乱が勃発すると、清政府はこの動きに「呼応」し、列強に対して宣戦を布告してしまいました。警備兵レベルの兵だけしか北京に駐留していなかった列強は当初苦戦しますが、ただちに連合軍を結成し、北京に派遣しました。

日本も連合軍最多の約2万２０００人を派遣し、ロシアとともに8ヵ国連合軍の中心となって義和団運動を制圧しました。

結局、清は国家予算の約8倍におよぶ4億５０００万両の賠償金と、北京に外国の軍隊を駐留させることを認めざるを得なくなったのです（北京議定書）。

2　義和団事件

義和団事件について、以下に詳しく説明しておきます。

義和団は、もともとは山東半島の農村自警団から生まれた集団です。一部、迷信にとらわれた人々もいましたが、民衆の民俗宗教の信徒と武術集団から構成されたもので、各地で排外主義的民族運動を展開し、帝国主義的支配の象徴ともいえる「鉄道」と「教会」を破壊していきました。

帝国主義諸国は、清に進出していくと鉄道を建設していきます。その用地を強制的に接収し、農村の共有地や祖先の祭祀の場などを容赦なく破壊していったのです。教会も、農村のさまざまな祭祀を否定し、その文化を見下した布教活動をおこなっていました。

北京に入城した列強の軍隊は、「制圧」と称して「破壊と略奪」を繰り返し、その征討と各国公使館の防衛は、連合軍最多の日本軍にまかせきりで、略奪行為を繰り返していたのです。このため、北京攻略戦での犠牲の半分は日本兵でした。北京を奪還した後が、さらにひどく、欧米列強による周辺地区の略奪・暴行は続いていくことになります。

当時、日本のジャーナリスト青柳有美（あおやぎゆうび）は『義和団讃論』を著し、後にイギリスの軍事評論家リデル＝ハートも民族運動として義和団を説明しました。オーストリアの外交官ロストホーンも「私が中国人だったならば、義和団に入ってここで戦っていただろう」と述べています。

義和団事件は、19世紀末に世界で展開されたアフリカにおける「南ア戦争」、ラテンアメリカと太平洋における「米西（アメリカ＝スペイン）戦争」など帝国主義による世界分割の一環だったのです。

3　ロシアの南下と日英同盟

世界史的な視野から説明しますと、前述したように、ロシアの南下政策とは以下の3つのルートで展開されました。

一つはバルカン半島方面（黒海－ボスフォラス＝ダーダネルス海峡－地中海へのルート）、もう一つは中央アジア方面（イラン・アフガニスタンからの南下）、そしてもう一つが極東（中国東北部・沿海州方面）です。

そもそも19世紀後半のロシアの南下政策は、クリミア戦争にせよ、露土戦争（ロシア＝トルコ戦争）にせよ、イギリスの巧みな外交によって阻止されてきました。とくに露土戦争後の欧米列強の「勢力均衡」を図ろうとしてドイツのビスマルクが主宰したベルリン会議では、ロシアはバルカン方面への南下は阻止されてしまい、結果、中央アジア方面に進出することに注力するようになります。

１８８１年にロシアは清とイリ条約を結び、「新疆（しんきょう）」に進出、さらに中央アジア南部に勢力をのばし、ヒヴァ・ブハラを保護国化し、コーカンド＝ハン国を併合してロシア領トルキスタンを形成していったのでした。

ロシアはアフガニスタンへの影響力を行使しようとしますが、ここでもまた、イギリスに阻止されてしまいます（第２次アフガン戦争）。

80年代後半から日清戦争開始前までは、ロシアはヨーロッパの国際関係の調整（ドイツとの対立、フランスとの同盟）をおこない、日清戦争後にようやく極東への南下政策を本格的に進めていきました。

当初は、アメリカやフランス同様、ロシアは朝鮮半島進出を企図していたものの、日本との関係を外交的に調整し、とくに三国干渉後に旅順・大連を獲得すると、朝鮮半島への興味をなくし、「満州」進出に力を入れるようになったのです。

義和団事件後、各国が清から軍隊を撤退させたにもかかわらず、ロシアは軍を増強していきました。この極東への南下政策を支えたのがシベリア鉄道です。シベリア鉄道を用いて東方への進出、開発を進めていったのですが、さらに極東方面への延伸を続けていきました。

大韓帝国の皇帝高宗（こうそう）は、これを背景に日本ではなくロシアへの接近を始めました。このことに日本は危機感を募らせていきます。

日本は、「三国干渉」後、「臥薪嘗胆（がしんしょうたん）」を合い言葉にし、ロシアを仮想敵国として日清戦争の賠償金の多くを軍備の充実のために使用し、国力を充実させていきました。

その一方で、日本政府内では、伊藤博文と井上馨が中心になって、「満韓交換論」（日露協商論・満州をロシアに、韓国を日本の主導下に置く）という「もう一つの外交方針」を立てていました。

山県有朋・桂太郎、そして小村寿太郎ら外務官僚らは、「たとえ日露協商が成立してもそれは刹那的なもので、ロシアはすぐに放棄する」としてこの方針に反対を唱え、「日英同盟論」を提唱していきます。

結局、1902年の段階で政府内は「日英同盟論」に統一され、伊藤博文も日英同盟やむなしと方針を転換し、日英同盟が成立することになったのです。

日英同盟に関しては、一部誤解されている方がおられるので説明しておきますと、この同盟は一般に考えられる「軍事同盟」とは少し性格を異にしていました。

日本が一国と戦争する場合は、イギリスは「中立」の立場をとり、日本が複数の国と戦争する場合は、イギリスは日本側に立って参戦する、というものでした。

ロシアと日本が戦ってもイギリスは「中立」という立場になる条約です。

ただ、これは国際的な列強のバランスにおいては、日本にとって有利に働くものです。というのも、ロシアはフランスと軍事同盟を結んでいた（露仏同盟）のですが、フランスがこの同盟にもとづいて参戦すると、イギリスが日本側について参戦することになります。つまり、ロシアにフランスが味方をすることを抑止する働きをしました。これはロシアにとって大きなマイナスで、フランスの協力を口実にイギリスの参戦を促しかねないため、フランスは軍事・非軍事協力をロシアに対してできなくなる状況を作り出すことになったのです。

一方、「日英同盟」が成立した頃、ロシアでも「対日強硬論」と「対日融和論」が顕在化し、意見が分かれるようになりました。後に極東総督となるエフゲニー＝アレクセイエフ（海軍軍人で、黒海艦隊の副司令官なども歴任し、南下政策をことごとくイギリスによって阻止されてきたことを経験していた人物）は、皇帝ニコライ2世に、満州・中国だけでなく朝鮮半島も支配下に置くべきであるという強硬論を説きました。ニコライ2世もこれに賛同し、結果、１９０２年を境にして日露の対立は深刻化していくことになったのです。

日露戦争前の外交交渉を要約すると、日本は「満韓交換」を提案しましたが、それをロシアが拒否し、かわって今度はロシアが「朝鮮半島北部の中立化」「南部の日本の勢力圏化」という案を提示しましたが、これを日本は受けられない、と拒否して、１９０４年2月4日、御前会議（天皇臨席による閣僚会議）において日露国交断絶を決定し、同月6日、ロシアに対してそれを通告する、ということに至ったのです。

また、これらの交渉が進む中、人々の中では三国干渉以後、「臥薪嘗胆」を合い言葉としてロシアを仮想敵国とする政府のプロパガンダに後推しされた主戦論だけでなく、一方でキリスト教の立場から非戦を説く内村鑑三や、幸徳秋水（こうとくしゅうすい）・堺利彦（さかいとしひこ）らの社会主義者たちが帝国主義を批判する文脈で開戦に反対するなど、非戦・反戦論も提唱されるようになっていたことが、日清戦争と異なる側面でした。

（3）帝国主義戦争としての日露戦争

1 「総力戦」としての日露戦争と朝鮮半島進出

日露戦争は、近世ヨーロッパでの戦争のように、貴族階級と傭兵だけが戦ったのではなく、19世紀のプロイセンがヨーロッパを席巻した普墺（ふおう）（プロイセン＝オーストリア）戦争、普仏（プロイセン＝フランス）戦争とも異なり、国民を巻き込んだ「総力戦」となったこと、近代兵器の初期形態がみられたこと、世界秩序に大きな変化がもたらされたことなどから、「第0次世界大戦」といってもよい性格を持っていたと、横手慎二はその著書『日露戦争史―20世紀最初の大国間戦争』（中公新書）で説明しました。

開戦の詔勅を読めば「韓国ノ存亡ハ実ニ帝国安危ノ繋ル所」と、朝鮮半島での影響力喪失の危機感を開戦の大義名分の一つとしていたことは明らかです。

日本は同盟国イギリスの支援と、ロシアの排除によって中国市場への拡大を企図するアメリカの支持を得ていました。またロシアは同盟国フランス（露仏同盟は1894年に軍事同盟化）と、ロシアの拡大をバルカン半島から極東にそらせたいドイツの支持を受けており、日露戦争は「世界の列強のパワーバランス」と深い関係の上に展開されていくことになります。

開戦の詔勅に朝鮮半島の確保が「帝国ノ安危ノ繋ル所」とあるように、日本は開戦と同時に直ちに朝鮮の仁川に日本軍を上陸させ、首都漢城（現在のソウル）を制圧しました。韓国は「中立」を宣言していたのですが、日本は「日韓議定書」を韓国政府と締結し、韓国内での軍事行動の自由、軍需品の提供などを認めさせます。

さて、日露の本戦は１９０４年8月から満州を戦場として展開されます。

まず第一は旅順（りょじゅん）攻防戦。半年以上の戦闘で日本軍は多数の死傷者を出し、１９０５年1月にようやく陥落させました。第二は奉天（ほうてん）の会戦。同年3月に勝利しましたが、戦力は払底し、撤退するロシア軍の追撃はもちろん、戦争そのものの継続が限界点に達してしまいます。

日露の戦争でしたが、ロシアも日本も戦場にはなっていない点にも注目すべきです。

主戦場の中国東北部で医療活動をしていたイギリスの宣教師の記録によると、戦場から逃れて奉天に入ってきた避難民は9万人にものぼったといわれています。

奉天での会戦は日露両軍で56万人が戦った計算になり、大激戦で兵の犠牲はもちろん、住民の被害もそれまでの戦争に比しても甚大で、田畑、家畜はすべて軍に徴発されただけでなく、戦争のための運搬作業、土木作業にも従事させられることになり、戦闘に巻き込まれた者も多数出ました。

5月に入り、海軍が日本海海戦でロシアの「バルティック艦隊」を壊滅させることに成功します。

この勝利は、日露の戦いを注視していた列強の空気を変え、戦争終結への国際的な世論が生まれ始めます。アメリカ大統領セオドア＝ローズヴェルトが仲介に入り、8月からアメリカ合衆国のポーツマスで日露の講和会議が開催されることになりました。この条約により、ロシアは以下の内容を認めました。

① 韓国の指導権を日本に認める

② 旅順・大連の租借を認める。

③ 長春以南の鉄道（後の南満州鉄道）を日本に譲る。

④ 北緯50度以南の樺太（南樺太）を日本に譲る。

⑤ 沿海州とカムチャッカ沖の漁業権を日本に認める。

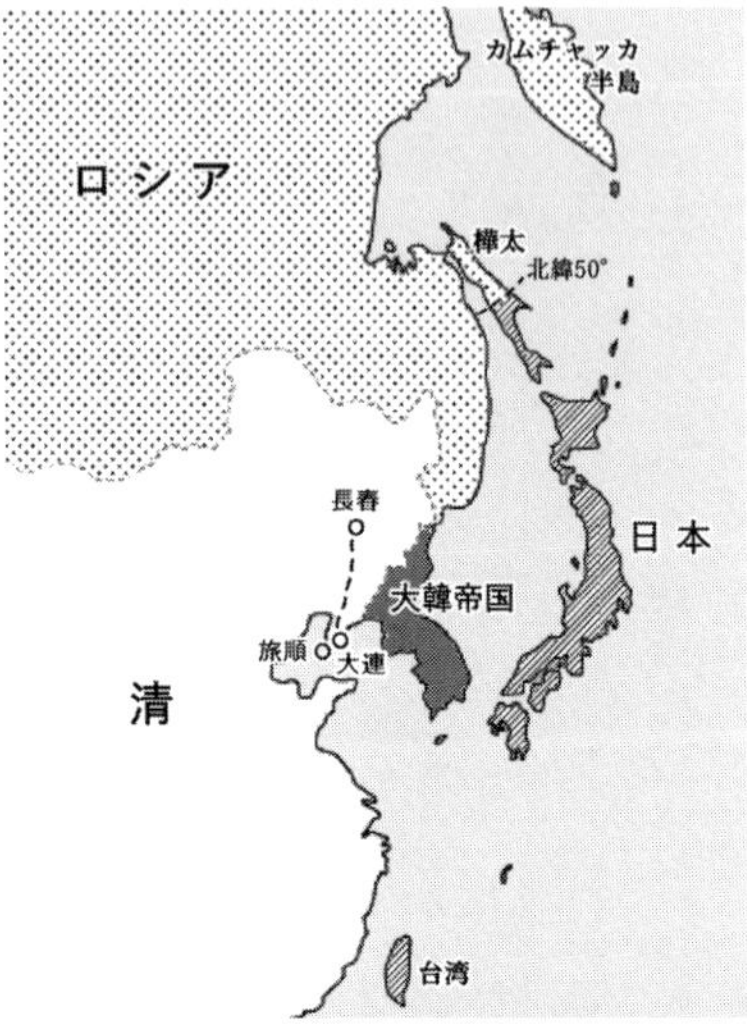

図10　日露戦争後の日本の領土拡大

全権は、日本は小村寿太郎、ロシアはウィッテで、日露の交渉過程ではロシアは「敗北」を認めず、賠償金と領土割譲を頑なに拒否し、結果、領土は南樺太のみ、賠償金獲得は断念せざるをえなくなりました。

2　日本とロシアの人々

日露戦争に動員した兵力は約１０９万人にお

よび、うち戦死者は約9万人、戦傷病者は約38万人にもおよびました。日清戦争が、動員兵力が約24万人で戦死者と戦傷病者を合計しても1万数千人だったことを考えると、まさに国民を総動員した「総力戦」と言っても過言ではありません。

軍事費も約17億円で、このうち約7億円がイギリス・アメリカなどからの外債。残り10億円は国債発行分約6億円と増税分約3億円で賄われました。

増税は国民生活に広く重く負担となります。地租はもちろん、所得税・営業税・砂糖消費税が増税され、さらには新しく毛織物・石油にも消費税が課せられ、通行税や相続税が新設されます。タバコ・塩も専売となります。

ロシアでは１９０５年1月、首都ペテルブルグで、皇帝ニコライ2世に対して、労働者の労働条件・賃金面での待遇改善、立憲政治の実現、日露戦争の停戦を求めた請願行動（司祭に率いられた平和的なデモ）が行われました。しかし、守備隊がこれを阻止しようとしただけでなく、軍はコサック兵も出動させてこれに発砲するという事件に発展してしまいます。当局は死者を１００名と発表しますが実際は１０００人におよび（「血の日曜日事件」）、これをきっかけに帝政に対する民衆の失望が広まり、帝政打倒の革命運動に民衆を傾斜させてしまう契機となりました。

日露戦争では、ロシア側は約50万人の兵力を動員し、約8万人の戦死者を出し、戦傷病者は約14万人となります。日本兵の捕虜は約１８００人なのに対して、ロシア兵の捕虜は約8万人と、圧倒的にロシアの捕虜が多かったこともこの戦争の特徴の一つです。

3　日露戦争が日本にあたえたこと

日露戦争ではメディアの役割が増したことも重要な視点で、現在に続くメディアのあり方、問題点を先取りしているともいえます。国運をかけた戦争とその展開と報道に国民は釘付けになり、新聞報道はナショナリズムを煽っていきます。それまで新聞は地域にあった「縦覧所」にまとめておかれ、人々は料金を払って読むことが一般的でしたが、日露戦争をきっかけに「個別購読」という販売方法が始まりました。「従軍記者」も日露戦争から本格的に活動するようになったのです。

象徴的な戦没者が賞賛され、やがて「英雄」として顕彰されるようになったのも日露戦争からです。戦功を立てて戦死した者は、報道のみならず、小説となり唱歌で謡われ、少年たちの心を奮わせるようにもなりました（文部省唱歌「広瀬中佐」）。

講和にあたって民間では、奉天の戦い、日本海海戦でのバルティック艦隊の撃破などの勝利報道などから、過度な領土獲得の期待（沿海州の獲得など）や、賠償金20億円などといった要求などが唱えられるようになります。

一転して講和で領土の割譲や賠償金獲得ができなかったことが知られるようになるとたちまち講和反対の運動が展開され、条約調印の日には日比谷公園で「講和反対国民大会」が開催され、大会終了後に多くの民衆が暴徒化し、警察と衝突して交番などの襲撃がおこなわれました。これに対して桂内閣は戒厳令を発令し、軍隊によってこの騒動を鎮圧するという事態（「日比谷焼き打ち事件」）に発展したのです。

図 11　日比谷公園での講和反対大会の決起集会

一方、日本の列強間における国際的地位は日露戦争によって高まることになります。

ロシアの（敗戦ではないという）主張はともかく、国際世論の大部分は「日本の勝利」と評価し、「列強の一員」と評価されます。

むろんこの「評価」は違う意味でアジア諸国からも受けることになります。

インドの首相ネルーは、自分の娘に手紙で世界史を教え続けていたのですが（『父が子に語る世界歴史』みすず書房）、その中で、「日本の勝利がいかにアジア諸民族を勇気づけたことか……しかし、それはすぐに失望に変わった」、「一握りの侵略的帝国主義グループにもう一国を加えたというに過ぎなかった」と、記しました。

日露戦争の勝利がアジアの諸民族に独立の勇気をもたらしたが、それは新たな帝国主義国、日本の誕生によって大きな失望に変わった、とみるアジア諸国の人々は少なくありません。教科書でも「ヨーロッパの大国ロシアに対する日本の勝利は、アジア諸民族の民族的自覚を高めたが、その後の日本は、むしろ欧米列強とならんで大陸進出を進めた」（『詳説世界史Ｂ』山川出版社・３２４頁）と説明し、「日露戦争後、日本とイギリスは日英同盟を維持しながら、それぞれロシアと１９０７年に日露協約・英露協商を結んだ。これにより、日本の大陸進出は容易となった」（同上）と説明しています。

また、日本は「失望」を与えただけではなく、帝国主義諸国と連携した「行動」も起こしています。ベトナムでは、ファン＝ボイ＝チャウを中心に、フランスからの独立と立憲君主制の樹立をめざす組織が「維新会」を設立し、近代化を実現して、日露戦争に勝利した日本に「鼓舞」され、日本から援助を得ようと交渉したり、さらに日本へ留学生を送ろうとしたりしました（「東遊運動」）。しかし、日本はフランスと歩調をあわせてこれを弾圧し、留学生を国外へ退去させました。

ネルーが述べたように「帝国主義グループ」の一員としての地位を日本が固め、以後大陸への進出を進めていきます。

ポーツマス条約は朝鮮半島からロシアの影響力を退け、南満州鉄道の利権を得て、朝鮮半島・中国東北部への進出の契機となりました。

日本は１９０６年に関東州（遼東半島の南端）を統治する関東都督府を置き、大連には南満州鉄道株式会社を設立していきます。しかし、同時にこの「満州」への進出は、中国の門戸開放、とくに鉄道経営への参画を企図していたアメリカと対立することになりました。

１９１１年に日本は関税自主権の回復を実現し、こうしてついに明治初期に立てた外交・近代化方針である「万国対峙」の達成を果たすことになります。

図12　桂太郎（左）と西園寺公望（右）

4　日露戦争後の国内政治――桂園時代

桂太郎（かつらたろう）内閣は、１９０１年に組閣され日露戦争後の１９０５年に退陣することになります。これに代わって立憲政友会総裁西園寺公望（さいおんじきんもち）が組閣し、１９０６年に鉄道国有化法を成立させます。

日清戦争後の労働運動を通じて社会主義勢力も拡大し、最初の社会主義政党社会民主党が結党されましたが、治安警察法によって１９０１年には解散させられていました。

その後、水面下の活動をしていた社会主義勢力は１９０６年に日本社会党を結成することになり、西園寺公望はこれを黙認する姿勢を示しました。しかし、やがて議会派（選挙を通じて多数派政党をめざす）の片山潜（かたやません）と直接行動派の幸徳秋水が対立し、やがて幸徳秋水が主導権を握るようになったため、１９０７年に解散させられることになりました。

同年、日露戦争後の恐慌のため、経済政策にゆきづまった西園寺内閣は責任をとる形で桂太郎に政権を譲ります（第二次桂太郎内閣）。

日露戦争後、日本は国際的地位を向上させ、明治維新以来の国家形成の目標が達成されたという感覚と、一応の安堵と平和な空気、その一方での恐慌による生活への不安から、強権的な国家主義にかわって身近な社会の安定と個人主義に傾斜する雰囲気が国民の間に漂うようになります。

これに対して第二次桂内閣は、勤倹節約と皇室の尊重を国民に求める戊申詔書（ぼしんしょうしょ）を発して国民道徳の強化につとめるようになりました。

また、過激な傾向を見せ始めた社会主義勢力に対しては、爆弾を製造して天皇の暗殺を計画した（として）社会主義活動家を検挙すると、全国各地の社会主義者・無政府主義者を次々に逮捕し、幸徳秋水ら26名を「大逆罪」で起訴します。そして12名の死刑が執行されることになり、同時に反政府思想の摘発と取り締まりをおこなう特別高等課（特高）が警視庁内に設置されることになったのです。

こうして第一次世界大戦に至るまでは社会主義の「冬の時代」となるのですが、桂内閣は１９１１年に工場法を制定し、少年・女性労働の限度を12時間とするなど労働者保護の姿勢も示しました。ただ、この背景には労働者家庭の貧困は兵士の資質も低下させ、社会主義思想への傾斜をもたらし、国益を損なう、という考え方があったといえます。

第二次桂内閣は、韓国併合の実現の後、再び西園寺公望に政権を譲りました（第二次西園寺内閣）。こうして10年以上、桂太郎と西園寺によって政権が交替したため、この時代を「桂園（けいえん）時代」と呼んでいます。

（4）帝国の教育と文化

図13　坪内逍遥（左）と樋口一葉（右）

1　「国語」の誕生と方言の喪失――もう一つの「日本」の統合

1890年代、文学界に一つの大きな風が吹くことになりました。「言文一致運動」がそれです。それまでは「話し言葉」と「書き言葉」は異なり、とくに「話し言葉」は地域や身分、職業によって様々で、地域・社会の多様性を示すものでした。

坪内逍遙（つぼうちしょうよう）が提唱し、樋口一葉が『たけくらべ』で実践した言文一致は、「いつでも・どこでも・だれでも」わかって通じる「日本語」の成立を促していくことになります。

樋口一葉（ひぐちいちよう）は1895年から翌年まで、『たけくらべ』を文学雑誌「文学界」に連載しました。

これを契機に「国語」が生まれると、それまで地域で使用されてきた言葉は「方言」と呼称されるようになります。学校そして軍では「方言」ではなく「国語」の読み・書きの教育が進められ、「国民」の一つの側面としての「同じ言語の使用」が進められ、「国民としての一体感」が形成されていく土台となります。

1900年、小学校の無償化が実現します。教育は人々の身近なものとなり、読書・作文・習字が「統合」されて新しい「国語」という教科が誕生しました。

「国語の教科書」は社会生活に関連の深い話が取り入れられ、言語教育というだけでなく、その題材を通じて社会生活の規範を理解させる、国語「を」教えるのではなく、国語「で」教える、という側面もみられます。

4年生が最終学年となるのですが、ここでは「世界地理」を学ぶことになります。教室には教材として「地球儀」が必ず用意されるようになりました。

日本の小ささが強調されるとともに、その小国が「日清戦争」に勝利し、「日露戦争」に勝利したことを話して、中国・ロシアという「大国」を指さしながら、「小国であっても他国に侮りを受けることはない」「誇りを持てること」が示されました。

歴史教科書は建国の神話（天照大神の神話、その子孫の神武天皇が初代の天皇となる話から始まる）が記され、「修身」では「教育勅語」に基づいた行動を求める教育がおこなわれます。第Ⅶ章で述べたように、12項目から成り立つ原文のうち、第12項の「義勇」をみると「一旦緩急アレバ義勇公ニ奉シ以テ天壌無窮ノ皇運ヲ扶翼スヘシ」とあります。後年、この項目は「滅私奉公」「天皇の国のために戦う」ことを促し、「国家総動員法」制定の根拠とされることになります。

また、それぞれの項目は抽象的な概念で、教育の現場では学校活動、「修身（現在の道徳）」の授業において、教育勅語内の「忠」「孝」など、具体的な人物やエピソードを例にあげて教師が解説しました。

どのような具体例を選択するかは、社会状況や国家が置かれた国際的な状況によって様々な解釈が可能で、戦時には「道徳」よりも「戦意高揚」などに利用されます。

日中戦争以降、教育勅語の名の下に誇張・拡大解釈が進み、国民統制の道具になっていきます。各学校には「御真影」（天皇の写真）と教育勅語の全文を印刷した紙が配布されます。学校はこれらの厳重管理を義務づけられ、「命にかえても守るべきもの」として過度な神聖視をもたらしてしまいました。

教育勅語は半世紀にわたる教育の「唯一原理」であり、とくに日中戦争以降の小・中学生たちは、同一価値観とモラルを共有した「均質な社会集団」を構成することになった、という影響も指摘する必要があると思います。

こうして政治・経済・社会の統合は、1890年代、1900年代に進み、「大日本帝国」の姿、輪郭が明確となっていきました。

図14　明治天皇の「御真影」

2　近代文化の開花と生活

幕末、「開国」以降、人々は欧米の文化に広く接するようになり、開港地、とくに横浜や神戸では政治家だけではない、民間人による「外国人」との交流がみられました。１８６８年の五ヵ条の誓文で「旧来ノ陋習ヲ破リ」「智識ヲ世界ニ求メ」と示され、「五榜の掲示」ではキリスト教の禁止などは求められたものの、伝統的な日本の文化と「摩擦」を生じる部分もありながら、欧米のすぐれた文化・技術を取り入れ、日本の伝統文化の上に新しい文化を築いていくようになりました。

養蚕は日本が古くからおこない、発展させてきた技術ですが、外山亀太郎は「メンデルの遺伝の法則」を学び、これが蚕蛾にも当てはまることを世界で初めて証明しただけでなく、これによってすぐれた品種の作出に成功します。

夏目漱石は、『坊っちゃん』に代表されるような、多くの人々にとって読みやすく理解しやすい文章の作品をはじめ、個人の生き方に深い洞察を示した名作を残し、日本の近代文学の道を開きました。

芸術分野でも、伝統文化に欧米文化が取り入れられ、新しい文化が生まれています。

音楽では、いわゆる「西洋音階」による表記、表現が大きな変革をもたらしました。

すでにピアノは、シーボルトが日本に持ち込み（現在も保存されている）日本人の間に知られており、幕末にはギターも伝わっていて、すでに弾くことができた日本人もいました。１９１２年には日本人ピアニスト澤田柳吉がショパンのコンクールを開いています。

鉄道が延伸すると、新しい西洋音階によって「鉄道唱歌」もつくられました（鉄道沿線に関する歌

図15　黒田清輝と「湖畔」

詞を持ち374番まである）が、これは小学校の地理学習のために作られたものです。「ドレミソラ」の5音だけで作曲されたわかりやすいこの曲は、大人の間でも歌われた「流行歌」となり、西洋音楽の浸透が進みました。

1887年に東京音楽学校が設立されて、音楽教育も政府の支援で進み、滝廉太郎などの作曲家が活躍するようになります。

絵画では、江戸時代の日本の浮世絵がヨーロッパに伝わり、大きな影響を与えましたが（印象派）、明治には海外に留学した多くの人々が西洋絵画の技法を学ぶようになります。

もともと法律家をめざしてフランスに留学した黒田清輝は西洋絵画に魅了され、「湖畔」など美しい作風の作品を残しただけでなく、芸術教育に力を入れ、芸術団体の設立に深くかかわっていきます。

もともと明治政府は工部美術学校を開き、外国人教師に西洋美術を享受させていましたが、フェノロサや岡倉天心の指摘、影響を受けて「伝統美術」の保護・育成に

図16　1910年頃の三越百貨店

も力を入れるようになり、東京美術学校を設立しています。

西洋画は浅井忠らが明治美術会を結成、フランスから帰国した黒田清輝は白馬会を設立しています。また東京美術学校に「西洋画科」も新設されました。

1880年代に入り、すでに「欧化政策」の影響もあって公官庁・企業・学校で煉瓦造り、西洋式の木造の建築、ガラス窓の使用、机・椅子の配置などが進み、洋服の着用、「時間割」「時刻表」「勤務時間」など「時間で刻まれた暮らし」が行動様式となり、職場・学校・生活の場に「時計」が出現します。

交通機関の多様化も進みます、1880年代の鉄道馬車、1890年代の路面電車が開通します。

1900年代になると、「大衆の消費」が拡大し、呉服店などは西洋の「デパート」を模してショーウィンドー、陳列台などを用いて、「個人客」を対象とした「小売り」業態を展開していきました。

都市部に対して農村部は「近代化の遅れ」が目立ち

ました。都市が電化していく中、石油ランプはそのまま漁村・農村で使用が続き、日常生活は大きな変化はなく、太陽暦よりも従来の旧暦の使用が一般的でした。

（5）韓国併合への道

1　日清戦争後の朝鮮進出

日本は日清戦争後の講和条約（下関条約）によって「朝鮮の独立」を清国に認めさせました。これにより、日本にとって「利益線」であった朝鮮半島から清の影響力を排除することができたのですが、ロシア・ドイツ・フランスによる「三国干渉」によって日本が遼東半島を返還することになったのです。

もともと、日清戦争中、朝鮮の国王がロシアに匿われていたこともあり、日本の威信低下に乗じた閔氏政権は、1895年7月、「親ロシア」に外交方針を転換するようになりました。

1895年10月、日本公使三浦梧楼（みうらごろう）はこれに危機感をおぼえ、日本の軍人らとともにクーデターを決行し、

図17　三浦梧楼

閔妃を殺害して大院君を擁立するという事件を主導しました。

ところが1896年2月、今度はロシアの後援によるクーデターが起こり、国王はロシア公使館に居をうつし（露館播遷(ろかんはせん)）、「親ロシア」の政権がつくられました。

日露の朝鮮をめぐる主導権争いは、短期間に繰り返されたのです。

世界史では、教科書でもこの説明を簡潔におこなっています。

「日清戦争後、朝鮮は、戦争当時からすすめていた政治改革を継承し、1895年の閔妃殺害事件後は日本への反発を強め、国王高宗はロシア公使館に避難して政治をおこなった。1897年には国号を大韓帝国と改め、国王は皇帝となって清や日本との対等を表現した」（『世界史B』東京書籍・330頁）。

2　日露戦争と朝鮮

1904年8月、日本は韓国と第1次日韓協約を結び、財政・外交顧問を韓国の政府内に置くことを認めさせ、外交交渉は日本との事前協議を必要とする、としました。

さらに、1905年10月の閣議で第二次日韓協約の案を確定します。それをみると、「韓国政府ノ同意ヲ得ル見込ナキ時ハ最後ノ手段」を用いても強行することが読み取れます。この段階で韓国側の同意がない場合は、「最後ノ手段」を用いることは前提となっていたといえるでしょう。

保護国化のプロセスは概ね以下の手続きで展開されます。

11月9日、首都には軍が配備され、特命全権大使として伊藤博文がソウルに到着します。王宮周囲では武装した日本兵が置かれ、正門前には大砲を設置されました。

すでに9日から17日まで、王宮前広場や市街では、日本軍による「軍事演習」が展開されていました。

11月15日、伊藤博文は皇帝高宗と会見します。

高宗は、日露戦争後、日本が実行してきた諸措置に「不満」の意を表明しました。一方、伊藤博文は第二次日韓協約の案をここで提示します。

翌16日、大韓帝国の各大臣が日本の公使館に呼び出されました。そこで第二次日韓協約の説明がおこなわれ、受諾が求められますが、ほとんどの大臣は「反対」を表明しました。

さらに翌17日、林権助（はやしごんすけ）公使は、再度大臣を呼び出し、その後王宮での御前会議となります。そして同日夕刻、兵が王宮内に入って整列し、伊藤博文は憲兵と長谷川好道（はせがわよしみち）軍司令官とともに閣議に参加しました。

図18　高宗（光武太皇帝）

第二次日韓協約案の賛否が問われると、まず首相（韓圭卨（ハンギュソル））は反対を表明してその場を退出します。反対を表明したのは、首相と二人で、残りの五人のうち賛成を表明したのは学部大臣であった李完用（イワンヨン）でした（四人は賛成も反対も唱えていません）。

この状況をみて、伊藤博文は「大勢ハ賛成」と「判断」しました。こうして同深夜に、第二次日韓協約が調印されました。これにより以下のことが決まります。

①　日本の外務省が韓国の外交を指揮・監督する。

②　日本の仲介なく他国との条約を結ぶことができない。

③　日本政府の代表として韓国に統監府を設置する。

第二次日韓協約が調印されると、首都に地方から多くの人々が集まり、抗議集会が開かれます。その日の社説で調印反対を掲げた『皇城新聞』は、ただちに発行禁止となり、編集者は逮捕・投獄されます。

こうして翌年以降、反対運動の展開とその制圧はいっそう激しくなっていきました。１９０６年２月、忠清道（チュンチョンド）で閔宗植（ミンジョンシク）ら５００人が洪州城に籠城します。日本は警察・憲兵に加え、歩兵・騎兵を出動してこれを弾圧・鎮定しました。１９０７年までに約７万人の蜂起があり、およそ１万人が殺害されることになります。

また、日露戦争中の１９０５年７月、日本はアメリカと協定を締結し、日本はアメリカのフィリピン統治を、アメリカは日本の韓国保護権をそれぞれ相互承認しています（桂－タフト協定）。さらに、８月には日英同盟を改定し（第二次日英同盟）、日本はイギリスのインドの支配権を、イギリスは日本の韓国保護権を相互に承認しました。

単に朝鮮支配を深化するだけでなく、言わば「外堀を埋めるように」関係諸国との外交を展開して日本の立場を強化していったのです。

そして日露戦争の講和条約にもとづいて、ロシアに日本の韓国保護権を認めさせることになりました。

第二次日韓協約によって韓国を保護国化すると、漢城に統監府を設置し、初代統監に伊藤博文が就任します。保護国化に反対していた皇帝高宗は、オランダのハーグで開催されていた第2回万国平和会議に使者を送り、日本の保護国化とその不当性を訴えようとしましたが、諸外国はこれを黙殺することになります（「ハーグ密使事件」）。

これをうけて日本は皇帝を譲位させ、韓国の内政権を得て軍隊を解散させました（第三次日韓協約）。これに反対する民衆や軍人たちは反日闘争を展開しますが（義兵闘争）、日本はこれを鎮圧します。

義兵闘争の発端は、閔妃殺害事件で、以後日本の進出に反対した抵抗運動が散発しますが、第二次日韓協約調印後に本格化しました。そして第三次日韓協約後の軍隊解散式をきっかけに一部軍隊が反乱を起こし、1909年まで展開されたのでした。

伊藤博文はもともと「植民地化」のリスクとコストを考えて、植民地化に消極的でしたが、一連の抵抗運動をみて、韓国併合へ「舵を切る」ようになったのです。

このような時、義兵闘争にも参加していた安重根（アンジュングン）による伊藤博文暗殺事件が起こり（1909年）、併合への動きが加速します。そして1910年、日韓併合条約を締結して韓国を植民地としたのです。

3　朝鮮総督府の支配

「韓国」という国号は廃止されて「朝鮮」に改められ、首都漢城は「京城（キョンソン）」と変更されました。そして朝鮮総督府が統治機関として設置されます。

朝鮮総督には陸軍・海軍の大将が選出され、総督は軍事権のみならず統治権を掌握しました。憲兵は朝鮮在住の人々の日常生活にまで深くかかわるようになりますが、治安維持には一定以上の成果を出し、犯罪発生率の低下ももたらしています。

インフラの整備では道路の改修などが進み、日本支配の歓迎の声もありましたが、道路が貫通する土地・家屋は没収され、「開発」の深化とともに「不満」や「批判」が次第に蓄積されていくことになっていきます。

あらためて、「植民地」という言葉の誤解について説明しておきたいのですが、そもそも「植民地」とは文字通り、「人を移住させる場所」というものです。つまり、そこに人を移住させる、そのためには「その人」があたかも本国と変わらぬ生活ができるように、生活環境を整え、法律を運用し、治安を維持し、そのために現地を改造・開発していく、というのが「植民地支配」です。

耕地が少なければ耕地を増やし、インフラを整備する、支配のコストを下げるために識字率をあげ、すでにあった文字ハングルを利用する……。

１９１０年から18年にかけて実施した「土地調査事業」で、既存の地主階級も利用し、さらに植民した日本人の一部を地主としていきます。

日本からの植民者は実に多岐にわたり、官僚・軍人・警察官・教師や商工業者などで、京城・釜山・仁川などの都市に居留します。日本人が通う学校の数も１９０５年では18校でしたが、１９１０年には１２８校に増えました。韓国併合後は、在朝鮮日本人も朝鮮人にも同じ法律を適用しています。

1911年、朝鮮総督府は朝鮮における教育目的を定め、日本国内と同様、教育勅語にもとづき天皇の「臣民」として教育を進めました。「普通学校」は4年制で、男子の就学率は1920年代には25%におよぶようになりましたが、女子の就学率は低く、1920年代でも約5%でした。教科は「修身」と「国語」で、朝鮮語が禁止されるということはありませんでしたが、教科書は日本語で書かれたものを使用し、算数や理科、体育・音楽・図工、さらに漢文なども教えられています。

4 東洋拓殖会社とは?

東洋拓殖会社は、1908年、日本の植民地支配を実行するために設立されたもので、土地買収と日本人の移民事業を推進し、第一次世界大戦後には金融機関として中国だけでなく東南アジアでも大きな役割を果たすことになります。

1910年から朝鮮総督府は「地租」を確定するために土地調査事業を進めていきます。この調査は、本人の申告によって土地の所有者を決めていくので、この過程で、課税をおそれた人々は手続きをしなかったり、煩雑な手続きをきらって手続きをしなかったりした農民も多数いました。これを背景に、巧みに土地を買い集めた朝鮮人の地主も出てくるようになります。この土地調査事業を通じて東洋拓殖会社は1914年までに約7万ヘクタールの土地を接収していきました。

また、「東洋拓殖会社」は、独占的に植民地事業を担当しています。

その移民事業では、1910年には14万人、1917年には33万人の入植を進めました。

土地調査事業で「買収」した土地は東洋拓殖会社に「現物投資」という形で付与され（1万1400町歩）、1919年の段階で7万8000町歩の土地を所有し、東洋拓殖会社は、朝鮮の最大の「地主」となります。東洋拓殖会社は、地主でありながら金融業もおこない（日本の不在地主と同じ）、朝鮮企業50社以上の株主にもなっていました。

（6）鉄と生糸の産業革命

1　1900年代の農村風景

1902年、日本の農家の約3割が小作農で、自作農もふくめて農家の6割は地主から土地を借りていたのが実際でした。また、農村で生産される米や繭は価格の変動を受けやすく、景気・不景気による収入の格差が激しく、生活はなかなか安定しませんでした。不景気の時の借金を好景気の時に得た利益で返済していくという状態で、慢性的な不況が続くと土地を売って収入を補うということが多くみられたのです。

「寄生地主」とは、耕作をせず、小作料に依存している地主のことで、小作料は現物、地租は金納という地租改正以来の税制により、米価が上昇すれば地主の利益が上がりました。地主は、中小自作農が手放した土地を集積し、工場経営などに投資する者も増え、資本主義との結びつきを深めていきます。農村部の貧富の差は1900年に起こった「恐慌」をさかいに次第に拡大していきました。

小作料の支払いに切迫している小作農は、その収入補填のために子女を「出稼ぎ」させるようになります。

日露戦争中の地租増税、諸間接税の負担増もあって農村の困窮は日露戦争後にしだいに深刻化しました。第二次桂内閣がおこなった「地方改良運動」の背景の一つはここにありました。これは江戸時代以来の村落共同体としての町村を解体・再編し、行政単位の町村とするもので、目的は租税負担力を強めるためでした。

地主の資本家化とともに、工場制工業がさかんになり、賃金労働者も増えていきますが、工場労働者の大半は、日本の主力産業で輸出の中心であった繊維工業に従事し、しかもその大部分が女性です。実際、工場労働者約39万人のうち、繊維産業従事者は24万人でその約９割が女性でした。

貧しい農家出身の女性労働者の中には、農村にいては食べることのできない食事を得られたという記録もありますが、これはむしろかえって農村の惨状を浮き彫りにするものであり、大部分の女性労働者は「賃金の前借り」のため、厳しく管理された「寄宿舎制度」の下、低賃金・長時間労働に従事していました。

紡績業では、２交代制の24時間労働が常態で、製糸場では12～15時間労働がおこなわれています。

２　「鉄」の生産と産業の発展

１８８０年代後半から「産業革命」が進展した、とはよくいわれますが、80年代・90年代・１９００年代は段階的にその内容が変化します。90年代・１９００年代は日清・日露戦争が日本の近代経済に大きな影響を与えました。

80年代はいわゆる「松方財政」と呼ばれる緊縮・増税財政で不況が進み、米価・繭価が暴落し、自作農の小作転落、地主の資本主義的経営が進む一方で、農村からの出稼ぎ労働という安価な労働力によって「国際競争力の高い」繊維製品が生産され、軽工業分野の発展が始まります。貿易も輸出超過に転じて物価も安定し、金利の低下で株式の取引も活況となり、「鉄道」と「紡績」を中心とする「企業ブーム」が起こりました。

90年になると前年の凶作や生糸輸出の不振からいわゆる「1890年恐慌」となりますが、日本銀行はこれを機会に普通銀行を通じて産業界に資金を注入していくようになります。

「資本主義」は日清戦争を契機に進展することになります。もともと、生糸・綿糸の生産が進んでいましたが、紡績業の発展は著しく、日清戦争後には、綿糸の輸出量が輸入量を上回るようになりました。

1897年には日清戦争の賠償金の一部を準備金として、本格的に金本位制に移行し、特定の分野に融資する特殊銀行である日本勧業銀行・日本興業銀行・台湾銀行や各府県に農工銀行が次々に設立されます。

紡績・生糸の軽工業生産が伸張し、生糸の輸出は伸びていきますが、重工業分野、とくに重工業分野を支える基幹製品である「鉄鋼」は欧米諸国からの輸入に依存している状態でした。政府は軍備の「国産化」と拡張のために鉄鋼の自給をめざすようになります。

これを背景に1897年、大規模な官営の製鉄所の建設が進められたのです。建設費は日清戦争の賠償金を充当し、場所は鉄鉱石・コークスは中国・朝鮮から輸入しやすく、背景に燃料用石炭を得やすい筑豊炭田がある北九州の「八幡」が選ばれました。

産業革命の進展を通じて成長したのが、後に「財閥」と呼ばれる三井・三菱・住友などの資本家で、このうち三菱は明治期に勃興したもので、1874年台湾出兵の軍需・輸送を担当したことをきっかけに海運業として成長します。

1900年の「恐慌」をきっかけにこれらは銀行・商社・鉱山など多くの会社の経営、吸収を進めて日本の経済を支配するようになっていきました。

図19　八幡製鉄所

日露戦争後は紡績会社の合併が進んで国際競争力をさらに高め、力織機による機械生産で綿織物をつくり、朝鮮・満州市場への進出を強めていきます。

こうして、生糸はアメリカ・ヨーロッパへ、綿織物は中国・朝鮮へ、という「輸出の形」が生まれました。

このことは、農村の織物業にも変化をもたらします。それまで手織機が使用された問屋制家内工業から、豊田佐吉が発明した国産織機の導入による工場生産へ転換する動きがみられるようになります。

しかし、紡績業の場合、原料の綿花は中国・インド・アメリカからの輸入に依存していたため、輸入額に占めるこれらの割合が高く、国産の繭によって生産された生糸は、外貨を稼ぐ重要な産業と位置づけられるようになります。

とくに「器械製糸」の小工場が増えると、国産繭の生産をおこなう養蚕農家も増加し、日清戦争後には器械製糸の生産が座操製糸を上回り、日露戦争後の１９０９年には中国を追い抜いて世界第一位の生糸輸出国となりました。

「鉄道」も日本鉄道会社が設立されて以降、政府の支援もあって商人・地主による鉄道会社設立のブームが起こります。１８８９年には官営の東海道線が開通（東京－神戸）しただけでなく、営業キロ数では「民営」が「官営」を上回るようになっていました。

しかし、日露戦争後の１９０６年、第一次西園寺内閣は軍事的な理由から鉄道網の国家による一元管理をめざし、鉄道国有法を発布して主要幹線の買収を進めたのです。資本家たちは、鉄道国有化で得た資金を他の重工業分野に投じるようになり、このことが日露戦争後の重化学工業分野の進展（第二次産業革命）の背景にありました。

官営の八幡製鉄所が操業を開始すると、日本は中国の製鉄会社漢冶萍公司（かんやひょうこうし）に多額の借款を提供し、その見返りとして八幡製鉄所は大冶鉄山の鉄鉱石を安価に輸入できるようになります。

さらに民間でも日本鉄鋼所の設立がおこり、造船分野も順調に成長していくことになりました。さらに工作機械も、池貝鉄工所が高性能の旋盤の生産に成功します。

しかし、日露戦争後は、満州への綿製品の輸出、満州からの大豆粕の輸入が増え、朝鮮は日本への綿布の移出、日本からの米の移入が進みました。また、台湾は日本への米・砂糖（原料糖）の移出が増えていきます。日本経済にしめる植民地の役割はしだいに高まっていく一方で、綿花・軍需品・重工業分野の資材の輸入も増加したため、貿易収支の赤字はいっこうに改善されませんでした。また日露戦争時の外債の利払いも加算され、日本の国際収支の垢は累積的に危機的な状況に進んでいったのです。

3　産業革命の光と陰

労働者が増えると、労働条件の改善を求める運動が活発になります。１９０１年には日本で最初の社会主義政党である社会民主党が結成されましたが、政府によって解散させられました。

日清戦争の勝利によって、日本の資本主義はまちがいなく飛躍し、「経済の近代化」を一気におしすすめていきました。農村家内工業・手工業は工場制機械工業へと進展し、同時に大量の賃金労働者を生み出していきました。

「ストライキ」もみられるようになり、「職工」「鉄工」「鉄道」など分野別の労働組合の結成も進みます。これらの動向に対して、１９００年、政府は治安警察法を制定し、その第17条で労働争議を禁止しました。

これらの動きはかえって「社会主義思想」の広がりと活動を推し進めることになります。労働組合

図20　田中正造

運動の片山潜、自由民権運動の幸徳秋水、キリスト教・博愛主義の影響を受けていた安部磯雄が社会民主党を結党した背景となりました。

また、足尾銅山鉱毒事件は、産業革命の「陰」を示す象徴的な事件となりました。

金属工業・機械工業、さらには電力事業の発展から銅の精錬は重要な国家事業の一つとなり、足尾銅山の銅精錬は重要な役割を果たしました。しかし、足尾銅山から流出した鉱毒の被害は、渡良瀬川下流域の茨城県・栃木県・群馬県・埼玉県の広大な地域に及び、多くの田地・山林を荒廃させることになります。

被害を受けた農民たちによる、1897年・1898年・1900年の三度にわたる「請願」は官憲によって弾圧されてしまいました。1901年、田中正造が衆議院議員を辞して明治天皇に直訴した事件は、こうした背景がありました。

民を殺すは国家を殺すなり
法を蔑にするは国家を蔑にするなり
皆自ら国を毀つなり。
財用を濫り、民を殺し、法を乱して、而して亡びざるの国なしという田中正造の言葉（明治24年12月18日「田中正造の政府への質問書」より）は、産業革命の光と陰、「帝国」の発展の陰の部分を端的に説明しているといえるかもしれません。

日露戦争後（第一次西園寺公望内閣）、日本社会党の合法的な活動が開始されていましたが、穏健路線の議会派（片山潜）と直接行動の急進派（幸徳秋水）による路線対立の中で、直接行動派が勢いを増すと、政府は弾圧に転じました。１９１０年、直接行動派の社会主義者が天皇暗殺の容疑で逮捕される大逆事件がそれです。翌年、幸徳秋水ら24人は死刑宣告を受け、以後社会主義運動の「冬の時代」となります。

図21　石川啄木

１９１０年は外にあっては帝国主義的動向、うちにあっては産業革命の矛盾が表面化した時代であり、石川啄木は『時代閉塞の現状』で「我々青年を囲繞する空気は、今やもう少しも流動しなくなった。強権の勢力は普く国内に行亙っている」と嘆息していました。

(7) 第一次世界大戦と日本

1 ヨーロッパ列強の衝突と「総力戦」と国民

ドイツは19世紀末から急速に工業化を進め、皇帝ヴィルヘルム2世の時代となると、「陽のあたる場所」を求めて海外市場の拡大と分割・再分割を求めていくようになりました。このドイツの対外積極政策は、すでにアジア・アフリカに多くの利権を持つイギリス・フランスとの対立を深刻化させます。

一方バルカン半島では、オスマン帝国の支配が衰え、民族自立の動きが表面化しつつあり、すでに独立していた国が二度にわたるバルカン戦争を起こし、その対立は複雑な様相を呈するようになっていました。ここにおいて、オーストリア＝ハンガリー帝国とロシア帝国が勢力を拡大しようとして対立を深めていったのです。

こうしてオーストリア＝ハンガリー帝国の帝位継承権者がセルビアの一青年に暗殺されたこと（サライェヴォ事件）をきっかけに第一次世界大戦が勃発しました。

いわゆる「西部戦線」、フランス・ドイツの戦いは、膠着状態に陥りました。１９１６年の冬になるとヨーロッパ諸国では武器・食料・労働力の不足が顕著になります。

前線への供給が滞ったのみならず、各国内での食料不足は深刻化し、どの国でも配給の行列が街にあふれることになりました。

兵士として男性が徴発されると、労働力人口が歪になり、女性が生産の担い手となっただけでなく、少年・少女たちが労働に徴発される状態がみられるようになります。また、科学者や技術者は、軍需産業や新兵器開発のために従事・動員されていきました。「総力戦」が社会に影響を与えることは、このように短期に、大々的に社会構造を歪にしてしまうところにあります。

また、いっそうの国民の動員と戦意の高揚のための情報操作や宣伝が、新聞・ポスター・映画などで展開されましたが、戦争の長期化、多くの犠牲が続き、兵士の間でも国民の間でも厭戦気分が広がり、戦争の終結を望む声も高まっていきました。

戦争への動員は、植民地でも例外なく展開されます。

イギリスは植民地の協力を得るために戦争勝利後の自治を認めることを約束してインドから120万人の兵士を徴発して戦場に送っています。また、西アジアでも戦後のアラブ人の独立やユダヤ人のパレスチナ国家樹立を約束し、ドイツとの戦いを有利にしようとしたのです。

これらの、言わば「空手形」は、後の独立運動の活性化や現在に続く「パレスチナ問題」や西アジアの民族紛争・対立の火種となってしまうことになったのです。

2　日本の参戦と二十一ヵ条要求

日清戦争後、中国では日本の明治維新にならい、近代化を進めようとする運動が進みます。この動きは清政府のみならず、民間でも活発となり、多くの中国人が日本を訪れています。

孫文（そんぶん）は、そのような中国人の一人で、アジアの連帯・協力を企図する日本人の支援を受けながら、ハワイで興中会を組織し、さらには諸団体の結集を図って1905年には東京で中国同盟会を組織しました。

一方、清政府の近代化は立憲君主制をめざすものでしたが、保守派のクーデター（戊戌（ぼじゅつ）の政変）によって一時頓挫します。しかし、義和団事件後、清政府は再び立憲君主政体の樹立をめざしますが、中国の民間改革勢力の思惑とは大きく異なり、満州皇族・貴族からなる内閣がつくられ、外国からの借款による鉄道の国有化を進めようとしました。

図22　孫文

1911年、武漢で軍が反乱を起こしたことをきっかけに、清政府打倒の動きがいっきに広がり、清からの独立が宣言され（辛亥（しんがい）革命）、孫文が臨時大総統に就任することになりました。

孫文は、政府の安定と早期の清帝国打倒のために、清の政治・軍事の有力者であった袁世凱（えんせいがい）と手を結び、政権

図23　袁世凱

の委譲とひきかえに、袁世凱に清帝国を滅ぼさせることに成功しました。

この後、袁世凱は専制的にふるまうようになります。中国でおこなわれた初めての国政選挙で国民党の勢力が多数となりましたが、袁世凱はそれを弾圧し、皇帝の位をのぞむほどになりました。

一方、日本では辛亥革命の影響が、朝鮮半島の独立運動に影響を与えることをおそれ、軍部を中心に二個師団を増設し、朝鮮に配備しようという要求が高まりました。

第二次西園寺公望内閣は、財政難などを理由にこれを拒否すると、陸軍大臣はこれを不服として辞任し、西園寺内閣を倒したのです。

かわって第三次桂太郎内閣が成立すると、1912年、憲法にもとづく政治を守ろうとする運動（第一次護憲運動）が起こりました。政治家や多くの民衆が国会議事堂をとりまいて抗議し、帝国議会でも内閣を糾弾する演説などがおこなわれたのです。

こうして桂太郎内閣は50日あまりで総辞職に追い込まれました（大正政変）。

この後、立憲政友会を与党として海軍大将山本権兵衛（やまもとごんべえ）が組閣し、行政改革を進める一方、文官任用令を改正して、政党員でも高級官僚となれる道を開き（山県有朋内閣は政党の影響を政府に及ぼさないために官僚となる道を閉ざしていた）、軍部大臣現役武官制を一部改めて、予備役・後備役の大将・

図24　山本権兵衛（左）と加藤高明（右）

中将まで資格を拡大し、軍・官僚への政党の影響を強める政策を実行していきました。

しかし、海軍高官の汚職事件（シーメンス事件）をきっかけに、都市民衆など抗議運動が再び高まり、第一次山本内閣は退陣することになります。

山県有朋や井上馨らの元老は、議会の多数派である立憲政友会に対抗すべく、言論界、知識人、民衆などから人気が高かった大隈重信を後継内閣の首相に推し、第二次大隈重信内閣が成立しました。衆議院では立憲政友会が多数を占めていましたが、大隈内閣は少数派の立憲同志会を与党としてスタートします。

このような内外の情勢の中、１９１４年、第一次世界大戦が勃発しました。大隈内閣は、日英同盟を理由にドイツに宣戦を布告します。そしてドイツの中国におけるドイツの勢力範囲であった山東半島を占領しました。

翌年、日本の国内では総選挙が実施され、与党立憲同志会が立憲政友会に勝利し、二個師団増設案も可決されることになります。

こうした情勢下、1915年、加藤高明外務大臣は、袁世凱政府に対し、山東半島のドイツ権益の継承、南満州および東部内蒙古の権益強化、日中合弁事業の承認など、「二十一ヵ条要求」をおこない、5月には最後通牒を発して大部分を承認させました。しかし、この外交は内外からの批判があり、元老の山県有朋も、野党政友会の総裁原敬に「訳のわからぬ無用の箇条まで羅列して請求したるは大失策」と述べて批判しています（『詳説日本史B』・山川出版社321頁）。

3　民衆運動の広がり――米騒動

第一次世界大戦は「総力戦」であったことはすでに説明しましたが、その総力戦を維持するにあたって限界を呈したのはロシアのツァーリズム（皇帝専制主義）でした。1917年には都市部の食料は底をつき、後に詳述しますが、ペテログラードでの暴動をきっかけにロシアでは革命が起こりました。皇帝は退位させられ、ロマノフ朝は倒れますが、臨時政府は戦争を継続したため、レーニン率いるボルシェヴィキによる再度の革命でソヴィエトが権力を掌握したのです。

革命が自国の社会主義運動に影響することをおそれた連合国は革命に対する干渉戦争をおこない、日本もこれに参加することを計画します（シベリア出兵）。

第一次護憲運動やシーメンス事件に対する民衆の抗議運動は、特定の持続的な指導組織を持つものではなく、いわば「単発」の抗議運動でしたが、政府が政治の運用にあたって、無視できないものと

図25　吉野作造（左）と美濃部達吉（右）

なっていました。

第二次大隈重信内閣が14年末に総選挙にうって出て立憲政友会をおさえこんだのも、むしろ民衆運動を政府の力として利用しようとしたことが背景でもありました。

これらの民衆運動には、やがてその「理論と実践の手引き」が与えられるようになります。

一つは1916年に吉野作造が『中央公論』で説いた民本主義でした。「国家の主権の活動の基本の目標は政治上人民にあるべし」とするもので、主権が天皇にあるという憲法の規定に反することなく、政治は民衆の福利を目的とし、民衆の意向に沿うものでなくてはならないと説いたのです。

そしてもう一つは美濃部達吉の「天皇機関説」でした。大日本帝国憲法のもともと持つ立憲君主主義の「立憲主義」を最大限に強調し、政党政治の正しい運用を理論化しました。

これは1930年代まで憲法学の定説となり、統治権そのものは法人としての国家にあり、「天皇」はその最高機関であって内閣の輔弼（ほひつ）を受けながら統治権を行使するという考え方です。

「民本主義」「天皇機関説」は以後大衆運動の理論的支柱となり、知識人・言論人・学生たちに大きな影響を与えていきました。

さて、「シベリア出兵の噂」が広まると、米の買い占め、売り惜しみがおこなわれ、第一次世界大戦の「特需」による物価高をさらに後押しし、１９１８年には富山県の漁村の主婦たちの「運動」を引き起こしました。8月5日「朝日新聞」が「越中女房一揆」としてこれを報道すると、生活必需品を中心とした物価高が人々の生活を圧迫していたこともあり、たちまち米の値下げを求める騒擾が全国に拡大していきました。

寺内正毅（てらうちまさたけ）内閣は、のべ10万人の軍隊を派遣して鎮圧しようとしましたが、結局9月、米騒動の責任をとって退陣することになります。

(8) 総力戦の果てに

1 ロシア革命――人々の期待は実現したのか?

1917年、ロシアの首都ペトログラード(現サンクトペテルブルク)で大規模なデモが起こります。そのデモの中心は女性たちで、戦争に行った夫や子どもの帰還、食糧の供給を要求するものでした。デモやストライキは各地で頻発し、参加者は増加の一途をたどります。

デモの鎮圧を命じられた兵士はその命令には従わず、武器庫・駅舎・役所、さらに宮殿にまで乱入して占拠するようになったのです。兵士の反乱、ストライキによってついに皇帝ニコライ2世は退位を余儀なくされ、代わって議会制度の確立をめざす臨時政府が成立しました(三月革命)。しかし、臨時政府は戦争を継続したため、多くの人々は新政府に失望することになったのです。

亡命先のスイスから帰国したレーニンは、新政府に不満な勢力を集め、労働者・兵士・農民たちをまとめ、武装蜂起して臨時政府を倒しました(十一月革命)。レーニンは「平和に関する布告」を出して停戦をよびかけ、ドイツと単独講和を結びました(ブレスト=リトフスク条約)。

そして憲法制定議会が召集されたのですが、第一党となったのはボルシェヴィキではなく、これに

図 26　十一月革命を題材とする絵画（ボリス・クストーディエフ筆）

危機感と不満をいだいたレーニンは武装蜂起して議会を閉鎖し、社会主義をめざす方針に転換していきます。

イギリス・アメリカ・フランスなどは、1918年に軍隊を起こしてソヴィエト政府を倒そうとし、日本も7万の兵力を投入しました（シベリア出兵）。ソヴィエト政府は、これを退けるために戦時共産主義を採用し、農民から強制的に穀物を徴発し、都市住民や兵士に配給しましたが農業・工業生産の停滞をまねき、多数の餓死者まで出す事態に陥ってしまいます。1921年には、労働者や兵士たちからも共産党一党支配への反抗があらわれるようになっていきました。

2　ヴェルサイユ条約——ドイツへの過酷な対応という評価はほんとうか？

ドイツで海軍の反乱が起こり、革命が起こると、皇帝ヴィルヘルム2世が退位し、連合国に降伏して第一次世界大戦は終結することになります。

その講和会議はフランスのパリで開催され（ヴェルサイユ講和会議）、条約交渉が開始されました。交渉が開始されると、ドイツは条約の内容もさることながら、交渉なしの一方的通告、戦争責任条項、さらにはヴィルヘルム2世など責任者の国際法廷への訴追など、大国としてのドイツの名誉にかかわる条項、それまでの国際慣例になかった新規項目に関して批判・反論を展開しました。

賠償額についても、過大であるという評価はすでに連合国内部でも懸念があり、それらを総合的にとらえて「ヴェルサイユ条約はドイツにとって苛酷であった」という評価が長く定説になっていました。しかし、近年、この考え方には疑問がもたれるようになっています。

まず、ドイツの「弁明・抗議」によって条約の厳しい面ばかりがクローズアップされすぎ、さらには後年のナチスによる「ヴェルサイユ条約がドイツを破綻させた」というプロパガンダを鵜呑みにしてしまっている部分もあり、「ドイツの国土は占領されていない」「領土も基本的には削減されていない」「帝国時代の経済構造の変更を要求していない」、さらには「軍備制限」も、後の国際的な軍縮の先取りであった、ということを鑑みれば、むしろ比較的寛大であったという評価となっているのです。

3　裏切られた民族自決

ドイツに対してヴェルサイユ条約が調印されると、ドイツは海外領土をすべて失い、多額の賠償金（1320億金マルク）を支払うことになります。さらに軍備は大幅に削減され、潜水艦をはじめ戦闘用航空機など、さまざまな兵器の保有を制限・禁止されることになりました。

大戦末期、すでにアメリカのウィルソン大統領は「十四ヵ条」を明示し、これが会議の大きな流れの原則となっていましたが、その中の「民族自決」の項目は、敗戦国の領土や植民地に適用され、戦勝国には適用されなかったのです。

結果、東ヨーロッパの国々の多くが独立しましたが、アジア・アフリカの戦勝国の植民地支配は継続されることになったのです。

日本の帝国主義的進出に対しても、中国や朝鮮ではすぐに反応が出ます。

１９１９年５月４日、中国の北京の天安門前に３０００人以上の学生が集まり、パリ講和会議でドイツが持っていた山東半島の利権を日本が引き継ぐことが認められたことに対する抗議運動を展開しました（五・四運動）。

この運動は広範な民衆運動に連鎖し、日本製品の不買運動や日本製品の打ちこわしなどにも発展し、労働者のストライキも起こりました。

4　「軍縮」と新しい国際秩序

１９２１年から22年にかけて、国際連盟に加盟しなかったアメリカ合衆国が主催し、日本・イギリス・フランス・イタリア、そして中国などが参加するワシントン会議が開催され、「太平洋問題の調整」「中国問題の解決」「軍縮」の３つをテーマに新しい国際秩序の合意形成が進みました、
ヴェルサイユ条約によって南洋諸島・マーシャル諸島の委任統治権を得て、日本は太平洋における利権を拡大することができました。一方で、これは19世紀末からフィリピン・ハワイに利権を持つアメリカとの「対立」をまねく可能性がありました。アメリカなど列強は、利害調整をおこなって多国

間条約を結び、「太平洋の安定」を図ろうとしたわけです。

また、山東半島の権益はヴェルサイユ条約によって日本に帰属することが明記されていました。しかし、中国では反対運動が激化しており、山東半島の問題だけでなく、中国をめぐっての列強の対立が、次なる国際的な不安定をもたらすことを事前に回避しようとしたことも、この会議の目的でした。

そもそも、第一次世界大戦で参加国の経済は低迷し、日本も大戦中こそ好景気でしたが戦後は「恐慌」に陥りました。しかし、軍備だけはどこの国も維持したままで、財政を圧迫していたのです。戦後の経済的不安定を解決するために各国とも軍縮が必須でしたが、軍縮は一国ではできません。多国間で行おうと考えた結果が、ワシントン会議による国際的な合意形成へ繋がっていったのです。

日本は第一次世界大戦中、列強との「外交」を通じて、アジア・太平洋における利権の拡大を進化させていました。

１９１６年には第４次日露協約を締結し、極東における日露の特殊権益を相互承認しています。

また、寺内正毅内閣では、袁世凱の後継者となった段祺瑞（だんきずい）に対して巨額の経済借款を与え（西原借款）、段祺瑞政権を通じて日本の権益を保障させました。

さらに、イギリスの地中海派兵要求を受けたことと引き換えに、山東半島の権益と南洋諸島の権益をイギリス・フランスに認めさせることに成功しています。

日本の中国進出に警戒感を示していたアメリカ合衆国とは、１９１７年、石井＝ランシング協定を結び、「地理的な近接性ゆえに、日本には中国における特殊権益がある」と認めさせています。

そして、シベリア出兵を実施してロシア革命に干渉し、大戦終了後も、他列強が撤兵したにもかかわらず、1922年まで日本は撤兵をしませんでした。

アジア及び太平洋の「平和と安定」の鍵は日本が握っていたといっても過言ではありません。

こうして海軍軍縮条約が締結され、日英同盟を発展的に解消した多国間協定の四ヵ国条約、石井＝ランシング協定を破棄し、中国の領土保全、主権の確認をした九ヵ国条約が締結されました。これらにより成立したアジア・太平洋における新秩序を「ワシントン体制」といいます。

（9）「デモクラシー」のうねり

1　女性たちの覚醒

当時、女性には参政権も財産権もなく、自分の意思で結婚する自由も存在しませんでした。平塚明（ひらつかはる）（平塚らいてう）が雑誌『青鞜（せいとう）』の創刊号で「元始、女性は太陽であった。しかるに今は月である」という表現で述べたように、太陽である男性に従い、月のように生きることが「女性のあり方」とされていた時代です。

青鞜社が結成されると、このような考え方や社会制度を打破し、女性の人間としての可能性を開かせようという運動が進んだ。しかし、編集人伊藤野枝（いとうのえ）らの男性優位の結婚制度の否定や人工妊娠中絶容認などから、当時の新聞や雑誌の論調の多くは、『青鞜』を批判しており、当時の女性に対する偏見の根深さがよくわかります。

図 27　平塚明

第一次世界大戦後の社会の特徴として、女性の社会進

図28　市川房枝

出があげられます。

国勢調査の第1回が1920年におこなわれています。それによると、男性の就業者数は1699万人、女性就業者は1027万人でした。

業種としては、第一次世界大戦前は、女性は農業や紡績、製糸工場で働く人が多かったことがわかりますが、第一次世界大戦後は大戦期の好景気、化学・造船業の伸張に加え、大衆消費の拡大とそれにともなう第三次産業の萌芽によって、タイピストや電話交換手などの、それまでにない新しい職業が女性に開かれるようになっていきました（新業種への女性労働力の参加）。

しかし、社会における女性の活躍にもかかわらず、女性の地位と権利は明らかに男性に比べて低く、平塚明や市川房枝（いちかわふさえ）らが女性の団結と婦人参政権を求めた新婦人協会の結成にはこのような背景があったのです。

新婦人協会は治安警察法に定められていた「女性の政治活動の禁止」という項目の撤廃をめざした活動を続け、1922年、ついに女性による政治集会の主催などが認められた法改正に成功します。

［コラム］　突き抜けすぎた伊藤野枝

伊藤野枝。現在の福岡県西区の今宿の海産物問屋の家に生まれました。家業はおちぶれ、小学生のときに「口減らし」のために親戚の家に預けられます。家計を助けるために郵便局につとめ、その仕事の合間に詩作をおこなったといいます。かなりの文才があったようで、やがて親戚をたよって上京した後、上野高等女学校に入学（編入試験で入学）しました。

さて、ここから彼女の「突き抜けた」人生が始まります。

この時代、女性は恋愛結婚、すなわち自分の伴侶を自分で見つけて結婚する、ということは少ないケースで、「家」どうしの結婚、すなわち許嫁とよばれる相手が用意されて結婚に至る、という場合が多かったのです。

図 28　伊藤野枝

伊藤野枝も、その例にもれず、上野高女卒業後、帰省して許嫁と結婚する予定になっていました。しかし、高女在学時代に思いを寄せていた英語教師のもとに出奔、同棲を始めてしまいます（結婚し、二児を出産）。

一方、野枝は平塚らいてうが創設した「青鞜社」に参加、多くの女性文学者らと交流を深めました。雑誌『青鞜』に詩を次々に寄稿、さらにアメリカの文学、

図29　大杉栄

民主活動家らの作品・文章を翻訳、日本では足尾銅山鉱毒事件にも関心を深めていきます。

たびたびの発禁処分を受けて経営難となった雑誌『青鞜』を平塚らいてうから受け継ぎ、一般女性にも紙面参加を促し、単なる文芸雑誌から評論、女性解放の機関誌というべきものに脱皮させます。

当時、不道徳と女性のモラルに反するとして「廃娼運動」が世間では広がっていたのですが、娼婦の生活、境遇に理解を示し、廃娼運動を批判します。

野枝は、現代にも通じる（現代も超えた）女性の自立・独立・解放をめざしていきました。

しだいに「無政府主義」に傾倒していった野枝は、無政府主義運動家大杉栄（おおすぎさかえ）に接近し、夫と離別して大杉栄と同棲します（大杉には内縁の妻や愛人がいた）。

やがて大杉栄は愛人に刺され瀕死の重傷を負い、その愛人からの経済的支援がなくなったこともあり、貧困生活に陥り、『青鞜』も廃刊に追いやられました。

その後、大杉栄との間に長女を出産しますが、その子につけた名前が「魔子」。

自身が悪魔、魔女と世間から罵られていたことをうけて命名したらしいのですが、いや、これもう、現代で起こった命名事件（自分の子に「悪魔」と名付けて役所から受理を拒否された事件）の完全な「先取り」です。その後、生まれた子には「エマ」「ルイズ」「ネストル」と名前を付けていますが、これまた現代に通じるキラキラネーム。雑誌『解放』1920年4月号では結婚制度を否定した論を展開（「自由母権の方へ」）、社会主義婦人団体「赤瀾会（せきらんかい）」に参加しました。

「貞淑」「良識」「良妻賢母」「家重視」の戦前の「女性の常識」をすべて真逆に生きた野枝。ところが1923年、関東大震災発生後の混乱とどさくさに紛れる形で、伊藤野枝は大杉栄らとともに憲兵によって逮捕・連行され、憲兵隊内で殺害されて古井戸に遺体が捨てられました。世に言う「甘粕事件」（憲兵隊大尉甘粕正彦（あまかすまさひこ）らによる暴行殺害事件）です。甘粕は軍法会議で、震災の混乱に乗じて無政府主義者が政府転覆の企てを起こすことを「未然に防ぐ」ために犯行に及んだことを供述しました。

現在とは問題にならないくらい女性の地位が低かった時代。夫が愛人をつくっても問題とならず、妻が同じことをすると姦通罪に問われた時代に、我が道を貫き、数多くの非難を受けても屈しなかった野枝の、悲惨すぎる最期でした。

2　水平社の設立と社会主義運動の弾圧

明治維新が説く「四民平等」、さらには1871年の「解放令」によって、江戸時代に、「えた・ひにん」とされた身分も「平民」とされてきました。

しかし、被差別部落の人々に対する差別や差別意識は長く継続し、また被差別部落の古くからの産業であった皮革業に、大資本の企業が参入してその職や市場が著しく圧迫されるようになっていきました。こうして、第一次世界大戦後の不景気は、人々の生活苦にいっそう拍車をかけることになったのです。

１９２２年、奈良県の青年たちが全国の被差別部落に団結を呼びかけ、全国水平社設立大会を開きます。この大会で部落差別廃止と人間尊厳回復を掲げる「水平社宣言」が読み上げられました。労働運動は、大戦中の景気拡大の中で賃金労働者が増えたこと、戦後恐慌による労働環境の悪化で１９２０年代に一つの盛り上がりをみせました。

１９１２年に設立された友愛会は、労働組合の全国組織へと発展し、１９１９年には大日本労働総同盟友愛会と改称し、１９２０年には第１回の「メーデー」を主催しています。

１９２１年には日本労働総同盟に改組され、戦後恐慌の深刻化を背景に、労使協調路線から階級闘争的な方向に転換されていきました。

都市労働者の動きに対して、農村部でも小作料引き下げをもとめる「小作争議」が頻発し、１９２２年には日本農民組合が結成されます。

これらの動向をうけて、「冬の時代」であった社会主義運動も活動が再開されました。しかし、社会主義団体の結成は禁止され（日本社会主義同盟の禁止）、大学での社会主義の研究制限（東京帝国大学助教授森戸辰男（もりとたつお）の休職処分）も加えられます。また社会主義者たちの「路線対立」（共産主義の堺利彦（さかいとしひこ）と無政府主義の大杉栄の対立）などもみられました。１９２２年にはコミンテルンの支部として日本共産党が非合法のうちに結成されています。

3　関東大震災のもたらしたもの

1923年9月1日、マグニチュード7・9と想定される大地震が、午前11時58分に発生しました。地震とそれによって発生した火災は、東京市だけでなく横浜市をおそいます。

東京両国にあった陸軍施設跡地に避難した4万人は猛火（おそらく現代で言う火災旋風）で焼死し、死者・行方不明者は10万人をこえました。全焼・倒壊家屋は57万戸、被害総額は60億円以上の大災害です。

大震災発生後、朝鮮人・中国人に対しておこなわれた殺傷事件は、自然災害後の人為的な犯罪行為を誘発した例として他に日本の災害史上類のないものとなります。

政府調査では230人、吉野作造の調査では2610人と、当時の朝鮮人・中国人の証言だけでも相当数の殺害者が出たことがわかります。9月4日には、軍隊によって社会主義者10人が殺害され（亀戸（かめいど）事件）、16日には憲兵によって大杉栄、伊藤野枝らが殺害されました（甘粕事件）。

この大災害では「情報操作」もみられたことが当時の史料でわかります。

震災発生時の翌日、臨時震災救護事務局が設立されたのですが、その警備局が9月5日に次のような協定をマスコミとの間に定めています。

朝鮮問題ニ関スル協定

警備部

図30　震災直後の東京・神田近辺の様子

鮮人問題ニ関スル協定

朝鮮人ニ対スル官憲ノ採ルベキ態度ニ付キ、九月五日関係各方面主任者事務局警備部ニ集合取敢ヘズ左ノ打合ヲ為シタリ

第一、内外ニ対シ各方面官憲ハ鮮人問題ニ対シテハ、左記事項ヲ事実ノ真相トシテ宣伝ニ努メ将来之ヲ事実ノ真相トスルコト

従テ、（イ）一般関係官憲ニモ事実ノ真相トシテ此ノ趣旨ヲ通達シ各部ニ対シテモ此ノ態度ヲ採ラシメ、（ロ）新聞等ニ対シテ、調査ノ結果事実ノ真相トシテ斯ノ如シト伝フルコト

そして、警察や新聞に対して「左記」のことを「真相」として宣伝せよ、と命じているのです。

左記

朝鮮人ノ暴行又ハ暴行セムトシタル事柄ハ多少アリトモ今日ハ全然危険ナシ、而シテ一般鮮人ハ皆極メテ平穏順良ナリ

朝鮮人ニシテ混雑ノ際危害ヲ受ケタル者ノ少数アルベキモ、内地人モ同様ノ危害ヲ蒙リタルモノ多数アリ

皆混乱ノ際ニ生ジタルモノニシテ、鮮人ニ対シ故ラニ大ナル迫害ヲ加ヘタル事実ナシ

第二、朝鮮人ノ暴行又ハ暴行セムトシタル事実ヲ極力捜査シ、肯定ニ努ムルコト

尚、左記事項ニ努ムルコト

イ　風説ヲ徹底的ニ取調べ、之ヲ事実トシテ出来ル限リ肯定スルコトニ努ムルコト

ロ　風説宣伝ノ根拠ヲ充分ニ取調ブルコト

『現代史資料（6）』「関東大震災と朝鮮人」（みすず書房）

このように、朝鮮人に対する暴行を、「一部の民衆の暴走」ということにしてしまう、ということを警備当局が意図的に「宣伝」していました。

情報が少ない中、政府機関が発表する情報を新聞は書きますし、警察はこの「指示」に従って取り調べていたことは明らかです。

当時の新聞が、朝鮮人が暴動を起こした、などと記述を残しているのは、背景にはこういう政府機関の情報操作があったからです。

ただ、ここで指摘しておきたいことは、現場の警察レベルでは、むしろ流言飛語を取り締まり、自

警団に殺害されかけた朝鮮人・中国人の保護も積極的におこなわれたという事実です。

神奈川県警察署鶴見分署長大川常吉のもとに、1923年9月2日、自警団員たちが4人の中国人を「連行」してきました。自警団員は、彼らが毒入りのビンを所持し、それを井戸に混入させたというのです。

大川常吉は彼らを取り調べましたが怪しいところはなく、ビンの中身も毒ではないことがわかりました。自警団員たちに説明しましたが納得せず、なんと大川は自らそのビンの中身を飲んで見せて説得したといいます。

しかし、朝鮮人たちへの流言飛語はおさまらず、警察署に逃げ込んできた朝鮮人たちはどんどん増えました。鶴見分署は総持寺へ彼らを移送して保護しましたが、朝鮮人たちの引き渡しを要求する群衆約1000人が鶴見分署を取り囲むまでになります。

大川常吉は、群衆を説得し、なんとか中国人70人、朝鮮人220人を保護することに成功しています。

さて、「破壊」の後の「創造」も始まります。

震災翌年（1924年）に設立された「同潤会（どうじゅんかい）」は、横浜・東京に木造住宅4～5階建てのマンションを建設していきます。

同潤会は内務省によって設立された財団法人で、震災義援金をもとに住宅供給をおこないました。「同潤会アパート」は16ヵ所で建設されましたが、一部の建物は現存し、また外観が復元・再現されている建物もあります（表参道ヒルズ・「同潤館」安藤忠雄設計など）。

電灯の普及は震災後に一般家庭に普及し、農村部も電化されました。水道・ガスも都市部では供給

図 31　銀座のモダンガール（左）と宝塚歌劇団のステージ（右）

され、都市の路面電車、バス、「円タク」と呼ばれる交通機関も発達します。東京・大阪には地下鉄も開通しました。

東京銀座、大阪心斎橋では、モダンガール（モガ）・モダンボーイ（モボ）たちが闊歩する姿（女性のショートカットヘア、スカート姿・いわゆるアメリカの「シネモード＝スタイル」、男性の山高帽にステッキという姿）がみられ、トンカツ、カレーライスといった現在に続く「洋食」のお店が軒を連ねるようになります。

「宝塚歌劇」の熱烈なファンもおられると思いますが、この宝塚歌劇は、まさにこの時代によって生み出されました。

私鉄の経営する「ターミナルデパート」ができました。駅に生鮮食品、日用品を販売する施設として隣接させるという方法をとります。それだけではありません。阪神急行電気鉄道（1918年、箕面有馬電気軌道（みのおありまでんききどう）が改称）を設立した小林一三（こばやしいちぞう）は、鉄道沿線の住宅地開発を進めただけでなく、遊園地・温泉などの娯楽施設を建設し、そこに鉄道をつかって顧客を集めるという手法で開発していきました。梅田にデパートを築き、娯楽施設として「宝塚少女歌劇団」を設立した背景がこれだったのです。

同時にこのころから、大企業・中小企業の格差、都市の貧富の差、都市と農村の格差が拡大していくことになりました（「二重構造」と呼ばれて当時から問題が指摘されています）。個人消費支出が増加し、いわゆる「大衆消費社会」が実現した一方、一般農家や中小企業の労働者の生活水準は低いままだったのです。

4　政党内閣と普通選挙

1918年、米騒動の責任をとって寺内正毅内閣が総辞職すると、衆議院で多数を占める立憲政友会の総裁原敬（はらたかし）が内閣総理大臣に任命され、本格的な政党内閣が発足しました。

図32　原敬

原敬内閣は、普通選挙の実施には消極的でしたが、それまでの選挙資格直接国税10円以上、という項を3円以上として選挙権を拡大し、小選挙区制も導入しました。

普通選挙をもとめる運動は高まりをみせ、憲政会など野党は普通選挙法案の提出をおこないますが、原敬は時期尚早として総選挙を実施して民意に問う姿勢を示しました。

鉄道の拡充、学校教育改革など積極政策を公約し、小選挙区制度も立憲政友会に有利に働いて総選挙で立憲政友会は大勝利を得ます。

しかし、1920年に始まる「戦後恐慌」で立憲政友会の政策はゆきづまりをみせ、汚職事件も頻発するようになりました。原敬は1921年に暗殺されてしまい、その後の高橋是清内閣も、立憲政友会内部の対立などから短命で終わり、海軍大将加藤友三郎が首相に任命されて、以後2年間3代の「非政党内閣時代」が続くことになります。

高橋内閣、加藤内閣、それに続く第二次山本権兵衛内閣のもとで、ワシントン体制内に日本は組み込まれ、「協調外交」が展開されていきました。

1924年、枢密院議長であった清浦奎吾が首相に任命されると、非政党内閣が連続することに加え、清浦内閣の構成員がほぼ貴族院議員であったことから、立憲政友会・憲政会・革新倶楽部の3党（「護憲三派」）が反発し、憲政擁護の運動（第二次護憲運動）を展開したのです。

清浦内閣は、高橋是清総裁に反対する立憲政友会の一部（床次竹二郎）と結んで議会を解散し、総選挙にのぞみましたが大敗してしまいました。

こうして衆議院第一党の憲政会から首相に加藤高明が任命され、護憲三派による連立内閣が発足したのです。

この内閣の下、1925年普通選挙法が制定されると同時に、天皇制を否定する考えや社会主義を取り締まる治安維持法も制定されました。

有権者は330万人から1250万人になり、新しく有権者となった人々は労働者や農民でした。

これらの立場に立って生活の向上をめざす政党（無産政党）も次々結成されることになります。

普通選挙法が制定されましたが、婦人参政権は認められず、市川房枝は「普選は実現したが婦選はまだだ」と訴え、婦人参政権獲得の運動を続けていったのです。

そして市川房枝らのこの運動は、1931年に、条件付きで女性の地方参政権を認める法案が可決されるにいたりました。ところが、結局、貴族院の反対により、女性参政権は認められることなく、終戦をむかえることになります。

また、植民地であった台湾や朝鮮では、議会の選挙は実施されませんでした。台湾の人々は、台湾に議会を設置することを、帝国議会に請願しましたが、この請願運動は台湾総督府によって押さえ込まれてしまいました。

図33　田中義一

1928年に実施された選挙の結果、無産政党は計50万票を獲得して8人が当選しました。これを契機に、水面下で非合法的な活動を展開していた共産党も公然と政治活動を開始するようになったため、危機感を持った田中義一（たなかぎいち）は労働運動をさらに厳しく取り締まるようになります。
同年3月には共産党員の一斉検挙、さらに労働組合団体の解散をおこないました（三・一五事件）。そして治安維持法を改正し、最高刑に「死刑・無期」を科すことができるようにします。北海道、その他府県の警察に「特別高等課」、いわゆる「特高」を配備し、1929年4月にも大規模な社会主義勢力の検挙をおこないました（四・一六事件）。

Ⅸ

第二次世界大戦の時代

——分断される世界と人々

故郷へ帰る復員兵たち（ウェイン・Fミラー／U.S. National Archives and Records Administration）

序

大戦の「終わり」は大戦の「始まり」でもありました。平和と再統合の時代は、次の戦争と分裂の時代を用意する時代となってしまいます。内在する「次の種」はいったい何だったのでしょう。

ヨーロッパは破壊の後の建設が始まり、アメリカ合衆国は、戦後世界秩序の回復の中心となり、1920年代前半は、空前の繁栄の時代となります。

第一次世界大戦の主戦場はヨーロッパであり、直接戦場とならなかったアメリカは、ヨーロッパの大戦の「消費」を支える「生産」を担い、経済を発展させていきました。

戦後、アメリカの繁栄の象徴の一つが「自動車」です。

1929年のアメリカの自動車生産台数は約460万台となり、フランスの約20万台、イギリスの約18万台を大きく引き離します。フォード社が採用した「流れ作業」による生産は、アメリカの大量生産方式の典型となり、人々は自動車やさまざまな贅沢品を消費し、さらにその消費を促すために銀行などの金融は「ローン」という支払い、貸し付け方法をとって大量生産・大量消費を促していきました。

大都市では、豊かな市民階級があらわれ、電気製品を所有し。娯楽を楽しみました。娯楽の象徴は、映画です。都会の生活様式は、映画の普及でアメリカ中に広がり、さらには海外に広がって、アメリカのライフスタイルは「世界の憧れ」となりました。

「憧れ」の実現、手に入れようとする動機は、向上心をもたらしますが、同時に「背伸び」や虚栄心ももたらし、実体を上回る経済負担を知らず知らずのうちに強いていきました。

株式への投資や、企業の乱立、大量消費をあてにした過剰な生産が続いていましたが、当時の共和党政権の「永遠の繁栄」というフレーズは、人々の正常な経済観念や判断力を眩ませてしまっていたのです。

世界の人々は、日常の回復とともに、その安定の持続を求めようとします。戦争で大きな被害を受けた国々は経済再建に力を入れるために、肥大化した軍事費の削減を図ろうとしました。軍縮は一ヵ国ではできないので、国際会議を開き、多国間の交渉でそれを実現しようとし、アメリカが中心となってワシントン会議が主宰され、四ヵ国条約、九ヵ国条約、そして海軍軍縮条約を締結して列強の勢力均衡に合意がなされました。

しかし、軍縮、とは一面リストラでもあります。軍部は予算の削減や、軍の再編成に対して不満を抱くようになります。軍の存在の必要性を説くことは、やがて「必要」を自らつくるようになります。「敵」を想定し、危機を煽り、プロパガンダを展開して世論を導き、国内の統合を進めるようになります。

第一次世界大戦の戦勝国でも、イタリア・日本などの軍部の台頭はこのヴェルサイユ体制への不満が軍国主義の台頭を促したのです。

これらをふまえて、第二次世界大戦から戦後、および1950年代をふりかえれば、戦後から50年代にかけて形作られた東西の冷戦構造は、すでに第二次世界大戦が始まる直前から始まっていたともいえます。

ヴェルサイユ体制への不満と世界恐慌は、ナショナリズムを再び刺激し、資本主義の限界を浮き彫りにしました。そして、一見世界恐慌の影響を受けずに工業生産額を伸ばしていったソ連が進める社会主義政策に注目を集めさせることになります。

各国に共産党が組織され、共産主義の勢力はその勢いを伸ばしていきました。資本家や保守政治家はこれに危機感をいだき、反共産主義を提唱する国家主義的な運動を支援して、これを封じ込める動きをみせます。

これに対して、ソ連も「世界革命」をめざす路線から一国社会主義に転向しつつ、むしろ各国の中道政党との連携を図りながらそれを合法的に支援し、共産党を含む連立政権の樹立を促すようになったのです。

左派の台頭と中道勢力の連携、これに危機感をいだく右派が、極右を用いて左派中道をおさえこもうとする。しかし、極右勢力はヴェルサイユ体制への不満、不況に対する人々の危機感を広く吸い上げることになり、大きな勢力となってしまいました。したがって資本主義勢力も社会主義勢力も、ファシズムを「共通の敵」として第二次世界大戦を戦うことになったのです。

一見矛盾する、左右の、イギリス・アメリカとソ連による連合は、ファシズムに対するものとして統合されたものでした。

結果、ファシズムという「共通の敵」を倒した後は、本来矛盾する左右の再対立をもたらすことになり、米英とソ連、資本主義勢力と社会主義勢力の、「もともとの対立」が「冷戦」という形で実現することになったのです。

これはまた、東アジアでも同じで、中国の国民党と共産党も、日本の進出を「共通の敵」として連合して戦ったものの、日本の敗戦後は、「もともとの対立」が「国共内戦」という形で実現することになりました。

（1）「映画」と「自動車」――大衆文化の開花

ウォルト＝ディズニーの映画、みなさんはご覧になったことがありますか？

世界の人気者、ミッキー＝マウスが誕生したのは1928年。ミッキーのデビュー作、『蒸気船ウィリー』は（厳密には世界初ではありませんが）サウンドトラック方式を採用した世界初の音声付きのアニメーションでした。

1908年、すでにフォードによって「流れ作業」による自動車生産が始まり、自動車の大衆化が進み、1922年には小型自動車が普及します。20年代のアメリカは世界最初にモータリゼーション（自動車が大衆化し、生活必需品の一部になる）が起こった国でした。

「映画」と「自動車」。この二つこそ、後に（そして現在でも）アメリカの文化を象徴するもので、その二つがつくられたのがこの時代だったのです。

前述のように、20年代のアメリカは「永遠の繁栄」と呼ばれていた時代です。

大量生産で作り出された耐久消費財は低価格化となり、また、庶民が購入しやすくなるために、「ローン」で購入する、という新しい消費促進の「形」も生まれました。

都市部では、「電化」が進み、これを背景に「キッチン革命」が起こり、一般家庭に電気冷蔵庫・オーブンなどが普及します。

家庭電化製品は、家事の負担を減らし、女性の社会進出を容易にしました。１９２０年には婦人参政権が認められ、ココ・シャネルのデザインする服は「働く女性」のファッションとなったのです。「映画」の中で、主人公たちが使う電化製品・自動車などは、人々のあこがれとなって、都市から農村へ、そして世界へと発信されて、アメリカの豊かで便利な生活は、さらに世界へと広がることになりました。

日本でも、１９２０年代から大衆文化が広がります。

都市の人口は大幅に増大し、東京・大阪の人口は２００万人を超えました。都市の過密は「郊外」を生み出し、郊外の住宅地から通勤する、ということがみられるようになります。また、女性の社会進出も進み、「職業婦人」（バスの車掌・電話交換手・カフェの店員など）と呼ばれる人々の活躍がみられました。

（2）大恐慌――アメリカで起きたこと、日本で起きたこと、世界を変えたこと

1　大恐慌〝怒りの葡萄〟とニュー＝ディール政策

１９３９年、スタインベックが一冊の本を世に出しました。『怒りの葡萄』です。オクラホマ州の貧しい農家の一家が、農業を捨て、人間らしい生活を求めてカリフォルニアに移住する。しかしカリフォルニアでの生活は厳しく、農業労働者たちは低賃金でこき使われ、ストライキは地主に弾圧される。

世界恐慌を脱出させ、アメリカの経済を回復させたと考えがちのニュー＝ディール政策でしたが、農業面では作付け制限をおこなった農家に補助金を出し、土地所有者を保護したものであって、作付け制限で仕事を失った小作人たちにはニューディールの政策はゆき届かなかったのです。『怒りの葡萄』は政策による救済からこぼれ落ちた人々の「告発」でもありました。

また、全国産業復興法によって企業間の競争を制限する一方、テネシー川流域の開発公社など、大きな公共事業を展開し、雇用の拡大を図ります。しかし、こうした一連の産業統制は独占資本の強化をもたらし、労働者の不満が高まることになります。

そこで、1935年、労働者の団結権などを定めたワーグナー法を制定し、社会保障制度に力を入れました。労働運動もさかんになり、1938年には産業別組織会議が誕生します。

世界恐慌がもたらしたアメリカ社会の諸矛盾は、結局のところ戦争の開始によって曖昧なまま、解決されたとはいえない状態で第2次世界大戦後の世界に持ち越されることになりました。

2　恐慌、恐慌、そして恐慌

「大正デモクラシー」「大衆文化の開花」などなど第一次世界大戦後は、民衆の文化と民主主義の盛り上がりをみせた時代という側面もありますが、経済の面でいえば、「戦後恐慌」「金融恐慌」、そして大恐慌が引き金となった「昭和恐慌」と恐慌の連続でした。

第一次世界大戦は、たしかに工業の発展をもたらし、農業生産額を超え、工場労働者数は、戦前の1・5倍（150万人を超える）となりましたが、それでも農業人口に半分も満たなかったのです。重化学工業も発展したといっても、工業生産額の三割で、繊維工業が中心という明治以来の構造からの転換は図れませんでした。

結局、大戦景気の「底」はこのように浅く、物価の高騰と農業の不振という問題を内包したままだったのです。

結果、1920年からは「戦後恐慌」に突入し、綿糸・生糸の相場も暴落します。労働運動は激化し、小作争議は前年の4倍となったのです。そして、これに追い打ちをかけるように関東大震災が発生し、銀行は手持ちの手形の決済が不能となり、日本銀行は特別融資を実施しましたが、一時しのぎの状態でした。

加藤高明内閣の後、若槻礼次郎が内閣を組織します。関東大震災で決済不能となっていた手形（「震災手形」）の処理を進めたのですが、帝国議会での審議中、大蔵大臣が不用意な発言をしてしまい（一部銀行の経営危機が発覚し）「取り付け騒ぎ」が起こってしまいました。これをきっかけに「金融恐慌」が起こったのです。

若槻内閣は、緊急勅令によって不良債権を抱えていた台湾銀行を救済しようとしましたが、「協調外交」を進めていた若槻内閣の政策に否定的だった枢密院の了承が得られず、「総辞職」せざるをえない状況に追い込まれました。

そして、政友会総裁で陸軍出身の田中義一が組閣し、政権交代となります。

田中内閣は、緊急勅令を得て「支払い猶予」（モラトリアム）を実施し、さらに日本銀行から多額の融資を引き出させて金融恐慌の沈静化に成功しました。

田中義一内閣は、「張作霖爆殺事件」（満州某重大事件）で総辞職し、次に組閣したのは立憲民政党の浜口雄幸です。

この時代は「憲政の常道」と呼ばれ、議会の多数政党から内閣首班が任命され、立憲政友会と立憲民政党の「二大政党制」とも言えるような政局で、政友会の田中義一の退陣を受けての立憲民政党による組閣となったのです。

浜口雄幸は内政・外交で諸政策を展開しますが、浜口内閣の政策のうち、とくに重要なことは、1

930年1月からの「金解禁」と産業合理化・緊縮財政の展開です。

浜口雄幸は、井上準之助を大蔵大臣に起用し、産業の合理化、緊縮財政を進め、金輸出の解禁をすることで為替相場を安定させ、輸出を促進しようとしました。

しかし、このタイミングで「世界恐慌」が勃発したのです。当時、金解禁は「嵐の中で雨戸を開けるようなもの」と指摘され、ここから昭和恐慌に陥りました。

また、浜口内閣の軍縮を含めた「緊縮財政」を展開します。

図１　浜口雄幸

世界的不況の中でどの国も軍縮による財政赤字の解消を考えていました。軍縮は一国ではできません。そこでロンドンで軍縮会議が開催され、1930年4月に日本も軍縮条約に調印しました。

そもそも、海軍は補助艦比率対米7割をめざしていました。政府は交渉をすすめて対米6・975割の実現に成功しています。ところが、軍令部長の加藤寛治(かとうひろはる)がこれに猛反対しました。海軍の反発は、浜口内閣の海軍予算削減にあり、議会の承認を必要とする「予算」ではなく、解釈があいまいであった「統帥権」と「編制権」にからめて反発したのです。野党の立憲政友会・海軍軍令部、そして右翼団体は「統帥権の干犯」として政府を激しく攻撃しました。

3　歩く人々、うえる子どもたち、肥える軍事費

30年代の一つの風景に「歩く人々」があります。農村から出稼ぎに出たものの、大恐慌の影響から、日本も「昭和恐慌」と呼ばれる状態に陥りました。工場、企業の倒産があいつぎ、230万人の失業者が出ました。彼らは鉄道の切符を買えず、子どもを連れて歩いて移動し、それぞれの故郷に帰っていったのです。

もう一つの風景は、「うえる子どもたち」の姿です。

1931年は冷害も起こり、凶作となった。とくに東北地方の困窮はひどく、お弁当を持たない子どもたちが増え、「欠食児童」と呼ばれました（全国で20万人）。文部省は1932年、予算を組み直して「学校給食」を開始します。

給食設備は間に合わなかったので、学校の先生たちが「給食のおじさん、おばさん」となっておにぎりなどをつくったといいます。帝国議会では軍事費を削減して東北の農村救済に当てるべきという議論がおこなわれ、農村対策の予算が組まれることになりましたが、軍事予算の肥大化は進み、1935年には国家予算の47％を占めるまでに膨張していました。

4　恐慌からの脱出——30年代の日本の再評価

かつては、日本は恐慌に陥り、そこから脱出するために海外に植民地を求め、大陸に進出していっ

た、という説明をしてきました。

しかし、「恐慌」「海外進出」という説明の間に「もう一つの説明」を含めないと、この時代を正確に説明できません。

実は日本は1933年に世界に先駆けて大恐慌を脱している（恐慌以前の生産水準を回復している）からなのです。政治・外交のみならず、経済の説明が過疎になってはいけません。

1931年末、犬養毅（いぬかいつよし）内閣が成立すると、大蔵大臣高橋是清は、金輸出の再禁止措置をとり、ただちに金兌換（だかん）を停止しました（管理通貨制度への移行）。

図２　高橋是清

「恐慌」は多くの中小企業に打撃を与えましたが、同時にそれは国際競争力の弱い企業、脆弱な資本の企業の市場からの退場を促し、残存した企業は、円相場の暴落を逆に利用して輸出を大幅に伸張させ、綿織物の輸出はイギリスを追い抜いて世界第一位になったのです。しかし、同時にこのことは、綿花はもちろん、石油・機械類・鉄くずなどで、アメリカ合衆国からの輸入量を増やさざるを得ず、アメリカへの貿易依存を高めていくことになりました。

これに対してイギリスは、円安を活用して輸出を拡大していく日本を「国をあげてのダンピング（ソーシャル＝ダンピング）」と非難し、本国と植民地の連携を強めて排他的な経済ブロックを導入して対抗していったのです。

国内では、輸出振興が進み、さらに高橋是清は赤字国債を発行して農村救済費を拡充し、さらには軍事費を増額しました。結果、軍需・民需ともに産業が活性化し、世界の多くの国が恐慌からの脱出に苦しんでいる中、１９３３年の段階で世界恐慌以前の経済水準に回復したのです。

こうして重化学工業分野の生産が繊維産業を上回り、１９３８年には産業構造は軽工業中心から重化学工業中心に変わることになりました。

これら30年代の社会・経済の変化が、日本の30年代の対外政策、政治の背景にあった、という視点は重要です。

(3) ファシズムの嵐

1　イタリアのファシズム

大恐慌によって経済が破綻し、その中で共産主義とファシズムが台頭する……。ついついファシズムをこのように説明しがちですが、実はイタリアのファシズムの始まりは、大恐慌とは関係がありません。

大戦に勝利したイタリアは、ヴェルサイユ体制の中では「戦勝国」としての恩恵を受けられず、国民の多くはこのことに失望していました。

とくに領土を獲得できなかったことは、過激なナショナリズムを生み出すことになり、また、戦後の物資不足から引き起こされたインフレは、都市部での民衆の暴動を誘発します。

１９１９年の選挙では労働条件の改善と失業対策をうったえる社会党と、カトリック教徒の団結を促すイタリア人民党がそれぞれ第一党、第二党となりました。

20年に入り、農村では小作農（農業労働者）たちが農地を占拠し、都市部では労働者がストライキを頻発させるようになります。

図３　ムッソリーニ

経営側はロックアウトで対抗しましたが、これが激しい労働者の暴動の引き金となり、深刻な労使の対立が表面化してしまいます。

土地を農民に奪われること（社会主義の台頭）をおそれる地主、領土を獲得できなかったことを不満に思う復員軍人や軍縮に不満な軍官僚、過激なストライキによって利益を損なうことをおそれた資本家たちは、社会党・イタリア人民党の政治に期待できなくなっていました。

当初支持されなかった右翼勢力ムッソリーニの活動は、過激な労働運動が「社会」を壊すことをおそれた地主・軍人・銀行家・保守的官僚たちの合流を進めて勢力を拡大していったのです。こうして国民を一元的に国家のもとに統合し、国民生活を統制することでむしろ国民生活を保障し、国家の危機を乗り越えようとする思想・組織形態・行動様式、そしてその支配の総称をファシズム（束ねるという意味の〝ファシオ〟が由来）と呼び、以後ヨーロッパにこの「手法」を求める勢力の「お手本」となりました。

2　ナチスを生んだもの

ナチス、あるいはナチ党は、もともとは蔑称、政敵から呼ばれた名称ですが、現在では歴史用語として定着しています。

正式名称は、国民社会主義ドイツ労働者党（ＮＳＤＡＰ）ですが、ここではナチス、ヒトラー政権下のドイツをナチス＝ドイツという名称で統一しておきたいと思います。

１９２０年代、ヒトラー率いるナチスは過激な右翼政治集団にすぎませんでした。しかし、１９２３年のミュンヘン一揆に失敗すると、合法的な手法で議席を獲得し、議会での優勢をめざす方針に転換しました。

恐慌前は、穏健右派・左派の大連立内閣による運営で、戦後の経済危機を克服し、穏健外交の展開で国際社会への復帰に成功していましたが、政権が安定するとしだいに保守派が台頭し、１９２５年には第一次大戦の英雄とされたヒンデンブルクが大統領に選出されます。

１９３０年、経済危機から財政難に陥ると、失業手当削減に社会民主党が反対し、連立内閣は崩壊しました。軍部と保守派は大統領に緊急命令を出させて少数与党内閣を組織させます。結果、議会の立法府としての機能が低下し、政治への国民の信頼が失われ始めました。こうしてナチスと共産党の勢力がしだいに拡大していくことになったのです。

ナチスの掲げた政治目標は単純明快で、外にあってはヴェルサイユ体制の打破、内にあっては民族意識を鼓舞し、「大ドイツ」の建設とユダヤ人の排斥でした。巧みな大衆宣伝をおこない、「合法的手法」とはほど遠い、ＳＡ（突撃隊）による行動で、既存政党や世界恐慌に無策な（と人々に思わせる）宣伝を通じて作り上げたイメージの）政権に絶望した農民層や中間層らに、ナチスはしだいに浸透していきました。

図４　ヒトラーを訪れた日本の松岡洋右外相

１９３０年代、ドイツでは多くの青少年たちがナチスに組織化され、青少年団（ヒトラー＝ユーゲント）に参加していきます（１９３６年には、10歳から18歳の子どもたちは、全員加入が義務づけられ、ナチスの下部組織の一翼となりました）。

１９３２年の総選挙でナチスは第一党になります。

共産党の勢力の伸張をおそれた保守派や産業資本家たちは、むしろヒトラーを支持することによって共産主義の台頭を封じこめようとしたのです。

こうして１９３３年1月、ヒトラー内閣が成立しました。「国会議事堂放火事件」を共産党の陰謀として共産党を弾圧し、3月にはついに全権委任法を成立させて（ナチス以外の政党・政治団体を非合法化して）一党独裁体制を樹立、ヒンデンブルク大統領の死後、ヒトラーは首相と大統領を兼任し、「総統」の地位に就いて「第三帝国」の成立を誇示したのです。

ナチスは軍需産業の育成と、「アウトバーン」と呼ばれる自動車専用道路の建設で失業問題を解決し、「4ヵ年計画」を提唱してナチスの掲げるヴェルサイユ体制打破のための経済体制確立を目指しました。

ナチスは国民からの支持を得るため、巧みなプロパガンダに加えて、雇用の確保と休暇旅行の促進、耐久消費財の安定供給、国民健康増進のプログラムなどを実施していく一方で、共産主義思想や反ナチス的言動を厳しく取り締まり、ユダヤ人はもちろん、ロマ（放浪民・かつては「ジプシー」の蔑称で呼ばれた）などを排斥・弾圧し、言論統制・内政秩序維持・少数民族迫害に親衛隊（ＳＳ）や秘密警察（ゲシュタポ）が組織されました。

ナチス＝ドイツは、１９３３年には国際連盟を脱退、１９３５年には再軍備宣言をおこない、これに危機感を持ったフランスとソ連が連携すると（相互援助条約を締結すると）、ロカルノ条約（ドイツとベルギー・フランスの国境維持・相互不可侵・ラインラント非武装化を約束）を破棄してラインラント（ドイツ西部ライン川流域）に軍を進駐させました。

これらのナチス＝ドイツの拡大をこの時期のイギリスはほぼ、「黙認」していたといえます。というのも、多くの資本主義国は、ナチスよりも、当時台頭していた共産主義勢力の伸張に危機感を抱いており、イギリスは「共産主義の防波堤」とドイツを外交的に位置づけてしまっていました。

実際、１９３５年にはイギリスは、ドイツに対して、イギリスの海軍力の35％の保有を認め（英独海軍協定）、ドイツの再軍備を追認してしまったのです。

ナチス＝ドイツの台頭と、ヴェルサイユ体制の瓦解は、この段階ではイギリスとナチスの「共犯」

であったという指摘も必要です。

3　ピカソの『ゲルニカ』と国際関係

スペインでは、1936年に、反ファシズムの政権が誕生しました。中道・左派が、ファシズムを〝共通の敵〟として団結し、アサーニャを首班として、共産党を含む連立内閣が組織されました。ファシズムに対抗して、中道・左派が連合する方法を「人民戦線方式」、それによって生まれた内閣を「人民戦線内閣」といいます。

このような動きに対して軍部・地主・資本家などの支持を受けたフランコ将軍は、政府打倒の反乱を起こしました。これが「スペイン内戦」の始まりです。

図5　フランコ

ドイツとイタリアはフランコ政権への支持を表明し、軍隊を派遣しました。とくにナチス・ドイツは再軍備と軍備強化を進めるために、さまざまな「軍事的実験」をスペイン内戦で展開し、「軍事演習」の場としてこれを利用したのです。

1937年、ドイツ空軍はスペインの小さな町ゲルニカに3時間にわたる爆撃を繰り返しました。ゲルニカには軍事施設などはなく、反撃のおそれのない町です。ナチスは、新しい兵器の実験と空爆という「軍事訓練」の場にゲルニカを利用しました。

ピカソの『ゲルニカ』は、町そのものの破壊、住民たちの無差別殺戮を激しく避難する作品として、1937年の「パリ万博」のスペイン館の壁画として展示されたのです。

（4）戦争への道

1　「二つの鉄道爆破」がもたらしたもの

中国では、孫文の後継者となった蒋介石が「北伐」を宣言し、中国国民革命軍が軍閥を打倒して中国統一を進める軍事行動を展開します。そして、1927年、国民政府の樹立が宣言されて南京が首都となりました。

日本は1927年、山東半島に軍隊を派遣し（第一次山東出兵）、外交官・軍人を集めた「東方会議」を開催して満州における日本の権益を、武力を用いてでも守ることを決定します。

翌年、済南事件では国民党軍と実際の戦闘となりました（第二次山東出兵）。これは、国民党による中国統一が満州に及び、日本の満州における権益が危うくなったためでした。

図7　蒋介石

図８　張作霖

日本はすでに、袁世凱の後をついだ段祺瑞に、多額の借款を与えて影響力を華北・満州に及ぼしていました（西原借款）。段祺瑞の後、後継をめぐる軍閥の争いが満州で起こっていました。日本は張作霖を支援し、満州における権益を引き続き保守しようとしたのです。

しかし、国民党との戦いなどを通じて他軍閥が次々と倒されていく中、張作霖が北京政府の実権を握るに至りました。

ところが、このころからイギリス・フランス・アメリカが張作霖政権に接近するようになったのです。張作霖は、日本から離れ、アメリカの支援（もともとアメリカは満州における鉄道利権の確立をめざしていました）を積極的に受け入れる方針に転じ、アメリカの支援を受けながら、南満州鉄道に対抗して、「並行線」の建設に着手し始めました。

さて、このころ、満州及び関東州で大きな力を持っていたのが関東軍です。関東軍は、１９１９年に関東都督府の関東庁への改組の際、遼東（りょうとう）半島租借地と南満州鉄道及びその沿線を守備する陸軍部が軍として独立したものです。中国東北部の直接的な利害に当然敏感で、張作霖が国民党軍の戦いで敗れると、これを機会に張作霖を排除し、満州を直接支配する計画を企図しました。こうして関東軍は独断で張作霖排除に動き、張作霖の乗った鉄道を爆破し、彼を殺害したのです（満州某重大事件）。

この事件を憂慮し、真相究明の必要を感じた昭和天皇は、元老西園寺公望を通じて真相の公表と厳

図９　昭和天皇（左）と河本大作（右）

重処分を首相の田中義一に伝えました。

国会議員、統帥部、内閣によって調査がおこなわれ、田中首相・小川鉄道相らを中心に「特別調査委員会」も設けられます。結果、斎藤関東軍参謀長は、河本大作（こうもとだいさく）による陰謀であることは明確と断定し、どのような方法をとったか具体的な方法の調査もおこなわれて「張作霖列車爆破事件に関する所見」がまとめられました。

しかし、閣僚や陸軍から反対されたため、首謀者の河本大作を停職にしただけの処分としました。田中義一のこの事件への対応に昭和天皇は不満を示され、田中内閣は総辞職することになってしまいました（『西園寺公と政局』第一巻・原田熊雄・岩波書店）。

この事件をきっかけに田中義一内閣にかわって組閣したのが立憲民政党の浜口雄幸です。

田中義一内閣の「強硬外交」、幣原喜重郎（しではらきじゅうろう）外務大臣の「協調外交」とステレオタイプに説明されてしまうのですが、「田中外交」は「対中国強硬・対欧米協調路線」で、欧米諸国との歩調を整えて「不戦条約」の批准をおこないました。

欧米と協調すれば中国進出が容易にできると考えていたのが「田中外交」、中国進出が欧米協調を崩すと考えていたのが「幣原外交」と、理解したほうがよいと思います。

１９２０年代、中国では「主権」と「列強におさえられていた様々な権益」を回収しようとする動きが活発になっていました。その背景としては、１９１９年のソ連による「カラハン宣言」の影響が大きいのです。

ソ連は、ロシアが中国に持っていた権益を全面的に放棄する、と宣言しました。以来、中国民衆はこのソ連の「態度」に共鳴し、「政権が変われば、前政権の条約は引き継ぐ必要はない」という考え方が広がり、ソ連・共産党と連携しようという考え方が生まれていました。

図10　張学良

孫文が、「連ソ（ソ連との連携）・容共（共産党を受け入れる）・扶助工農（労働者と農民の戦いを助ける）」を唱えたのもこれが背景にあります。

それを蒋介石が不服に思い、孫文死後、国民党内の主導権を握り、反共に転じていました。

英・仏・米は蒋介石を支援し、日本も最初は蒋介石を支援しようとしていましたが、関東軍による張作霖爆殺後、その子の張学良がしだいに日本の排斥に動き、満蒙の権益にこだわる日本への反発を強め、満鉄によって奪われていた権益を回収するために、前述のように満鉄に並行する鉄道を敷設していったのです。

張学良政権の「排日」と国民党への歩み寄りは、反共・民族的利益回収で利害が一致したためで、とくに過度の排日は張作霖爆殺事件による日本側の敵対行動のいわば「自業自得」の側面もあったことを忘れてはなりません。

また、「幣原外交」を単純な「協調外交」と理解するのも不十分です。

「統帥権干犯問題」（海軍軍令部の了承を得ずにロンドン条約で兵力量を決めたのは統帥権の侵害であると軍部が主張した）から、東京駅で右翼青年より浜口首相が狙撃される事件が起こり、退陣してしまった後、浜口内閣を継承した第２次若槻礼次郎内閣（外務大臣幣原喜重郎）も、実は「満蒙の権益」固守を提唱しており、立憲民政党の大会では「いかなる犠牲もかえりみず、敢然として決起せねばならぬ」と演説していて、「満蒙の権益」については、政党・軍部無関係に同じ主張をしており、「目的一致・手段不一致」であったというべきでしょう。

「手段不一致」に不満を持った軍部は、「満蒙の危機」を提唱していくようになります。そうして、国民党による「中国の国権回収運動」が満州に波及することを阻止するため、軍部は武力行使を計画しました。満州を華北から分離して日本の勢力下に置こうとしたのです。

こうして１９３１年９月、関東軍は、奉天（ほうてん）郊外の柳条湖（りゅうじょうこ）で南満州鉄道の線路を爆破し、それを中国軍による陰謀として軍事行動を開始しました。これが「満州事変」の始まりです。

若槻内閣は直ちに不拡大方針を発表しますが、世論やマスコミは軍部のプロパガンダにも煽られて「戦争肯定」に沸き返り、軍の行動を支持する姿勢を示すようになりました。

「満州に独立国の生まれ出ることについては歓迎こそすれ反対すべき理由はない」（朝日新聞1931年10月1日）。

「強硬あるのみ――対支折衝の基調」（1931年東京日日新聞10月1日）。

という見出しの他、「守れ満蒙＝帝国の生命線」「わが民族の血と汗の結晶」など、陸軍のプロパガンダに使用された文言と類似の表現が新聞の随所にちりばめられていたのです。

軍を支持する記事だけではなく「行動」も展開し、同年10月16日には軍に慰安袋を送るキャンペーンを開始し、慰問金を募集しましたが、これが後年の軍用機献納（募金を集めて軍用機を製造・寄贈する）運動の背景になりました。

1932年2月には兵士3人が爆弾をかかえて敵に突入した事件を「爆弾三勇士」「肉弾三勇士」と持ち上げて「忠烈まさに粉骨砕身」（毎日新聞）としていわゆる「軍国美談」記事にまとめています。

こうして関東軍は戦線を拡大し、短期間に満州全土を制圧したのです。時局収拾にゆきづまった若槻内閣は総辞職し、かわって立憲政友会総裁の犬養毅が組閣することになりました。

2　チャップリンの来日と五・一五事件

「言葉には国境はあるが、パントマイムに国境はない」。

時代はサイレントからトーキーへと変わりつつありましたが、チャップリンはサイレントにこだわりました。いつでも、だれでも、どこでも通用することこそがグローバル。

図11　チャールズ・チャップリン

『キッド』で演じたホームレスの主人公は貧しい人々を励まし、権力者や金持ちを皮肉り茶化してハリウッドの喜劇王となります。

1932年5月14日、チャップリンが来日し、東京駅は彼を一目見ようと集まった人々でいっぱいになりました。

そして、その翌日、彼を迎える予定だった首相犬養毅が暗殺される事件が起こったのです。大衆文化の開花していたそのときは、まさに軍国主義時代のはじまりと民主政治の終わりの刻でもありました。

第一次世界大戦後、戦後恐慌・金融恐慌、そして昭和恐慌を経て、しだいに民衆運動・社会運動が高まってくると（小作争議・労働争議が頻発し、労働組合の組織化が進むと）、軍国主義・右翼思想はしだいに反共産主義・反社会運動の傾向を強めただけでなく、大正以来育まれたデモクラシーや自由主義を否定するようになっていったのです。

1930年の浜口首相襲撃、さらには1932年の血盟団事件（元蔵相・井上準之助、三井合名理事長・団琢磨暗殺）、さらには軍部によるクーデター計画（1931年、三月事件）などは、軍国主義・ファシズムが行動をともなう「次の段階」に入ったことの予兆でもありました。

そうして1932年5月15日、首相犬養毅を海軍青年将校らが殺害する五・一五事件が勃発したの

朝日新聞

未曾有の帝都大不穏事件

狙撃されて重傷の
犬養總理大臣遂に逝去

輸血も效なく昨夜十一時過

政界の巨星、兇彈に斃る

十五日午後五時半首相官邸で七名の一團に射撃され重傷を負うた犬養首相は輸血の效もなく午後十一時過ぎ全く危篤に陷り十一時二十六分遂に逝去した。

各閣僚の暇乞ひ
近親者一同の濕やかな通夜

鈴木侍從長
天機を奉伺

図12　犬養毅（左）と、五・一五事件を伝える新聞

です。

五・一五事件が勃発すると、ただちに完全な報道管制がしかれました。国民が事件を知るのは二日後の5月17日になって以降でした。

司法省・陸軍省・海軍省による発表でしたが、荒木貞夫（あらきさだお）陸軍大臣は、「純真なる青年が、かくの如き挙措に出でた心情について涙なきを得ない」と「犯行に一定の理解」を示した発言をしています。

裁判も異様でした。犯行に及んだ士官候補生はもちろん軍籍を剥奪されていましたが、軍部は彼らに襟章のない制服を用意し、海軍将校は真っ白な新しい軍服を着用していました。軍をあげて「義挙」であるかのような演出をしてみせたのです。公判中には、戦闘機3機が公判廷上空を低空で飛行しました。

被告らの発言をみると、「我らが捨て石とならば」を繰り返し、市原陸軍士官候補生は「対立政党の腐敗、財閥の利権独占、東北地方の不作を放置すれば、国家にとってこれより大なる危険はない」と強調しています。

軍部の犯行将校・候補生に対する同情的対応は、本来は軍部

の凶行として「汚点」となるところをあたかも「義挙」であったかのようにすり替えているところなどに、軍部内の「急進的国家改造」への意思があらわれていました。

五・一五事件をテコに軍部は政治的支配権を浸透させようとし、「憲政の常道」による議院内閣制は終わりをつげ、以後は予備役軍人らを首班とする「挙国一致内閣」が連続することになったのです。

3　国際的孤立

五・一五事件で犬養首相が倒れると、海軍大将斎藤実が組閣しました。1932年9月、斎藤内閣は日満議定書を取り交わして満州国を承認します。

図13　松岡洋右

国際連盟は、リットン調査団の報告をもとに満州国を日本の「傀儡国家」であると認定しましたが、一方で中国側も日本の経済的権益に配慮すべきである、と勧告しました（10月）。このように調査報告の一部は、理事国の日本に「配慮」し、日本に妥協的なものでしたが、日本の軍事行動は正当なものだとは認めず、満州国を実質否定する内容であったことから、日本国内では陸軍・右翼団体・財界の一部の中から「連盟脱退論」が湧き上がりました。12月の総会でも激論が交わされ、翌2月の総

図14　溥儀

会でリットン調査団の報告書採択と満州国不承認が採択され、全権松岡洋右はこれに抗議する形で総会場から退出しました。そして、1933年3月、国際連盟を脱退すると通告することになったのです。

1933年5月、満州事変の事後処理として日本は国民政府と停戦協定（塘沽停戦協定）を結びます。

その上で、日本は満州の経営・開発に本格的に乗り出しました。1934年には執政溥儀を皇帝として帝政に移行させ、さらには1934年にはワシントン条約（海軍軍縮条約・主力艦の保有制限を約した）の破棄を通告、1936年には第二次ロンドン海軍軍縮会議を脱退しました。

一方、軍部は、華北進出も企図し、1935年11月には長城以南の非武装地帯に「冀東防共自治政府」（河北に日本によって建てられた傀儡政権）をつくらせ、国民政府から切り離す工作を進めています（華北分離工作）。

4　日本の満州開拓とは何だったのか？

1936年、「満州農業移民百万戸移住計画」が国策となりました。その目的は、

①　疲弊した農村経済の復興

②　飢饉が続く日本の食糧安定供給のための食糧増産

とされましたが、その背景には「満州国」の支配強化とその防衛に協力するという政治的軍事的意味合いもありました。

国策として開始される前、すなわち1932年から1935年までを「試験移民」といいます。満州事変後、日本が「匪賊（ひぞく）」と呼んでいた「抗日武装集団」が満州各地に出没していたこともあり、「試験移民」には農業経験のある予備役の軍人たちが参加しました。初期段階は匪賊との戦いもあったことから、約500人のうちから約160名の退団者が出ています。

国策として開始されると、各県ごとに開拓団が募集されただけでなく、町村が単独で送り出す分村開拓団、複数の近隣町村が共同で送り出す分郷開拓団も組織されました。

1936年頃の満州開拓団募集のポスターをみると、「拓（ひら）け満蒙！　行け満州へ」という言葉が記されています。「拓け」というのは文字通り「開拓」のことなのですが、この言葉のイメージでは、原野を切り開き、田畑を耕す、というアメリカ西部の開拓民さながらの事業を思い浮かべがちですが、現実には関東軍が農地だけでなく住宅も準備している場合が多くみられ、開拓事業に参加した人の中には、到着早々に耕作を始められた、という人もいました。

つまり、すでにある農地・宅地を接収して開拓者に配当していくという方式で満州の開拓はおこなわれたのです。

当然、現地の人々から安い価格（相場の1割くらいの価格）で買収し、土地から先住者を駆逐して「用意」したものでした。開拓農民＝地主、中国人・満州人＝小作人という関係をつくる場合も多くみられています。

１９３８年以降、移民の形も多様化していきます。

満州移民のいっそうの奨励のため、満14歳から18歳の青少年を組織し、３年間訓練をおこなって開拓団とする「満蒙開拓青少年義勇隊」も生まれました。

また、青少年を中心に農繁期に「勤労奉仕隊」も数ヶ月間の限定で派遣されます。30年代末には、農業以外の職種から農業に転業した人々を開拓団とした「帰農開拓団」もみられるようになります。

5　軍部の台頭　二・二六事件

二・二六事件は１９３６年2月26日、１０００人以上の軍が組織的に動き、首相官邸・警視庁などを襲撃するなど、国政の中枢部を4日間にわたって占拠した事件です。

首都にも戒厳令がしかれたのですが、日比谷焼き打ち事件、関東大震災以来のことです。

社会的背景としては、１９３０年代の「恐慌」があげられます。農村部の疲弊はすでに20年代から始まっていました。都会への出稼ぎで収入を得ようにも、都市部でもすでに失業率は高く、そもそも「職」がありません。村は飢えに苦しみ、女性は身売りをして生計を立てる一助としている。

農村部の成年男子は、軍隊に徴兵されている者がほとんどで、兵士たちは社会の矛盾を痛感しやすい環境にありました。また、陸軍士官学校に入学すると、「給料」をもらうことができます。陸軍省

図15　二・二六事件。内務省庁舎前の叛乱軍兵士

に勤務し、都会の様子をみると、自分たちの故郷の疲弊や街角で見かける失業者たちの生活とは裏腹に、財閥や不在地主たちは贅沢な暮らしをしている。

彼らが「社会の変革」の必要性から、「革命」を志向するようになっても不思議ではありません。洋の東西を問わず、民主主義が脆弱な国家で軍事クーデターが起こりやすいのは、同じような事情があるからです。

それから、軍部上層部の内部対立、路線対立も20年代以降の「軍縮」を通じて際立つようになっていました。

かつては、隊付きの青年将校を中心に、直接行動による既成支配層の打倒、天皇親政の実現をめざす「皇道派」と、陸軍省や参謀本部の中枢幕僚将校を中心に、官僚や財閥と結んだ軍部の強力な統制のもとで総力戦体制をめざす「統制派」の対立、と説明してきました。しかし、最近では、当時の軍部内は「皇道派」と「非皇道派」に分かれていたというべきで、「統制派」とされていたグループにはまとまったリーダーもけん引するグループもなかった、と考えられています。「統制派」は、大きく陸軍大学卒のエリー

図16　荒木貞夫（左）・真崎甚三郎（中）と北一輝（右）

ト集団、と説明すべきかもしれません。

「皇道派」は、犬養内閣のときに陸軍大臣であった荒木貞夫や教育総監であった真崎甚三郎らを象徴的リーダーとするグループでした。しかし、その後、彼らが軍の要職から離れていたこともあり、「皇道派」は軍内の地位が低下するようになりました。このことはかえって皇道派の青年将校たちの思想を先鋭化させることになり、荒木・真崎を尊敬し、さらに北一輝の思想（天皇大権を発動して国家改造をおこない、アジア大帝国の建設を提唱する）の影響を受けて「天皇親政の下での国家改造」を目指し、反社会主義の立場からソ連との対決を志向する集団を形成していくことになります。

二・二六事件後の裁判では、荒木や真崎が青年将校を使嗾したのではないかと追及されます。真崎は起訴され、軍法会議にかけられましたが、無罪となり予備役に回されました。荒木は二・二六事件勃発当初から反乱軍に原隊復帰を積極的に呼びかけていましたが、事件後はやはり皇道派のシンボルでもあったことから予備役に回されています。

実は、このことと、後の「軍部大臣現役武官制の復活」が深く関係しています。

岡田内閣の後、成立したのは官僚出身の広田弘毅でした。

このとき、軍部から、軍部大臣現役武官制（陸海軍大臣は現役の軍人が就任する）の復活が要求されます。

二・二六事件で皇道派が失脚したわけですが、その多くは予備役に回されています。彼らが軍部大臣などの要職に復活することを阻止するために、「軍部大臣現役武官制」を復活したのです。よく、広田内閣のときに、軍が政治を動かす体制を作り上げるために「軍部大臣現役武官制を復活した」と説明しがちですが、それはあくまでも結果論にすぎませんでした。実際、後年、近衛文麿が皇道派を入閣させようとしたことがこれによって阻止されています。

広田内閣が「軍が政治を動かす体制」と指摘されるのは、軍部大臣現役武官制の復活よりも、むしろ広田内閣の大蔵大臣馬場鍈一が編成した予算によって、軍事費が国家予算の半分を占めたことです（「馬場財政」）。

さらにナチスの台頭のドイツとの連携を強めたい陸軍の要望に応えて、ドイツとの共産主義に対する共闘関係をつくるべく日独防共協定を結びました（このことは、ソ連との関係悪化ももたらすことになります）。

また、軍部は満州から華北に軍を動かし、「共産主義封じ込め」の名目で冀東防共自治政府をつくりました。

このような一連の動きが、中国の領土保全を約した九ヵ国条約に反してワシントン体制を揺るがすものであるとされ、ソ連だけでなく、アメリカ・イギリスとの対立を深化させることになったのです。

6　1930年代後半の社会――「幻の東京オリンピック」

満州事変を契機に高揚したナショナリズムは、政府による言論弾圧とあいまって社会主義運動に大きな影響を与えていきます。

とくに社会主義者の多くが「転向」を表明し、コミンテルンが共産党に指示していた天皇制打倒・侵略戦争反対の方針を批判し、天皇制と民族主義のもとでの一国社会主義を提唱する動きがみられるようになりました（佐野学・鍋山貞親の転向表明）。

思想・言論の取り締まりも強化され、自由主義・民主主義的な学問への圧力も強まり、自由主義的な刑法学説を唱えていた滝川幸辰京都帝国大学教授が休職処分を受ける事件も起こります。

1933年には治安維持法によって逮捕された数は1200人を超えるようになりました。斎藤実・岡田啓介と穏健な

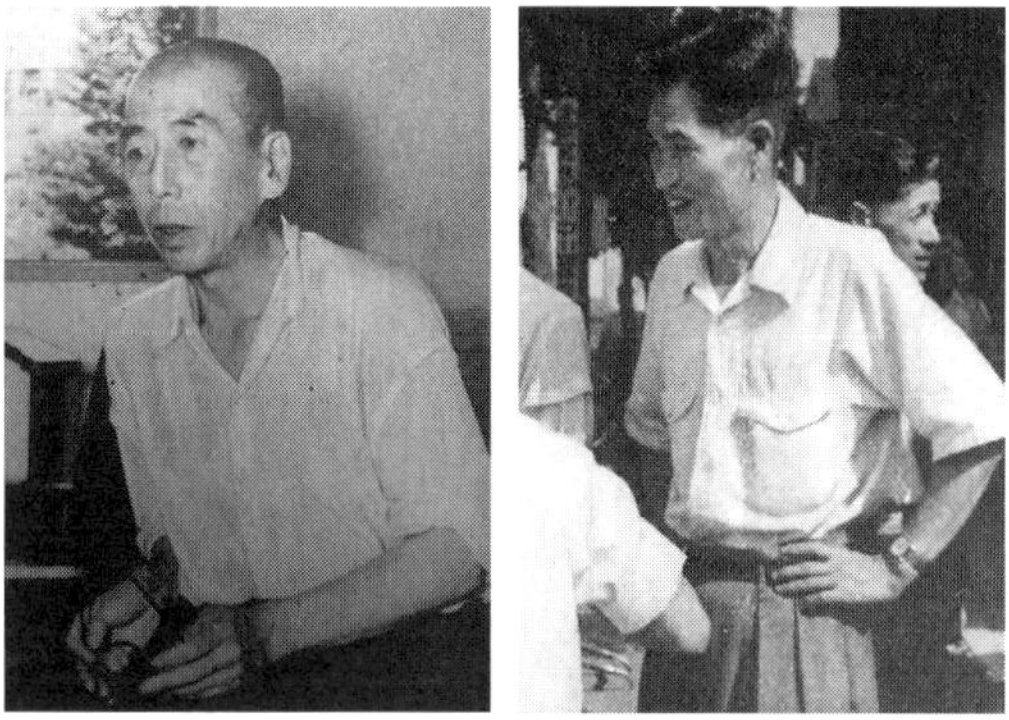

図17　佐野学（左）と鍋山貞親（右）

内閣が続くことに不満を持った軍部は、「国防の本義と其強化の提唱」を発行し、陸軍が政治・経済の運営に関与する意思と正当性を示したものとして論議を巻き起こしたのです。

第12回夏季オリンピックは、1940年に東京、そして冬季は札幌で行われる予定だったのですが、1937年に日中戦争が開始されると、政府は鉄などの使用を制限し、戦争遂行に直接関係がない建築工事を中止させました。

このため、オリンピック・スタジアムの建設は停滞し、陸上競技に必要な道具類の生産なども停止せざるをえなくなりました。

さらにスイスのオリンピック委員会は、日本の中国への軍事行動を停止しなければ東京大会へは参加しないと各国に呼びかけると通告してきます。

アメリカも不参加が予想され、日本政府は1938年、東京大会と札幌大会の返上を決定することになりました。

［コラム］　石原莞爾と『世界最終戦論』

近代に入って、日蓮が唱えた日蓮宗は、社会的に大きな影響を与えた二つの動きをみせます。一つは宮沢賢治に代表されるように法華経に帰依することにより、国家を超えた普遍的な「個人の信仰」として。いま一つは、田中智学（日蓮主義運動を展開した宗教家）、北一輝（前述、二・二六

図 18　石原莞爾

事件の青年将校にも影響を与えたとされる思想家）、そして石原莞爾のように日蓮の教えと法華経を国家主義やナショナリズムの核心に据えようとするものです。実際、1940年代の東アジア統合のスローガン、「八紘一宇」という言葉は田中智学が作りました。

そして満州事変を「企画・立案」し、実行した関東軍参謀石原莞爾は、日蓮の教えと田中智学の思想をふまえて『世界最終戦論』を著しました。

『世界最終戦論』の構成は以下となっています。

一　戦争史の大観
二　世界最終戦争
三　世界の統一
四　昭和維新
五　仏教の予言
六　結語

第五章「仏教の予言」で石原はこう述べています。

「日本を中心として世界に未曾有の大戦争が必ず起こる。其の時に本化上行が再び世の中へ出て来られ、本門の戒壇を日本国に建て、茲に日本の国体を中心とする世界の統一が実現せられるのだ。」

「予言」か否かはともかく、この時代の「空気」を反映しているといえるのではないでしょうか。

また、『世界最終戦論』で石原は、「帝国主義」を否定し、「王道主義」を提唱しました。

強国が侵略と支配によって弱者を従わせる「覇道」を否定し、強国が弱者に対する寛容に基づいて協力関係を築く「王道」を石原は考えていたのです。

西洋に対して「東アジア」を確立すべく「日本・満州・中国」の「東亜連盟」を成立させ、その盟主となるのは「日本」ではなく「天皇」である、と石原は述べています。

実際、石原は満州事変後、満州国の建国では「五族協和」をスローガンとして掲げ、満蒙（満州とモンゴル）を日本の領土とするのではなく、独立国へと導こうとし、満蒙を「王道楽土」とすることを企図するようになっています。

日中戦争開始時に石原は参謀本部第一作戦部長でしたが、満蒙独立を優先し、多数の兵員が日中戦争へ回されるのを避けようとし、戦線拡大に反対を唱えました。

結局、この石原の考え方は、軍部の方針と合わなくなり（作戦課長武藤章などの強硬路線が主流となり）、関東軍参謀長東条英機（後の陸軍大臣、首相）と対立して参謀本部から左遷されることになります。

歴史の動きは、『世界最終戦論』の章の四、三、二を逆に進行するかのように、軍部台頭、満州事変・

日中戦争へと進み、太平洋戦争へと向かいました。

しかし、「昭和維新」を掲げた二・二六事件は失敗し、「東亜新秩序」の建設は東アジアの人々の共感を得られず、太平洋戦争に突入するという歪(いびつ)な動きをみせてしまいます。

（5）日本の総力戦　日中戦争

1　「十五年戦争」と捉えるべきか？

1950年代、鶴見俊輔（つるみしゅんすけ）が「知識人の戦争責任」（中央公論1956年1月号）で提唱したのが「十五年戦争」という表現です。

満州事変－日中戦争－太平洋戦争を一連の日本の侵略行動と捉え、その連続性を主張したものでした。

しかし、満州事変と日中戦争の間の期間、「連続」といえる軍事行動はなく、その間の経済発展、五・一五事件、二・二六事件を経て、満州事変までの日本と、それらを経た日本には「断絶」があり、満州事変をヴェルサイユ体制の終焉の象徴として理解し、日中戦争に向けて漸進的にワシントン体制が解体されていく、と捉えるべきでないかと私は思っています。

実際、塘沽（タンクー）停戦協定をもって満州事変は一応終結し、その後、日本と国民党政府の対立・深刻化が一気に進展して日中戦争に突入したわけではなく、この時期、両者の妥協と外交が進んでいました。

国民党政府は、「満州国」を否定し、現状（清帝国時代の領域）回復を図る、というかつてからの要求をいったん棚上げし、日本の華北への進出を阻止しようという方向に進んでいました。

また、日本のほうも、広田弘毅外務大臣は、「満州国」の維持の方針を譲らず、しかし、華北（「万里の長城」以南）には侵入はせずに、むしろ経済協力を国民党政府に打診しながら「関係修復」を図ろうとしていることが見て取れます。

この両者の歩み寄りを分離し、国民党と対立している共産党を協力させて、「満州国解消」、「現状復帰」という「本来の要求」に転換させようとしたのが、張学良（ちょうがくりょう）による西安事件です。（自分の父親を日本軍に爆殺され、1928年にすでに国民政府へ合流していた）張学良は、1936年、蔣介石から共産党への攻撃を命じられましたが、蔣介石が督戦に西安に来訪すると、これを捕らえて監禁し、共産党への攻撃停止と、共産党と協力して日本に抵抗するように「説得」したのです。蔣介石もこれを受け入れ、国民党と共産党の共闘体制が進むようになりました。

満州事変と日中戦争の「間」の政治・外交の日中双方の展開をみると、ここには一定の「断絶」があったようにも思えます。

2　満州事変と日中戦争の狭間で

1933年3月、日本が国際連盟脱退を通告したころ、陸軍は兵を熱河省から「万里の長城」を越えて河北省にまで送り込んでいました。5月には北京（当時は北平）まで約30㎞に迫ります。これに圧迫される形で中国政府は停戦を余儀なくされ、5月には日中両軍が停戦協定を結ぶことになりまし

図19　出版物などの検閲を行う特別高等警察

た（塘沽停戦協定）。これにより河北省東部の非武装化、治安維持は中国がおこなうことが取り決められ、満州事変勃発以来の軍事行動は中止されることになります。

前述したように、報道や陸軍のプロパガンダによって日本の国民は「熱狂的に」満州進出を歓迎したのですが、長引く昭和恐慌が簡単に収束するわけはありません。

とくに農村は壊滅的とでもいえる状況にあり、農産物価格の大幅な下落は農民の生活を破綻させ、土地を手放し多額の借金に苦しむ人々が増加しました。五・一五事件や血盟団事件に農民たちが加担する背景はこのような農村の危機的状況にあったのです。こうした状況は、全国的な農村救済運動を生み、各政党もこれに呼応して農村救済のための法律案を臨時議会で提出し可決しました（農村対策立法）。

政府は、この動きと社会主義運動が連動することをおそれ、治安維持法によって活動家の検挙に乗り出し、特別高等警察による弾圧が展開されました（『蟹工船（かにこうせん）』の著者小林多喜二（こばやしたきじ）も拷問ともいえる苛烈な取り調べで死去）。

これを機に、日本共産党の幹部佐野学や鍋山貞親らは、前述のように獄中での転向声明を発表せざるをえなくなり、天皇制の容認と国際共産主義運動との絶縁を表明することになります（1933年6月）。

共産主義的活動が壊滅する一方、1934年10月、陸軍省新聞班は、『国防の本義と其（その）強化の提唱』を示し、「国防を最高の価値」とする立場から、個人主義・自由主義の排撃が提唱されました。こうして1937年に文部省が刊行した『国体の本義』において、「日本は万世一系の天皇が治める国で、皇室を中心に精神的に結合した、世界に優越する国家である」という「国体論」が確立されていくことになります。

幕末・明治に生まれた（以後、修辞的な文言にすぎなかった）「万世一系」という表現にイデオロギー的な思想が注入されるようになったのはこの時からとみるべきかもしれません。

こうした「国体論」が形作られていく中、1935年、軍部や右翼の思想家たちは、学会や政治の定説であった美濃部達吉（みのべたつきち）の「天皇機関説」への攻撃を始めました。改めて天皇機関説を説明しますと、天皇・内閣・国会は「国家の機関」であり、天皇は最高機関ではあるが、天皇の権限行使（統治権）は国民の代表である議会の制約を受け、吉野作造の民本主義とあいまって国民の幸せの増進のために使用される、というものです。

議会で天皇機関説が取り上げられると、右翼団体・帝国在郷軍人会らは天皇機関説排撃運動を繰り広げ、衆議院は「国体明徴」（天皇が統治権の主体であることは明らかで日本は天皇が統治する国家であるという）決議をおこなうことになります。

岡田啓介内閣も、1935年の8月と10月の二度にわたって「国体明徴声明」を発することになりますが、政党は議会政治をよりどころとする憲法学説を自ら葬ってしまい、犬養毅暗殺以来滞っていた「憲政の常道」ともいうべき政党内閣再開の道を閉ざしてしまうことになりました。

岡田内閣は、すでに述べた二・二六事件によって崩壊し、その後に成立したのは広田弘毅内閣でした。陸軍は徹底的な粛軍を実施します。荒木・真崎ら皇道派を追放しただけでなく、広田内閣の人事に介入して自由主義的な人物の入閣を阻止させ、さらには大幅な軍備拡張と膨張主義的外交への転換をせまるようになります。前述した内容を改めてまとめますと、

① 軍部大臣現役武官制の復活（この背景については前述）
② 帝国国防方針の改定（仮想敵国一位に米ソ、二位に英中）
③ 「国策の基準」作成（大陸進出と南方進出の「南北併進」）
④ 日独防共協定の締結（ナチス＝ドイツへの接近と反ソ・反コミンテルン）

ということになります。

しかし、このような軍部の政治介入、軍事費増大による民生圧迫は国民の不満を募らせたことは当然です。議会における斎藤隆夫の「粛軍演説」（二・二六事件後の軍部の政治介入に反対する演説）などはそれを背景としており、議会で軍部批判が相次ぎます。軍部と議会の「板挟み」となった広田内閣は結局総辞職となりました。ついで祭政一致という復古主義的なスローガンを掲げた陸軍大将林

図20　斎藤隆夫（左）と近衛文麿（左）

銑十郎が組閣をし、議会の解散にうって出ましたが、総選挙の結果政府与党は惨敗し、政友会・民政党が勝利しただけでなく、無産政党の社会大衆党がなんと37議席という無産政党としては最多の議席を獲得することになったのです。こうして林内閣はわずか四ヶ月で退陣してしまいました。しかし、これが「議会政治の軍部に対する最後の抵抗」となります。

次に内閣を組閣したのは近衛文麿（このえふみまろ）でした。若い名門出身の近衛文麿は国民の人気と支持を得ることになりますが、近衛の政治思想は、ヴェルサイユ体制は、英米の「持てる国」が、日本やドイツ、イタリアなどの新しく台頭する「持たざる国」を抑えるものであるという立場にあり、むしろヒトラーやムッソリーニの思想に通じるものでした。このことは陸軍内部の膨張主義とも共鳴するものであり、軍部は近衛文麿の人気を利用しようと組閣に積極的に協力する姿勢をみせるようになりました。

3　政治・外交の延長としての「日中戦争」

すでに述べたように、広田内閣は1936年8月、華北5省を日本の支配下に置く方針を明確にしました。また、広田内閣の大蔵大臣の馬場鍈一は、軍事予算拡大のために大幅な国債発行をおこなってこれをまかないます（「馬場財政」）。

そして、軍部は華北進出と高度国防国家の建設をめざした内閣成立を推進して、宇垣内閣を流産させ、林内閣も短命に終わってしまいます。

このように、盧溝橋事件にいたるまでにすでに、日本は華北進出の準備を整えていました。

建川美次（たてかわよしつぐ）予備役中将は、「支那こそは通商的見地よりする市場開発のために、しかして未開の各種天然資源に富める満蒙支の東亜大陸こそは資源的見地よりする日本経済の脆弱性補強のため、残されたる格好の天地なのである」（『東京日日新聞』1937年1月3日）と説明しています。さらに近衛文麿も、「自ら開発の力がおよばざるに天賦の資源を放置して顧みないといふのは、天に対する冒涜といひ得るが、日本は友誼の発露として開発をなさんとするものである」と述べてもいます（『東京朝日新聞』1937年1月1日）。

1937年初めの日本の支配層が、「防共・資源・市場」を目的とした華北進出を計画していたことがわかります。

こうして陸軍や国民の期待を受けた近衛文麿内閣が成立し、この近衛内閣のときに盧溝橋事件が起こったことは、事件そのものは偶発といえますが、その後の戦線拡大は「政策の延長」にあったといえるでしょう。

1937年7月、盧溝橋事件が勃発し、8月の第二次上海事変（上海での日中の軍事衝突）を契機に、宣戦布告がないままの全面戦争が始まります。

昭和天皇「独白録」に出てくる盧溝橋事件に関する記録は以下の通りです。

「日支関係は正に一触即発の状況であつたから私は何とかして蔣介石と妥協しようと思ひ杉山陸軍大臣と閑院宮参謀総長とを呼んだ。」

「若し陸軍の意見が私と同じであるならば、近衛に話して、蔣介石と妥協させる考であつた。これは満州は田舎であるから事件が起こつても大した事はないが、天津北京で起こると必ず英米の干渉がひどくなり彼我衝突の虞があると思つたからである。」

「当時参謀本部は事実石原莞爾が采配を振るうてゐた。参謀長と陸軍大臣の見通しは、天津で一撃を加へれば事件は一ヶ月以内に終るといふのであつた。これで暗に私の意見とは違つてゐる事が判つたので、遺憾乍ら妥協の事は云ひ出さなかつた。」

「かかる危機に際して盧溝橋事件が起こつたのである。之は支那の方から仕掛けたとは思はぬ、つまらぬ争から起こつたものと思ふ。」

昭和天皇は国際的な状況をふまえ、「妥協」を模索されていたことが伺えます。

一方、参謀長と陸軍大臣は、「事変」は1ヶ月で収拾できる、と「甘い見通し」を持っていました。

4　重慶大空襲と国際的な非難

図21　爆撃後の重慶市街地

国民政府は、南京から漢口、さらに重慶へと移転して抗戦を続け、日中戦争は「泥沼のような」長期戦となってしまいました。

政府は方針を転換して、各地に傀儡政権を樹立する方法を採用し、1938年1月に近衛内閣は「国民政府を対手とせず」という声明を発表します。

しかし、このことは日中の全面的な和平交渉を実現するための窓口を閉ざすに等しく、長期戦をさらに展望のないものにするだけとなりました。

また1938年から日本軍は重慶の市街地の爆撃を繰り返すようになりました。とくに1940年に入って空襲を100日以上も連続でおこなっています。このことは、二つの誤算をまねいてしまいました。

まず、重慶爆撃の目的は、厭戦気分をつくりだし、抵抗運動を弱体化させることでしたが、かえって重慶市民の抗日意識を高めてしまいました。市内には市民が避難した防空壕が大小2000本近くつくられ、粘り強く爆撃に耐えたことを物語っています。

また、もう一つは国際的な非難を喚起してしまったことです。

第二次近衛内閣の「日米交渉」はこの重慶爆撃によって不調になってしまいました。重慶への無差別爆撃を続け、しかも日独伊三国軍事同盟を締結して、アメリカとの交渉を進めても、アメリカ側の妥協を引き出す説得力に欠けることになり、交渉を難航させる原因となってしまったのです。

このように、1939年以降、アメリカによる「経済制裁」の強化は、1939年5～10月に陸軍航空部隊が実施した重慶への無差別爆撃に大きな理由がありました。さらに9月からは、西尾大将を総司令官とする支那派遣軍が組織され、いわゆる「援蔣ルート」（蔣介石を支援するルート）遮断のための華南で南寧作戦を展開します。

これらに対する中国軍の反撃は激しく、日本はさらに1940年5月～10月、再度の重慶無差別爆撃をおこないました。

これら2度にわたる重慶への無差別爆撃は、さらなる国際的な非難を浴びるようになり、これによって、特殊工作機械と石油製品の輸出の制限、さらに航空機用ガソリンと屑鉄の輸出を全面禁止する、というアメリカによる経済制裁の強化がおこなわれたのです。

日中戦争を展開していた日本軍は、「一切ノ諸施策ヲ中共勢力剿滅（そうめつ）ニ集中スル」方針をとり続けて、「目標方法」として以下を掲げています（「第一期晋中作戦戦闘詳報」防衛庁防衛研究所、『十五年戦争小史』江口圭一・青木書店より）。

一、敵及土民ヲ仮装スル敵
二、敵性アリト認ムル住民中十五歳以上六十歳迄ノ男子殺戮
三、敵ノ隠匿シアル武器弾薬器具爆薬等
四、敵ノ集積セリト認ムル糧秣（りょうまつ）
五、敵ノ使用セル文書
　押収携行、止ムヲ得ザル時ハ焼却
六、敵性部落焼却破壊

このような作戦展開は、中国民衆の反感をかい、蔣介石の国民党軍が日本との正面衝突を回避していくなか、共産党が抵抗・反撃をして解放区を広げ、かえって共産党の支持を農民たちの中で広げていく結果となりました。中国の赤化をおそれながら、共産党の支持を拡大することに手を貸したようなものです。

これをふまえて、現在の教科書は、

「中国共産党が華北の農村地帯に広く抗日根拠地（解放区）を組織してゲリラ戦を展開したのに対し、日本軍は抗日ゲリラに対する大掃討作戦（中国側はこれを三光作戦と呼んだ）を実施し、一般の住民にも多大の被害を与えた」（『詳説日本史B』山川出版・３６５頁）。

と説明しています。重慶爆撃、日本軍の住民をまきこんだゲリラ掃討戦によって、国際世論の反発と中国人民の抵抗はしだいに激化していくことになりました。

5　南京事件

「南京事件」については、教科書（『詳説日本史B』山川出版社）は以下の表記が一般的です。

「南京陥落の前後、日本軍は市内外で略奪・暴行を繰り返したうえ、多数の中国人一般住民（婦女子を含む）および捕虜を殺害した（南京事件）。南京の状況は、外務省ルートを通じて、早くから陸軍中央部にも伝わっていた。」

戦争が住民・非戦闘員を巻き込まずに展開されることはありません。多くの住民犠牲は、南京事件のみならず、満州事変・日中戦争・太平洋戦争での各局面でみられたことでしょう。「日本軍」を他国軍に、「中国人」を他国民にしても、どこかでこの状況が現出していたことこそが戦争の実態の一面です。

さて、「南京事件」を単なる事件としてではなく、「南京戦」という大きなひとくくりで概観することも重要な視点でしょう。

日本軍が上海を制圧すると、中国軍は、一部は散開し、一部は南京へ敗走します。

１９３７年11月７日、上海派遣軍・第10軍を統轄する松井石根（まついいわね）を司令官とする中支那方面軍が編制され、「上海付近の敵を掃討する作戦」を命じられました。

この掃討戦の流れで、逃げた中国兵を追う形で首都南京に迫ります。

参謀本部は当初、南京攻略を企図していませんでしたが、上海派遣軍及び第10軍は南京攻略の意見具申をおこない、これに押される形で１９３７年12月１日に「南京攻略」の命令を発しました。

上海派遣軍と第10軍諸隊は南京への「先陣争い」をする形になり、急な進軍にともなう兵站の不足については「現地にて徴発、自活すべし」という命令も付随して発せられました（『現代史資料9 日中戦争2』みすず書房）。現地調達すなわち略奪ということにならざるをえません。

南京事件は、南京戦として俯瞰するとき、日本軍は南京に至るまでの間ですでに略奪や放火をおこなっていて、兵士の回想録『私記南京虐殺』（曽根一夫・彩流社）でも「匪賊のような軍隊」だったと記されているものがあります。

これらの背景には、8月5日付けの陸軍次官の通達では、「ハーグ陸戦条約の精神に準拠し」「交戦規定の一部（害敵手段の選用）は努めて尊重」するとしながらも、「これを厳密遵守とまでしなくてよい」とし、「捕虜という名称もなるべく使わない」よう現地軍に通達していました。その結果、「軍の規律を求めた松井石根軍司令官の通達」があったために、現地指揮官もこれを無視した行動をとってしまったと考えられています（『南京事件』秦郁彦）。

12月1日、参謀本部は正式に南京攻略を発動し、13日には南京を占領することになりました。南京事件は南京侵入時の殺戮行為のみを言うのではなく、南京戦として、1938年1月までにおこなわれた一連の敗残兵・便衣兵・捕虜の摘発・処刑行為を含むものです。

国民党政府は、首都を南京から重慶（四川省）に遷し、蔣介石も12月7日には南京から漢口に脱出していました。南京には15万人の南京防衛軍と市民が残留していましたが、南京防衛軍は瓦解し、戦闘に参加したものは射殺あるいは捕虜となります。また戦意を失った者は武器を捨てて民間人に紛れ込みました。

図22　南京事件時、逃亡しようとする中国兵を取り調べる憲兵

第16師団長中島今朝吾（なかしまけさご）中将の日記にこのように記されています。

「大体捕虜せぬ方針成れば片端より之を片付くることとなしたれ共……」

「之を片付くるには相当大なる壕を要し中中見当たらず、一案として百二百に分割したる後適当のか処に誘きて処理する予定なり」

この方針に基づいて第16師団は、13日の一日だけで約2万4000人を「処理」しました（「中島師団長日記」『歴史と人物　増刊秘本・太平洋戦争』『南京戦史資料』南京戦史編集委員会・偕行社）。

非戦闘員の市民の多くは（南京の宣教師と金陵大学教授がつくった）南京安全区国際委員会が設定した「南京安全区」におよそ20万人が避難します（当時の南京の人口はこれより当然多く、30～40万人ほどいたと考えられます。南京人口20万人説は、この安全区の人口を誤認したものです）。

日本兵は、民間に紛れた中国人兵士を探索することを名目に、アメリカ人経営の病院にも押し入り、多くの市民・敗残兵を捕らえていきました。

これらは当然、南京安全区国際委員会から日本への「苦情・非難」となり、当時、東亜局第一課長上村伸一は「南京安全区国際委員会からの抗議も、南京総領事館を経由して外務省の本省に寄せられた。東亜局第一課の部屋には、報告書や写真が山積みとなった」と回想しています。このことは、陸軍当局にも報告され、陸軍大臣にも軍紀の粛正が要望されています。

また、教育総監畑俊六大将は、「支那派遣軍も作戦一段落と共に軍規風漸く頽廃、掠奪、強姦類の誠に忌はしき行為も少なからざる様なれば、此際召集予后備役者を現役者を以て代らしめ、又上海方面にある松井大将も現役者を以て代らしめ、又軍司令官、師団長等の招集者も逐次現役者を以て交代せしむるの必要あり」と1月29日付日誌に記しています（畑俊六著：伊藤隆・照沼康孝編『現代史資料続4 陸軍（畑俊六日誌）』みすず書房）。

さらに第十一軍の司令官として上海に上陸した岡村寧次中将は現地指揮官（参謀宮崎周一大佐、中支那派遣軍特務部長原田熊吉少将）らから聴取し、「南京攻略時、数万の市民に対する掠奪強姦等の大暴行があったことは事実である」と結論づけています（稲葉正夫編『岡村寧次大将資料 上巻 ―戦場回想篇―《明治百年史叢書》第107回配本／第99巻』原書房）。

このように、日本側からの資料からも、外務省・陸軍省ともに「南京での事態」を事件勃発直後から掌握していたこともわかります。

それにしても、東亜局長石射猪太郎が1月6日木曜日の日記において「上海から来信、南京に於ける我軍の暴状を詳細し来る、掠奪、強姦目もあてられぬ惨状とある。嗚呼之れが皇軍か。日本国民民心の退廃の発露であろう。大きな社会問題だ」と慨嘆したような事態になった背景は何だったのでしょうか。

①　第二次上海事変以降、日本軍人が戦友の多くを失い、中国側への復讐感情を芽生えさせた（秦郁彦『南京事件』）。

②　華北から上海への転戦で帰国ができると考えていた兵士たちは、南京へ転戦させられたことに対する失望。

③　急な作戦展開のため補給ができず、現地調達を命じられた。

④　そもそも宣戦布告無しで開始された「事変」という意識が指揮官にあり、正式な戦闘行為に適用されるハーグの陸戦協定に対する遵法意識が低かった。

また、松井石根司令官が再三、「軍紀ヲ緊粛スヘキコト」「支那人ヲ馬鹿ニセヌコト」「英米等ノ外国ニハ強ク正シク、支那ニハ軟ク以テ英米依存ヲ放棄セシム」というように、軍紀の粛正を命じ、中国人への蔑視を戒めている（上海派遣軍参謀副長の上村利道の陣中日記より）わけですが、司令官がこれを念押ししているということは裏を返せば、兵たちの「軍紀の乱れ」と「中国人への蔑視」が背景にあったことも窺えます。このような心理・環境・状況を強いられた兵士たちもまた南京事件での犠牲者でもあったと付加しておきたいと思います。

［コラム］「南京大虐殺」論

日本人の多くが、いわゆる「南京大虐殺」のことを広く知るようになったのは、大戦直後の極東軍事裁判（「東京裁判」）によって、というより、1972年に出され、ベストセラーとなった『中国の旅』（本多勝一）によってではないでしょうか。

1970年代の「南京大虐殺」論は本多勝一のこの「投げかけ」によって大きな波紋を広げました。有象無象、賛否両論さまざまな論が出ましたが、反論として代表的なものは、『「南京大虐殺」のまぼろし』（鈴木明）だったと私は思っています。

ここでは南京事件の存在そのものを否定せず、事件が誇張されていると説明するものでした。70年代の多くの議論は「矮小・誇張」の振り幅の範囲の議論であったと記憶しています。

1980年代になると、国内の議論だけでなく、中国や東アジアの政治家・学者を巻き込む「国際論争」に発展します。その契機となったのが、『〝南京虐殺〟の虚構』（田中正明）でした。これは南京事件の存在そのものを否定するもので、現在でも南京事件を否定する人々の論はここからの引用・借用が見られるようです。

これに対して、旧陸軍正規将校団体の偕行社が、『南京戦史』を発表し、事件は虚構ではなく、約1万6000名の捕虜殺害があった事実を認めて明らかにしたことにより、80年代の「実在・虚構」論争は一応の「着地点」が見出されました。

ところが、1990年代に入り、再び「虐殺」を否定する論調が再燃します。90年代後半、冷戦崩壊の中国の立場の再強化、天安門事件以降の「愛国主義教育」の展開などから「抗日戦争」の再評価がおこなわれるようになりました。これら「対日批判」に対する反発が日本側にも起こり、それを背景に南京事件否定論が出てきたのです。

ここでも様々なレベルの批判が起こりますが、個人的には１９９８年に出た『「南京虐殺」の徹底検証』（東中野修道）がその代表例であると思います。

ここでも、前提として捕虜や投降兵などの殺害が行われたことは認められていたのですが、この書の特徴は、その「虐殺行為」の違法性を否定したところにありました。

現在、南京事件について、インターネット上に出回るものの多くは、70年代・80年代・90年代の議論のうち、学術的に否定されたものも含めて、これらを「つまみぐい」して繋ぎ合わせたフランケンシュタインの怪物のような姿をしているといえます。

さて、２０００年代に入っては南京事件の犠牲者の数の当否もクローズアップされるようになりました。中国共産党は約30万人説をとっていますが、日本では、研究者からインターネット上の話まで、10数万人から20万人前後とする説、4～5万人とする説、1万人前後とする説、事件そのものの虚構説などが存在しています。

本来、客観的であるべき「数字」がこのような差異を生じている理由は、矮小・誇張の「手法」として「虐殺の定義と範囲」が提唱者によって異なるからといえるでしょう。

現在日本政府は、南京で不法行為が行われたことを認めており、文部科学省の検定を通過した教科書でも、南京事件についての記述はみられますが、多くの教科書は、これらの歴史的な議論をふまえた記述をしています。

一部インターネット上で、教科書や学校教育を否定するような言説が流布されていますが、実際には「大虐殺」などの文言は使用されてもいませんし、中国政府の主張する被害者数30万人という数字も採用されていません。現行教科書は、当時の軍部と日本政府も認めていた事件の内容をふまえた記述がされていると思います。

（6）第二次世界大戦

1　ポーランドの悲劇——ドイツとソ連の侵攻

第二次世界大戦はドイツとソ連によるポーランド侵攻に始まります。1939年9月1日、17日にドイツ、ソ連の侵攻が開始され、29日に首都ワルシャワは陥落することになりました。

ポーランド侵攻にむけてのドイツの外交は世界を驚かすものでした。

ナチスの政策の一つは、「反共」つまりソ連との対決だったのですが、独ソ不可侵条約を結び、秘密協定を結んでソ連と共同でポーランドを分割することを内定したのです。

このことは、日本にも大きな影響を与えました。1936年には日独防共協定を結び、さらにはイタリアを加えた日独伊三国防共協定を結んで、「ソ連の包囲」を完成し、ソ連を共通の敵としながら、アメリカやイギリスとの外交を展開しようとしていた日本にとっては、大きな衝撃でした。当時の首相平沼騏一郎（ひらぬまきいちろう）はこれを以て「欧州情勢複雑怪奇」として総辞職してしまいました。

このことは、第2次世界大戦勃発に関して日本が初期の段階で「静観」の構えをみせた理由となります。

1939年9月に、ドイツのポーランド侵攻に始まった第二次世界大戦に対しては、陸軍はドイツとの軍事同盟を積極的に主張しましたが、阿部信行内閣も米内光政内閣も、「欧州大戦不介入」の立場をとり続けていました。

というのも、日中戦争はどんどん深刻化していて、必要とする資源・軍事物資は、台湾・朝鮮の植民地、満州国及び中国の占領地からなる「経済圏」（円ブロック）の中ではとうてい充足できる状態にはなく、この時点で、欧米およびその植民地からの輸入にたよらなくてはならないのが現実でした。

阿部・米内内閣が「欧州大戦不介入」をとっていたのは実に合理的で、ドイツと連携してしまえば、欧米との対立が明確になり、日中戦争を遂行するための「軍需物資」が得られなくなるからです。

ところが、ヨーロッパでのドイツの優勢をみて日本の陸軍を中心にドイツとの結びつきを強め、イギリスとアメリカとの戦争を「覚悟の上で」南方に進出し「大東亜共栄圏」の建設を図り、石油・ゴム・ボーキサイトなどの資源を得ようという主張が急激に高まることになってしまいました。

さて、ドイツとソ連によるポーランド侵攻の成功ですが、ドイツ軍の圧倒的な軍事力によるもの、と説明されがちです。

しかし、ポーランドはソ連の侵攻をまったく予期しておらず、西部戦線での防衛は不可能と考えたシミグウィ司令官は、国軍兵士や稼働可能な戦闘機を温存するため国外への脱出を命じていたのです。

東部戦線も20万の兵がワルシャワ北部のモドリンに集結しましたが、そもそもこの作戦は、ドイツがポーランドに侵攻した場合、「あらかじめの協定」に基づき、イギリスやフランスの援軍到着まで抵抗し、援軍との挟撃を前提としたものであり、イギリス・フランスがまったく動かなかったために、機能することなく降伏にいたったのでした。
外交が成功したドイツと、外交に失敗したポーランドの差が出た戦いだったといえるのでしょう。

2　松岡洋右の外交

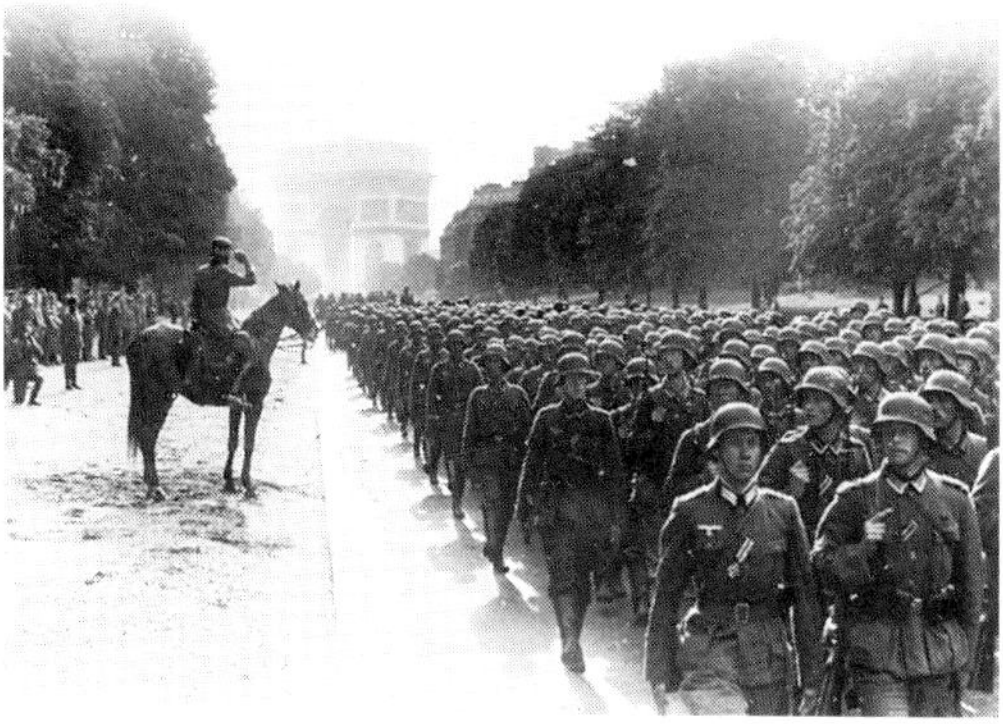
図23　占領下のパリでパレードを行うドイツ軍
(Bundesarchiv, Bild 183-L05487 / CC-BY-SA 3.0)

１９３９年９月、ドイツ・ソ連のポーランド侵攻・分割に対してイギリスは「宥和政策」の失敗を痛感し、イギリス・フランスはドイツに宣戦して第２次世界大戦が始まりました。

ソ連はさらにフィンランドに侵攻します。これをきっかけにソ連は国際連盟から除名されますが、１９４０年に「バルト３国」（エストニア・ラトビア・リトアニア）を併合し、さらにはルーマニアからベッサラビアを割譲させました。

１９４０年４月以降、ドイツ軍は「北進」「西進」をおこないます。

デンマーク・ノルウェーを侵攻、５月にはオランダ・ベルギーに侵入してフランスを攻撃します。これをみたイタリアは６月に参戦し、ドイツ軍はパリを陥落させてフランスは降伏することになりました。フランスは、北部がドイツの直接占領下に置かれ、南部にはペタンを主犯とするドイツの傀儡政府「ヴィシー政権」が成立します。

ナチス＝ドイツの欧米での展開をみた近衛文麿は、1940年6月、枢密院議長を辞任し、「新体制運動」というのを展開しましたが、これは、ドイツのナチスやイタリアのファシスト党にならって大衆を組織し、現状の打破、全国民の戦争への動員をめざすものでした。

これをみた立憲政友会、社会大衆党、立憲民政党らの政党、各団体が「バスに乗り遅れるな」を合い言葉に、解散して「新体制」に参加・合流していくことになります。

そして、早くからドイツとの連携を主張していた陸軍は、米内内閣を退陣させ、近衛の首相就任を後援しました。

近衛文麿は、7月、陸軍大臣・海軍大臣・外務大臣就任予定者と会談し、「欧州大戦介入」「ドイツ・イタリア・ソ連との連携」「積極的南方進出（南進）」の3つを内閣の方針とすることを確認し、第二次近衛内閣を発足させることになります。

そして外務大臣には松岡洋右が任命され、「新体制」の外交を担っていくことになりました。

9月、日本は北部仏印進駐をおこない、同時に日独伊三国同盟が締結されます。

ドイツとの同盟を説いてきたのは軍部、近衛内閣と松岡外相でした。近衛文麿は第1次内閣のときに、ドイツとの連携は、アメリカとの対立を深める、ということを理解していたはずでした。阿部信行内閣も米内光政内閣も「欧州大戦不介入」をとり、欧米との対立からこれ以上の輸入が減らないようにしてきたのです。

しかし、欧州で、ドイツが「破竹の勢い」をみせるようになったため、アメリカ・イギリスとの衝突覚悟で方針を転換させてしまったのです。

日独伊三国軍事同盟が、アメリカとの対立が予想されていたにもかかわらず、締結に持ち込まれた背景には、駐独大島大使と松岡外相の交渉およびその結果の不正確な政府への説明がありました。「ドイツと同盟を結んでも参戦するか否かは秘密議定書で日本が選択できるということが担保できている」と御前会議や枢密院会議を説得、アメリカ・イギリスとの対決を避けたい海軍もそれでしぶしぶ賛成に回りました。

しかし、これは実はシュターマー特使が「私信」で松岡に伝えたことにすぎず、同盟締結を成立させるために松岡が「約束」としたものだったのです。

「ドイツとソ連の開戦はない」「アメリカは日本との戦争にふみきらない」ということを松岡は説明していました。ドイツとの連携を急ぐ余り（優先させるあまり）の早急な判断が、アメリカとの対立がもたらす状況判断を鈍らせたといえるのではないでしょうか（『虚妄の三国同盟　発掘日米開戦前夜の外交秘史』渡辺延志・岩波書店）。

［コラム］　松岡洋右の「誤算」

満州国に強い影響力を持つ軍・官・財の実力者の五人を「弐（2）キ参（3）スケ」と称しまし

た。三人の「キ」とは関東軍参謀の東条英機、国務院総務長官の星野直樹。二人の「スケ」は総務庁次官の岸信介と満州重工業開発株式会社社長の鮎川義介、そして満鉄（南満州鉄道株式会社）総裁の松岡洋右です。

松岡洋右は、満鉄退職後、立憲政友会に所属して衆議院議員に立候補して当選、対米協調路線の「幣原外交」をするどく批判しました。

図24　盧溝橋付近の鉄道を調査するリットン調査団

満州事変後の日本の軍事行動を中華民国が国際連盟に訴えると、リットン調査団が派遣されて、その調査をもとに国際連盟に報告書が提出されます。

結果、リットン調査団の報告をもとにした「勧告」（満州の自治や日本の権益を認めながらも、満州国を認めず、満州を国際管理下に置くとすること）が採択され、松岡は「反対宣言文」を読み上げて議場から退場、日本は国際連盟を脱退することになったのです。

総会から帰国後、議員辞職した後、１９３５年から再び満鉄総裁となりましたが、１９４０年に発足した第二次近衛文麿内閣の外務大臣に任命され、満鉄総裁は辞職しました。

そしてここから、日独伊三国同盟、日ソ中立条約など、

図25　木戸幸一

「松岡構想」というべきものをめざした外交を展開していくことになります。

ところが、松岡の外務大臣就任には、反対する者が多く、木戸幸一内大臣はもちろん、昭和天皇自らも近衛に対して考慮を促されていました（岡義武『近衛文麿』岩波新書）。

近衛がそれでも強く外相就任を推したのは、松岡の外交構想が、「英米本位の平和主義」を排して、新しい「国際秩序」をつくろうとする近衛の構想と合致していたからです。

松岡が外相に就任すると、近衛文麿はただちに陸軍大臣就任予定の東条英機、そして同じく海軍大臣就任予定の吉田善吾の二人とともに私邸に招いて会談しています（世に言う「荻外荘会談」）。そしてここで、後の「日独伊三国同盟」の骨子といえるべき方針が話し合われ、軍部と外交の「足並み」をそろえることを「根回し」したのでした。

近衛は、すでに1939年に「東亜新秩序」という構想を発表していましたが、松岡は就任記者会見でこれを再構築したとでもいうべき「大東亜共栄圏」を提唱し、これを確立すると表明します。それだけでなく、この共栄圏にはフランス領インドシナとオランダ領インドネシアを含むことを明らかにしました。そして同日には、ドイツのオットー駐日大使にドイツとの同盟を提案しています。

就任直後から動き出した「松岡構想」とはどのようなものだったのでしょうか。それは以下にまとめることができます（三輪公忠『松岡洋右』中公新書）。

一．日独伊三国同盟を成立させ、アメリカの東アジアへの圧力に対抗する。
二．西方でのドイツの新秩序、東方での日本の新秩序を日独で相互承認する。
三．ドイツの仲介で、以上一、二項をソ連に了解させる。

その上で、松岡は「三国同盟によって局面を打開して、アメリカとの交渉を有利に進める」とし（秘書官加瀬俊一談）、ドイツを利用してソ連と結び、日独伊ソの四国協商を実現しようとしました。松岡は「独ソを味方につければいかにアメリカでも日本との開戦はできまい」と語ったと外務省顧問斎藤良衛も回想しています。

1940年9月には日独伊三国同盟を締結させましたが、この同盟には、三国いずれかが現在戦っていない他国から攻撃を受けた場合の相互援助が認められていました。

その「現在戦っていない他国」とはアメリカを指すことは明白で、「三国同盟」をアメリカとの交渉の「手段」とするはずが、アメリカへの攻撃を「目的」とするものと解釈されても仕方がないものとなってしまったのです。

同盟に先立って海軍軍令部総長伏見宮は「ここまできたら致し方なし」と消極的に同意せざるをえず、昭和天皇も近衛に対して「たいへんな苦境と暗黒のうちにおかれることになるかもしれない。

その覚悟がおまえにあるか」と御下問されています（『岡田啓介回顧録』中公文庫）。

御前会議でも枢密院議長原嘉道（はらよしみち）は、三国同盟を結んだ結果、アメリカの態度が硬化するのではないかと懸念を示しています。

三国同盟のもたらす結果の未来予想は、松岡洋右だけが周囲とは違う景色となっていたことは確かであったといえるでしょう。

「結果」は、アメリカのいっそうの硬化をもたらし、そしてアメリカはすぐに「形」に表しました。経済制裁の発動です。日本が大量に輸入していた「くず鉄」の対日禁輸に出たのでした。

「三国同盟によってアメリカを牽制する」という狙いは裏目に出始めたのです。

一方で松岡は、その構想のもう一つの狙い、ソ連との連携を進めます。

１９４１年、松岡はヨーロッパ外遊をおこない、モスクワを訪問、そしてベルリン・ローマではヒトラーとムッソリーニと会見、そして再度モスクワを訪れ、ここで「日ソ中立条約」の締結を実現しました。

ところが、このわずか二ヶ月後、ドイツは独ソ不可侵条約を無視してソ連に侵攻してしまいました。ここに「松岡構想」は瓦解し、残った結果は、日独伊と米英の対立の先鋭化と、日米の開戦への道を開いてしまうことになったのです。

ソ連の側からみれば、日ソ中立条約は、日本を英米と対立させてその目を太平洋に向けさせ、さらにはドイツとの緊迫した関係の中で背後を脅かされない、という大きな利益をもたらしました。

第二次世界大戦の勝敗を決してしまう大きな外交的枠組みをつくってしまった、といえます。

(7)「大東亜戦争」と日本

1　日米関係はなぜ悪化したか？

図26　会談に向かう野村大使（左）とハル長官ら

日中戦争の拡大、それにともなう重慶への無差別爆撃、仏印への強引な（自国の海軍すら憤慨する）武力進駐、日独伊三国同盟の締結に対して、アメリカは経済制裁によってこれらを封じ込めようとします。そもそもフランクリン＝ローズヴェルトは戦争による外交解決をしない、という「公約」で大統領選にのぞんだ大統領です。武力発動は彼にとっては最後の手法でした。

１９３９年、アメリカは日米通商航海条約破棄を通告し、航空機用ガソリン製造設備と技術の輸出を禁止します。そして１９４０年には、特殊工作機械と石油製品の輸出を制限、さらに航空機用ガソリンと屑鉄の輸出を全

図27　日ソ中立条約に署名する松岡外相。後列中央にスターリン

面禁止しました。

これをうけた第二次近衛内閣は、「日米交渉」を開始します。野村吉三郎と国務長官ハルによる交渉です。

しかし、その交渉を進める一方で、外相松岡洋右はドイツ・イタリアを訪問し、三国同盟提携強化を図るため（アメリカを牽制するため）、友好関係を強調しました。

外交は、もちろん自国の利益のために「二重性」があるのは当然ですが、一方で和平を唱え、一方で進出と枢軸国との連携を強化しようとする日本の姿勢は、国際的信用を低下させてしまうことに通じてしまいました。

そして、松岡外相は、ヨーロッパからの帰途、モスクワに立ち寄り、日ソ中立条約を締結します。

前年（１９３９年）、ノモンハンでの日ソは軍事衝突をしていましたが、これは「北進」策を改める契機になり、「南進」を進めるための「背後の保障」が日ソ中立条約でした。もちろん、アメリカやイギリスもそのように理解します。

1941年6月、ドイツが独ソ不可侵条約を破ってソ連に侵攻しました。

同年7月、御前会議が開かれましたが、軍部の強い主張で、「対英米戦覚悟ノ南方進出」だけでなく、情勢が有利になれば対ソ戦（北進）を再開することを決定しています。そして、ドイツと歩調を合わせるように、陸軍は行動にうつしました。

シベリア・極東ソ連の占領計画を策定し、約70万の兵を満州に集結させて「関東軍特種大演習」を実施したのです（日ソ中立条約を結びながら、独ソ戦が開戦されるや、ソ連の背後を狙う行動は、ソ連の不信もまねき、後年の和平交渉の停滞や敗戦間際のソ連侵攻を正当化してしまう遠因にもなってしまいます）。

アメリカが日本を経済政策で「追い詰めた」結果、日本は開戦に踏み切ったわけではなく、日本のこのような「外交・対外姿勢」が外交的孤立と対立を深め、「自らを追い詰めていった」側面も忘れてはなりません。

後年、東京裁判で日本はドイツのような「ファシズム国家」であるような指摘を受けましたが、内情は「挙国一致」とは実は言いがたく、政府内部にも対米強硬派と宥和派が存在しました。そして、軍内部でも強硬派と宥和派に分かれて対立しています。

その結果、それぞれの「統一されない行動」が「国際的な不信」と「誤解」を高めた面も指摘できます。

近衛文麿は、松岡洋右の「対米強硬路線」が、アメリカとの「余計な対立」「立てなくて良い不協和音」

図28　サイゴン（現ベトナム・ホーチミン）での日本軍の行軍

をもたらしていると考え、松岡洋右など対米強硬派を内閣から除くためにいったん総辞職して第三次近衛内閣を成立させました。

ところが、軍部は、近衛がアメリカに向けた「対米融和」のメッセージを無視するかのように今度は「南部仏印進駐」を実行します。

アメリカのローズヴェルト大統領が、日本の「東亜新秩序」建設を否定し、「南進」を阻止することを決意したのはこのときからでした。

ここから軍部はプロパガンダを展開し始めます。

それが「ＡＢＣＤ包囲陣」という術語です。日本は包囲されて経済的に追い詰められている、日本を「不当に圧迫」している、と国民に説明し、これを打破することが「帝国ノ存亡ノ危機」から脱する唯一の道である、としたのです。

陸海軍には「報道部」があり、各新聞社にそれぞれ担当をつけていて、新聞社も陸軍省・海軍省付きの記者を用意していました。

新聞社の中でも、陸軍省付き、海軍省付きの記者がそれぞれ意見を異にしていて、マスコミの中でもそれぞれの立場の「空気」を反映した記事が書かれていました。

政府は、戦争を遂行するに当たって国民の理解を得るため、この頃からマスコミを「利用」してきました。

そして、9月6日の「御前会議」では、日米交渉の期限を10月上旬と区切り、交渉が成功しなければ対米開戦に踏み切る、という「帝国国策遂行要領」を決定しています。

アメリカはこれまでの交渉で、「中国（北支）からの全面撤退」を要求しており、それを認めない軍部との妥協点を見出せず、期限の10月半ばを迎えてしまいました。

日米交渉の妥結を強く希望する近衛首相と、交渉打ち切り・開戦を主張する陸軍大臣東条英機が対立し、10月16日、内閣は総辞職することになったのです。

［コラム］ノモンハン事件のもたらしたこと

ノモンハン事件は、そもそも国境紛争（日本はハルハ河・ソ連はノモンハン付近を国境とそれぞれ主張）から始まります。関東軍は「満ソ国境紛争処理要項」を策定し、紛争発生のあかつきには徹底的に膺懲（ようちょう）する（こらしめる）と指示を出していた。

そのタイミングで1939年5月外蒙古軍と満州国軍が衝突する事件が起きます。関東軍からの先にあげた示達にしたがい、外蒙古軍を撃退したのですが、これをソ連軍が後援します。関東軍は本格的な戦闘に発展することを覚悟した上に反撃を決定、航空機による外蒙古軍の基地を爆撃した後、さらに軍を突出させます。

陸軍としては、全体の戦線を俯瞰した場合、長期戦となっていた（というかむしろ泥沼化しつつある）日中戦争に加え、ソ連との本格的開戦が始まることは避けなくてはならないと考えるようになります。関東軍は強硬姿勢をゆるめていませんでしたが、陸軍は不拡大方針を唱え、政府と協調して外交による解決を図ることを考えました。

図29　ノモンハン付近を行軍する日本軍

しかし、関東軍はこれを無視。攻勢に出て失敗したにもかかわらず、さらなる兵力を投入します。これに対してソ連軍は8月、戦車部隊を中心とした大兵力をいっきに投入し、日本軍は大敗します。兵力の逐次投入の失敗という戦術上の典型的な失敗をしてしまったことになります。陸軍と外務省は交渉を急ぎ、9月15日に外交的妥結に至りましたが、前線の部隊長は責任をとって自決する者まであらわれ、陸軍が策定していた「南北併進策」の変更を余儀なくされてしまうのです。

2 「大東亜戦争」の始まり

1930年代の後半、日本の対外政策が欧米諸国との対立を生み出していくと、日本は戦争回避を試みながらも、戦争開始の準備を着々と進めていた、というべき状態でした。

「和平交渉」をアメリカに求めながら、ナチス＝ドイツが優勢になればドイツに接近し、ナチス＝ドイツがソ連と戦争を開始すれば、満州で「演習」と称して軍を配置する。アメリカのローズヴェルト大統領は「公約」通り、軍事行動には出ず、経済制裁によって日本を押さえ込もうとしましたが、日本の陸軍は、南部仏印への進駐を強行します。

さて、日本軍がアメリカの太平洋艦隊の拠点である真珠湾攻撃を計画し、訓練を始めているのは1941年5月です。

近衛文麿は4月に野村大使に日米交渉を指示していますから、平和交渉を開始してすぐに真珠湾攻撃の「訓練」を実施していることがわかります。

交渉期限を10月とした「帝国国策遂行要領」が策定されたのが9月ですから、アメリカとの戦いをすることは軍部にとっては「既定」路線でした。

いわゆる「ハル・ノート」（後出、コラム参照）が出されたのは11月27日ですが、択捉島単冠（ひとかっぷ）湾に真珠湾攻撃のための機動部隊が11月22日には集結を完了しています。

「ハル・ノート」が出されてから開戦が決意されたのではありません。

南雲（なぐも）中将率いる機動部隊は、11月22日、択捉島単冠湾に集結し、同26日にはハワイに向けて出撃しました。11月26日は「ハル・ノート」が出された日です。これは「帝国国策遂行要領」

12月1日に御前会議が開かれ、最終決定が行われていますが、これは「帝国国策遂行要領」の一部の一部が修正だけで、軍部は作戦を停滞させることなく、進行させていきました。

日本の太平洋戦争の開戦については、「ハル＝ノートが開戦を決意させた」という話と「真珠湾を日本は奇襲するつもりはなかった」という二つの言説がよく話題となります。

そして「奇襲になってしまった」原因を、大使館員の「不手際」として矮小化しようとする考え方がありますが、実際のところはどうだったのでしょうか。

東郷外相は、対米交渉打ち切りの通告を、アメリカに手交する時間的余裕を計算して12月5日午後にワシントンの日本大使館に発電しようとしました。

しかし、開戦意図を直前まで隠すことを強く海軍から要求され（すでに出撃している攻撃部隊のタイミングに合わせるために）、通告は12月8日午前3時（真珠湾攻撃の30分前）と決定されました。

そして、そもそも、対米開戦のことはワシントンの大使館に知らされていなかったのです。

暗号解読、浄書に手間取り、真珠湾攻撃から1時間余り遅れることになりました。

野村大使がハル長官に手交しましたが、大使は、大使館に帰ってから日本軍が奇襲攻撃をしかけた事実を知ったのです。

それに、「真珠湾攻撃」のことばかりが強調されていますが、「宣戦の大詔」はアメリカだけでなく、イギリスに対する宣戦布告を内容とするものです。

同日に行われたマレー半島の上陸作戦（対イギリス）については、まったくの「奇襲」です。そもそもイギリスとは何の「交渉」もしていません。

第25軍の第18師団は、日本時間12月7日午後11時30分、マレー半島コタバルに侵入、8日午前1時30分に上陸しています。こちらは真珠湾攻撃よりも1時間以上も前のことです。

また、第25軍第5師団はタイの承認なくタイ南部のシンゴラに上陸し、タイ軍と交戦しています。それを退けマレーシア国境に進軍し、さらに仏印からタイに近衛師団が侵攻したのです。中立国タイに対して日本は「侵攻した」という事実も無視できない視点でしょう。

［コラム］「ハル＝ノート」が日本を開戦へと追いやったのか？

「ハル・ノート」は、ほんとうに日本に対する最後通帳で、宣戦布告に等しいようなものだったのでしょうか？

ハル・ノートはアメリカ側から提示された交渉文書で、交渉当事者ハル国務長官の名前に由来しています。その第二項において、

① 関係各国の相互の不可侵条約
② フランス領インドシナの主権尊重
③ 日本の中国及びフランス領インドシナからの全面撤退

④　蔣介石政権以外のいかなる政府も認めない
⑤　実質上の日独伊三国同盟の破棄

を明記していました。

そもそも、「ハル・ノート」が出される前に、日本がアメリカに提示したものも、アメリカにとっては受け入れられないものでした。「日米交渉」といっても、しょせんは大国のエゴをすりあわせようとする日米帝国主義の衝突です。戦争を開始して敗戦したからといって、「ハル・ノート」の内容が日本を追い込んだとか、日本は戦争をするつもりは、本当はなかったとか、「弁解」する必要はないのではないでしょうか。

11月5日の御前会議で以下を決定しました。

一、帝国ハ現下ノ危局ヲ打開シテ自存自衛ヲ完フシ大東亜ノ新秩序ヲ建設スル為、此ノ際対米英蘭戦争ヲ決意シ、左記措置ヲ採ル

（一）武力発動ノ時期ヲ十二月初頭ト定メ陸海軍ハ作戦準備ヲ完整ス

（二）対米交渉ハ別紙要領ニ依リ之ヲ行フ

この別紙の「要領」は「甲案」と「乙案」がありました。

「甲案」は

①　「仏印」以外へは武力進出しない
②　「蘭印」からの必要物資の獲得について協力する
③　資金凍結前の状態にして石油の対日供給を再開する
④　日中和平に干渉しない

というもので、野村大使がハル国務長官に提出したのはこの「甲案」でした。

日本側は「ハル・ノート」を日本に対する最後通牒で「宣戦布告に等しい」、と、説明しますが、アメリカにすれば「甲案」はアメリカの要求をすべて退けているのに等しく、アメリカ側のほうも「甲案」を「最後通牒」と見做しても不思議ではない内容です。結局のところ、「ハル・ノート」も「甲案」も、アジアで膨張する日本の帝国主義とアメリカ帝国主義の全面的な衝突にすぎません。

アメリカ帝国主義は、日本帝国主義に対して、「円ブロック」と日本の獲得物を清算し、対英米協調路線への回帰を迫ったのです。

「ハル・ノート」は、すでにアメリカ・イギリスが提唱した「大西洋憲章」に見られるように「反ファシズム」の理念で書かれていて、簡単に言えば「ポツダム宣言」の原型でした。

結局、日本は敗戦し、「ハル・ノート」を受諾する以上の要求を「ポツダム宣言」で受け入れてしまうことになったのです。

現在、日本は台湾も朝鮮半島も植民地ではなく、東南アジアも満州国も中華民国も支配下にはありませんが、世界有数の経済大国になりえています。そのことをふりかえっても「満蒙は日本の生命線」というプロパガンダが虚構であったことは明白だったといえるでしょう。

3　すべての力を戦争に

図30　神宮外苑競技場で行われた出陣学徒の壮行会

「総力戦」とは、

①強い権限を持つ政府あるいは軍部が、
②軍需工業優先の産業に編制し、
③女性や青少年を軍需工業の生産に動員し、
④食料の配給制などを実施して、
⑤国民の消費生活を統制する

という体制のことを言います。

第一次世界大戦期、ドイツ帝国陸軍のルーデンドルフは『総力戦論』を著していますが、日本の総力戦もほぼこの内容に適合した総力戦体制を、段階を踏んで作り上げていきます。

しかし、日本は、インフラの整備も遅れており、そもそも資源や物資が国内で自給できない国です。この状況で「総力戦」体制をとったことは、著しく国民に負担を強いる結果になったのは当然です。

1938年には国家総動員法が制定され、政府は議会の承認なしに戦争遂行に必要な物資や労働力を動員する権限が与えられました。さらに翌年、国民徴用令も出され、一般国民が軍需産業に動員されるようになります。

国内向けの綿製品の生産、販売は禁止され、民需品の生産や輸入は厳しい制限をうけ、生活必需品は著しい品不足となりました。

国民に向けては、「ぜいたくは敵だ」「ほしがりません、勝つまでは」といったスローガンのもとに過度の節約が強要されます。

１９４０年にはぜいたく品の製造・販売の禁止、砂糖・マッチなどの消費を制限する切符制が採用され、翌年には配給制が実施されることになりました。

農村でも、政府による米の強制的買い上げ制度（供出）を実施する一方、生産奨励のための小作料制限や生産者米価の優遇などの措置をとり、地主の取り分を縮小させましたが、労働力や生産資材の不足のため、食糧生産は低下していくことになります。

図31　街に掲げられたスローガン

すでに１９３７年10月以降、国民精神総動員運動が展開され、総力戦にむけて労働者を全面的に動員するため、労使一体で国策に協力する産業報国会の結成も進められていました。

１９４０年には「戦争遂行のための世論形成」「思想・言論統制」を目的に内閣情報局が設置され、出版物・演劇などのほか、ラジオ・映画を含むマスメディアの総合的な統制がおこなわれるようになります。

芸術家のうち、画家・写真家は印刷会社・新聞社に必ず所属させられ、「従軍画家」・「従軍写真家」として徴用されました。音楽家も戦意を鼓舞する内容の軍歌や唱歌の作曲をさせられ、情報局傘下の組織に属さなければ作品の発表ができなくなったのです。戦争遂行のためにこれが大いに活用されていくことになります。紙が統制物資に指定されたため、新聞社・出版社も統制に対して反発する動きを見せず、紙の割り当てや当局からの情報を優先的に得ようとむしろ情報局に譲歩するようになっていったのです。

［コラム］　とんとんとんからりっと隣組

トントントンカラリと隣組
格子を開ければ顔なじみ
廻してちょうだい回覧板
知らせられたり
知らせたり

とは、漫画家・岡本一平作詞の「国民歌謡」として当時大流行した歌です。

歌詞も曲も、隣近所の親しいおつきあいを示す、なんともほのぼのとした、イメージを与えるものですが、実際の隣組はどのようなものだったのでしょうか。

政府からの通達、連絡はこの隣組を通じて徹底した浸透がおこなわれました。そして戦争の進展とともに、その役割は国民生活の細部にわたり、「出征兵士の送り出し」「防空訓練」「金属の回収」、そして「貯蓄の勧奨」、さらには「国債・戦債の割り当て」なども隣組が担当します。

配給制度が始まると、隣組がその配給窓口とでもいうべき存在となり、国民生活の根幹を支える（握る）組織となりました。

この隣組が組織された背景はいったい何だったのでしょうか。

1940年6月、枢密院議長を退いた近衛文麿は新体制運動を開始しました。これは当時、ヨーロッパを席巻していたファシズム運動を模して、強力な大衆組織を生み出し、既成政党を解体して一大指導政党を創出、全国民を戦争協力に動員する大衆革新運動です。諸政党や各団体は積極的に解散して参加を表明、7月、近衛文麿は首相となり、第二次近衛内閣が発足しました。そうしてこの新体制運動は、10月、大政翼賛会となって一応の着地点となりました。そして、この大政翼賛会は、単なる政党組織ではなくなり、首相を総裁とし、町内会やすでに9月に組織された隣組を下部組織とする官制の上意下達機関となった、と教科書では説明します（山川出版社『詳説日本史B』）。隣組は5～10戸で構成され、連絡・情報伝達は（現在でも町内会などに残る）「回覧板」によって伝えられ、大政翼賛会の末端組織として機能していくことになります。

「上からの統制」に利用された下部組織ではありましたが、同時に住民の積極的参加、協力を吸い上げる役割も果たしました。

とくに戦前、政治参加が禁じられ、選挙権も持たなかった「銃後の婦人」たちは、社会参加の一つのきっかけと考え、積極的に隣組の業務に取り組んでいたことも確かです。

しかし、戦局の悪化が進むと、経済統制はより厳しくなり、同時に末端組織の隣組の「業務」も煩雑・多岐にわたるようになり、末端組織、とりわけ隣組の組長の権限が強化され、言わば一般民衆の風上に立って組長風をふかす輩もあらわれ、さまざまなトラブルや人々の不満の温床にもなってしまいました。

4　日中戦争の展開と太平洋戦争における戦局の転換

1943年以降、ヴィシー政権のフランスとは「共同防衛協議」をおこない、広州湾に軍を進駐させ、「江北殲滅作戦」によって揚子江（ようすこう）（現在の長江）北部、武漢西方に第11軍を展開させて中国の守備隊を壊滅させています。さらに同5月には「江南殲滅作戦」により、洞庭湖（どうていこ）西方、長江南部に第11軍は進軍し、民間人を含む中国軍3万人を殲滅しました。11月には、「常徳（じょうとく）会戦」を始め、湖南省北部で中国軍と激突しています。

そして1944年からは「打通作戦」を展開しました。

これは中国大陸縦断作戦とでもいうべきもので、中国内陸部の連合軍基地の破壊、仏印への陸路を開くことを目的としたものでした。投入総兵力はなんと50万人。８００台の戦車、７万の騎兵を用いて作戦距離は驚きの２４００㎞。そして、この作戦は成功しています。

国内の経済は総力戦に耐えうる状況ではなく、生産力は著しく低下していたはずなのに、軍事作戦を次々展開できたのは、資源・食料などを徹底的に「現地調達」したか、日本国内あるいは満州国・朝鮮で食料・物資を強烈に絞り上げて中国大陸に送っていたかのどちらか、あるいはその両方でしょう。

ヨーロッパにおいて、ナチス＝ドイツの敗退は、三段階で決定的となりました。まず、第一段階はソ連侵攻の「バルバロッサ作戦」の頓挫です。モスクワまで20数㎞に迫ったものの、戦線が膠着してしまいました。

そして第二段階は、１９４３年2月、スターリングラードの戦いでドイツ軍が敗北し、ソ連軍が反攻に転ずるようになったことです。

第三段階は、テヘラン会談において、ヨーロッパの「第二戦線」を形成し、東からはソ連、西からはアメリカ・イギリス軍によってドイツを挟撃することが同意され、１９４４年6月にノルマンディー上陸作戦が敢行されたことです。

そしてほぼ同じ頃、日本の戦局も悪化していきます。

そのきっかけが１９４２年6月のミッドウェー海戦の敗退です。日本は4隻の航空母艦を沈められ、連合艦隊における機動部隊の主力を失いました。

ここからアメリカ軍の本格的な反攻が始まります。

1943年2月、激戦の末、ガダルカナル島が奪取されました。同年5月にはアッツ島の日本軍が全滅させられます。キスカ島も攻撃を受けましたが、7月、日本軍は「奇跡的に」アメリカ軍の包囲から脱出しました。

11月にはギルバート諸島のマキン島、タラワ島で日本軍は全滅しています。1943年は、日本の勢力範囲が着々と失われていく年でした。

そしてこの年は、同盟国ドイツでも大きな変化がみられた年となります。独ソ戦を短期で終了させることに失敗したドイツは、1943年ごろから戦争経済を支えるために東欧・西欧の占領地域での政策を大きく転換し、占領地域から工業資源や食糧を収奪し、占領地住民をドイツに徴用して国内生産に従事させるようになります。また人種差別政策を徹底し、ユダヤ人やスラヴ系住民を強制収容所に収監、多くの人々を殺害するようになったのもこの時期でした。

日本もまた、ドイツとよく似た政策転換を余儀なくされていきます。

さて、ガダルカナル島の陥落の報を受け、1943年9月に開かれた御前会議において、東条英機は、「今後採ルベキ戦争指導大綱」を決定し、「万難ヲ排シ概ネ昭和一九年ヲ目途トシ、米英ノ進攻ニ対応スベキ戦略態勢ヲ確立シツツ、随時敵の反攻戦力ヲ捕捉破摧ス。帝国戦争遂行上太平洋印度洋方面ニ於テ絶対確保スベキ要域ヲ千島、小笠原、南洋及ビ西部ニューギニア、スンダ、ビルマヲ含ム圏域トス」として「絶対国防圏」を設定しました。

こうして「絶対国防圏」が設定されたわけですが、この結果、南太平洋の最大基地、ラバウル（約10万人の兵を擁する）を含む「圏外」の日本軍が置き去りにされることも意味されています。

図 32　東条英機（中央左）と汪兆銘（中央右）

１９４３年11月、東条内閣はこの状況にあって、占領地域・諸国家の「協力」を得て、「大東亜共栄圏構想」の正統性を内外にアピールするために満州国・中国の汪兆銘（おうちょうめい）政権・タイ・ビルマ・インド・フィリピンの代表を東京に招集して「大東亜会議」を開催しました。

しかし、同時にここから占領地域の政策が大きく変化していくことになります。

当初、東南アジアの地域の中には、日本軍を欧米の植民地支配からの解放軍として受け入れることもあったのですが、独立を約束した地域でも、タイや仏印を除いて軍政下に置かれ、大東亜会議以後は、資源の収奪と労働力の動員が行われ、住民や現地指導者の評価は一変していったのです。

現地の生活様式や文化が無視され、日本語学習や神社参拝が強要され、タイとビルマを結ぶ泰緬（たいめん）鉄道の建設に代表されるような苛酷な労働力の徴発と酷使がみられました。こうして、占領地域における住民の「親日」「協力」姿勢は失われ、仏印やフィリピン、そしてビルマなど各地で組織的な「抗日運動」が展開されていったのです。

5　「大東亜共栄圏」とは何だったのか

前述したように「大東亜共栄圏」という言葉は、松岡洋右が外務大臣就任時に発表した表現でした。もともと近衛文麿が唱えた「東亜新秩序」の構想範囲は「日・満・支」（日本・満州国・中国）でしたが、「大東亜共栄圏」には東南アジアにまで拡大されています。

もともと、「南方」進出の軍事・経済的な目標は、日中戦争遂行によるアメリカとの対立で経済制裁をまねいてしまい、それを打開するための資源獲得が目的でしたから、「大東亜共栄圏」という言葉とは裏腹に、開戦直前に大本営が作成した「南方占領地行政実施要領」に基づいて「共栄」とはほど遠い、以下のような「占領政策」が実行されていきました。

一．重要国防資源（天然ゴム・ボーキサイト・原油など）の獲得
二．日本軍の現地自活
三．現地住民の日本軍への服従と独立運動の抑圧

一に関しては、まず東南アジアにあった外国企業（アメリカ・イギリス・オランダ）をすべて接収

し、代わって日本の企業（財閥系）を進出させます。そして原住民を低賃金の労働者とし、天然ゴム・ボーキサイト・原油を確保して日本へ移出していきました。

二の方針は、当然ながら軍の現地調達、すなわち食糧。生活品などを住民から供出させることになり、現地住民の食糧不足を招くことになりました。

三に至っては、植民地支配からのアジア解放などとはほど遠く、従来の欧米支配から日本支配に転換しただけのものであったことをよく示しています。

オランダの支配下にあったインドネシアを例にあげると、日本軍の進駐当初は歓迎して期待するところが多かったようで、オランダによって拘禁されていた独立運動家ら（後の大統領スカルノを含む）は釈放され、彼らは日本の軍政に協力していくことになりました。しかし、日本軍の「自活」政策による食糧供給によって食糧難に陥り、各地で暴動も頻発することになり、住民の不満が拡大していきました。また、セレベス島（現在のスラウェシ島）やスマトラ島、ボルネオ島（現在のカリマンタン島）に軍事基地を建設するようになると、現地の人々を「労務者」として多数強制労働に従事させていきます。現在でも「ロームシャ」という言葉はインドネシア語の中に「強制労働者」を意味する言葉として残っていることからも、このときの徴用が広範に適用され、そして過酷なものであったことを物語っているといえるでしょう。

１９４３年5月には、さらにあからさまな植民地支配の実行が進みます。「大東亜政略指導大綱」が決定されます。

図33　インドネシアに引き上げる「労務者」たち

一．ビルマ（現在のミャンマー）とフィリピンを独立させる。
二．マレー、スマトラ、ボルネオ、セレベスを日本領とする。

という内容のもので、同年8月にビルマ独立、10月にはフィリピン独立を認めましたが、「軍政総監指示」に「此ノ独立ハ、軍事・外交・経済ニ亙（わた）リ帝国ノ強力ナル把握下ニ置カルベキ独立ナル点特ニ留意ヲ要スル」とあるように条約の文面は対等でも、その実は日本が支配権を握っているものでした。

また、マレー、スマトラ、ボルネオ、セレベスを日本領とするのは資源（すず・ボーキサイト・天然ゴム・石油）の確保が狙いであったことは明白です。

「大東亜共栄圏」は欧米の植民地支配からの解放ではなく、新しい支配者に日本がなりかわるということがその実態でした。

6　内外の徴用政策

すでに「総力戦体制」は、日中戦争後の国家総動員法から始まったといえます。

その第一条には、「国防達成ノ為国ノ全力ヲ最モ有効ニ発揮セシムル様人的及物的資源ヲ統制運用スル」とあり、国民の経済・生活を国家の統制下に置き、その運用に際しては議会の承認を必要としないとするものでした。

そしてこれを補完・十全に機能できるようにしたのが1939年に出された国民徴用令です。これにより、重要産業（軍需・重工業分野）への労働力確保を、厚生大臣が強制的にできるようになりました。

これらは戦争の進展によって拡大解釈的に利用され（とくにアメリカの経済制裁発動以降）、国民の軍需産業への徴用はもちろん、賃金統制・物価統制・労働争議の禁止・言論統制を容易にしていきます。

日中戦争の進展、太平洋戦争の開始、そして戦局の悪化が進むにつれ、「国民徴用」の「国民」の範囲は支配地域の住民にも広がっていきます。

東南アジアでは、島嶼部（とうしょぶ）の基地建設・資源採掘に「労務者」として多数徴用され、

朝鮮では、

一．日本企業による募集

二．朝鮮総督府が地方自治体にノルマを課して人員を集めた官斡旋

三．朝鮮総督府が個人に「徴用礼令状」を発給して動員

という3種類の形態で労働力を確保し、国内の炭鉱・鉱山・軍需工場に労務動員しました（1942年以降中国でもおこなわれました）。

また、日中戦争の長期化が進む中で、軍の監督下にあって軍人・軍属に性的奉仕をおこなう女性が朝鮮・台湾・中国本土、フィリピンなど東南アジアから集められるようになります。この女性たちを「従軍慰安婦」と呼称していましたが、この呼称は戦後に付与されたもので、当時には使用されていません。「従軍慰安婦」という表現は不適であるとして「従軍」という表記を削除し、「慰安婦」と表記することがのぞましいとされました（2021年4月閣議決定）。

図34　米軍の尋問を受ける慰安婦

　昨今の教科書の表記が「聖徳太子」を「厩戸王（うまやとおう）」、「元寇（げんこう）」を「蒙古襲来」と変化しているのは、いずれも「当時使用されていた言葉で表記する」という原則にもとづくものです。これに準拠するならば、私も「従軍慰安婦」という表現はふさわしくないと思います。当時の史料でみられる呼称の多くは「軍慰安所従業婦」となっているので、個人的にはこの呼称がよいのではないかと考えています。

１９４４年8月に米軍がビルマで捕虜にした「軍慰安所従業婦」を尋問した文書の記録が残っています。

「日本軍が軍慰安所従業婦と呼んでいる仕事は売春婦のような仕事である。この韓国の少女たちは、病院で負傷した兵士たちに包帯を巻くような仕事で、新しい土地で人生がよくなると業者に聞かされ応募した少女たちだ」と、だまされてつれてこられたことがわかる説明が書かれています。

一部原文で紹介しますが、

“The conditions under which they transacted business were regulated by the Army.”

ここから、「彼女らの業務は陸軍の規定の下に」あったことがわかり、徴募にあたった業者は言葉巧みに女性たちを「軍慰安所従業婦」としたことも読み取れます。

さらに、国民の徴用が進むと、社会構造の歪みも深刻化していきました。

太平洋戦争開始時の兵力は２３９万人でしたが、１９４３年には３３７万人、１９４４年には５０0万人を超えることになりました。これは男子人口の約15％で、当然国内の様々な労働力不足、社会のインフラを整備すべき人員の不足をもたらし、日用品・食糧生産が大きく落ち込んでいくことになります。資源・労働力を占領地からの移入に依存する総力戦の限界が出てきました。

たとえば農村からは約２００万人が徴兵され、その他の徴用としてさらに２００万人が軍需工場に従事するようになっています。結果、農業労働に支障が生まれ、化学肥料・農機具の生産も低下しました。このことが戦争末期及び戦後の食糧難の深刻な原因となります。

図35　サイパン島に上陸するアメリカ海兵隊

また、14歳から40歳の男子に加えて14歳から25歳の未婚女性は勤労報国隊に組織され、１９４３年には国民徴用令が改正されて徴用期間の延長と義務性の強化がおこなわれます。女子勤労隊の編成も進み、女性の職場進出がいっきに進みました。学徒の動員は徴兵だけでなく、中学生までも農村・軍需工場への勤労奉仕が強制されるようになりました。

7　戦争末期　国民生活の破綻

１９４４年7月、サイパン島が陥落しました。6月、約7万のアメリカ軍がサイパン島に上陸します。この島は日本本土への空襲が可能となる戦略拠点であったため、日本の守備隊4万は徹底抗戦を展開しましたが、すでにサイパンの近海での海戦で日本海軍は軍艦や航空機を失っており、兵站の確保がまったくできない状況でした。

結局守備隊は全滅し、約1万人の日本人住民、サイパ

図 36　特攻隊の出撃

ン島民が犠牲となりました。

１９４１年1月、陸軍大臣（当時は東条英機）が発令していた「生きて虜囚の辱めを受けず」という文言で有名な「戦陣訓」は、ガダルカナル島での戦いでも実行に移されていましたが、以後の諸島部の戦いでも、兵士たちには「降伏」という選択肢が無く、「玉砕（ぎょくさい）」という形をとることになり、兵士の戦地での犠牲者を増やす要因となってしまいました。

また、１９４４年以降、日本軍は戦闘機に爆弾を装備し、操縦士とともに敵艦に「体当たり攻撃」をおこなうという戦法を組織的に展開するようになります（神風特別攻撃隊）。特攻は約３０００機が出撃し、戦死者は４０００人にのぼりました。

国民生活の崩壊は１９４３年から進展します。

国家総動員法・国民徴用令の制定・発令以後、民需は軍需に転用され、国民は生活が極度に切り詰められた上、兵力・労働力として動員されていきました。

図 37　陸軍工場の女子挺身隊

１９４３年、「学徒出陣」が決定され、大学・高等学校、専門学校に在学する徴兵適齢者が徴兵され、在学の生徒たちも軍需工場などで働かせる「勤労動員」も実施されました。女子学生も女子挺身隊に編成され、同様に「勤労動員」されています。

軍隊に動員された徴兵適齢男性は、５００万人におよび、このことは歪な社会構造を日本にもたらしました。生産労働人口は著しく減少し、制海権・制空権の喪失によって、貿易は実質的に停止状態となり、軍需はもちろん民需に必要な物資の輸入は途絶します。

日用生活品は不足し、衣料などにも切符制が布かれましたが、切符そのものがあっても衣料が実際には得られない場合が多くなり、１日３３０ｇの米の配給も滞り、代わって小麦粉・イモ類の配給となっていきました。

やがて衣料だけでなく、毛布・タオルといった生活用品も配布された切符によってしか入手できなくなります。

さらにサイパン島の失陥で、サイパン島に築かれた空軍基地からアメリカの爆撃機が組織的に飛来するようになり、軍需工場の攻撃のみならず、国民の戦意喪失を企図して、都市への無差別爆撃がおこなわれました。

図38　爆撃を受けた岡山市街

都市では防空壕がつくられたり、木造建築物が強制撤去されたりしましたが、それらは住民の労働によっておこなわれたのです。軍需工場は地方に分散され、住民・小学生の「疎開」が開始されました。

前述のように、やがて大学生も戦場に送り出されることになります（学徒動員）。そして1944年には12歳以上の子どもは軍需工場で働くことが決められます。

これらの労働力人口の偏りは農産物の加工、食料品生産を低下させることになりました。そのため小学生を、食糧生産のために空き地などを利用して生産に従事させるようにもなります。「国民学校」と呼称された当時の小学校でも軍事教練が始まり、「訓練」という形で子どもたちも戦争に参加していくことになりました。

1944年6月、空襲の激化から都市の子どもたちを地方に避難させることが開始されます（集団疎開）。
１９４４年10月以降、軍事行動も限界に達し始めました。それはレイテ島の失陥から始まったといえます。アメリカ軍はフィリピン奪回をめざしてレイテ島を攻撃しました。

この戦いで連合艦隊はアメリカ軍に大敗し、日本海軍は事実上消滅したといえる状態に陥りました。先に説明した神風特別攻撃隊による体当たり攻撃も、この戦いで初めておこなわれたのです。

１９４５年3月、硫黄島が占領され、さらに4月にはついに沖縄本島にアメリカ軍が上陸しました。沖縄戦は住民を巻き込んで3ヵ月以上の戦いとなり、陸海軍約8万人、住民10万人以上の戦死者、および特攻機１８９５機という多大な犠牲を出し、沖縄島は占領されました。

図39　沖縄本土に上陸するアメリカ兵

やや詳細に説明すると、沖縄戦の戦没者は18万８１３６人とされていて（沖縄県援護課資料）、沖縄県出身の軍人・軍属2万８２２８人、一般住民3万８７５４人に住民の戦闘参加者5万５２４６人を加えると、沖縄戦が沖縄県民にとっていかに苛烈な戦いであったかわかります。

図40　大空襲時の東京で逃げる人々

しかし、餓死者やスパイ容疑をかけられて殺された人々、戦闘の足手まといになるとされて自決を強いられた身体障害者などがいたことも、沖縄国際大学の安仁屋（あにや）政昭（まさあき）教授の研究で明らかにされており、沖縄戦は軍人を上回る住民の犠牲を出したことにその特徴があるといえるものでした。

「島」という閉じられた狭い空間と食糧不足に加え、沖縄島南部に住民30万人が残っていたこと、そして彼らを沖縄守備軍第32軍の方針「軍官民共生共死」に基づいて陣地構築や補給作業に動員、防衛隊・学徒隊として戦闘に巻き込んだことが、住民の犠牲が多かったことの原因と断じてもよいでしょう。

また、１９４５年3月の「東京大空襲」では東京を約３００機のB29爆撃機が襲い、人口密集地に約１７００トンの焼夷弾を投下して焼き払いました。そして、その被害は家屋全焼２２１万戸、死者26万人、負傷者42万人に達したのです（内務省防空総本部発表）。

サイパン陥落後に成立した小磯国昭（こいそくにあき）内閣も、アメリカ軍の沖縄上陸後に退陣し、鈴木貫太郎を首班とする内閣が成立しました。

この間、日本を取り巻く国際情勢はたいへん厳しいものになっています。

１９４３年のカイロ会談では、戦後の朝鮮半島独立、満州・台湾などの中国への返還が確認されました。そして、１９４５年２月にはヤルタで米・英・ソによる会談が開かれ、秘密協定として、ドイツ降伏後の日本へのソ連参戦が決定されます。

そして１９４５年５月、ドイツは降伏し（イタリアはすでに１９４３年に降伏）、日本は国際的に完全に孤立してしまうことになりました。

［コラム］　日本はなぜ敗戦したのか？

一般に、太平洋戦争の敗戦は「軍部の暴走」と「国際関係の誤認」、「経済力を無視した計画」によって、つまりは「無謀の無知」による結果だと考えられています。はたして、軍部は「無謀」で政府は「無知」だったのでしょうか。

１９４１年４月、太平洋戦争勃発の８ヶ月前、「総力戦研究所」というものが設置されます。ここに集められた研究生は官僚・陸海軍の軍人だけでなく民間企業だけでなく、ジャーナリストらも含むメンバーで、それぞれの分野での優秀者・エリートから構成されていたのです。

ここではまず模擬内閣がつくられ、それぞれの専門分野から「閣僚」が選ばれました。そしてここで日米開戦のシミュレーションがおこなわれたのです。

ここで、開戦するためには石油などの戦略物資が著しく不足し、そしてその確保のために南方（東南アジア）に進出したとしても、獲得した戦略物資を輸送する方法が問題となり、さらには、輸送中にアメリカ海軍によってそれが阻止されることもシミュレートできていました。

「なぜ負けたか」ではなく「なぜ始めてしまったか」というところに敗戦の原因があるようです。

第一次世界大戦は、文字通り「世界」規模の過去に例をみない「総力戦」でした。ヨーロッパは戦場となり、その復興と再建のために、各国は財政難に陥ります。

財政難から回復するためには、国内産業の復興と財源確保が必要となりますが、その方法は戦争のために肥大化した「軍事費」の縮小にあるのは明白です。

軍備を縮小するためには、各国が戦わない状況を作り出す必要がありました。こうして各国一斉の軍縮、国際協調体制が「世界の常識」となります。

ヴェルサイユ体制、ワシントン体制には軍縮を進めて経済力を回復し、国際協調を進めて国際貿易を活性化する経済的意味もありました。

しかし、同じスタート・ラインに各国が立ったわけではありません。戦勝国と敗戦国という区別だけでなく、「持てる国」と「持たざる国」の差がありました。

「戦勝国」でありながら「持たざる国」であった日本にとって、第一次世界大戦後の国際協調体制（とくにワシントン体制）は「持てる国」の現状維持のために「持たざる」日本を抑え込む「不平等なもの」である、と考えるようになったのです。

この考え方が表面化する「引き金」となったのは、言うまでもなく戦後恐慌・金融恐慌・昭和恐慌という国内・世界の大不況でした。

国内の諸問題・矛盾の解決を対外進出に求め、日中戦争を継続し、「東亜新秩序」を謳って「日・満・支」による経済ブロックを確立しようとする一連の動きは、東アジアの安定・現状維持を求めるアメリカやイギリスとの対立を生み出しました。

結果、その打開策として、ヨーロッパで同様の新秩序建設をめざすドイツ・イタリアと結び、さらにはソ連と連携して、アメリカに対抗しようとしました。

日中戦争を継続するための資源を南方に求め、そのことがアメリカとの対立を深刻化させても、ドイツ・イタリア・ソ連との四国協商がアメリカを牽制するという構想は、独ソ戦の開始と、妥協しないアメリカによる経済封鎖の強化で崩れてしまいます。

「そうなることがわかっていても」開戦せざるをえない状況に陥りました。

また、制度的に政治が軍事をコントロールしにくい状態にあった、ということも指摘できます。

クラウセヴィッツが『戦争論』の中で「軍事は外交の延長である」としていることからわかるように、「軍事＝政治・外交」なのです。あくまでも軍事は政治の一部であるはずが、軍部は統帥権を「政軍分離」と解釈し、それを主張・実現化してしまいました。シビリアン・コントロールとは、経済や外交を知らない軍人が戦争をしてしまうことを抑制することです。経済・政治を専門家でない軍部が主導してしまう事態が「1930年代の状況」だったといえるでしょう。

本来、軍事と外交の情報を共有すべき大本営連絡会議も十全に機能していません。一例をあげると、開戦直前に外務大臣東郷重徳（とうごうしげのり）が海軍軍令部長の伊藤整一（いとうせいいち）に「開戦時期と攻撃地域を知りたい」と申し出たにもかかわらず、「軍令に口をさしはさむことは許されぬ」と一喝してこれを退けたといいます。統帥部は明白に外務省を「使いっ走り」扱いをしていたとしか言いようがありません。

前述したように、「最後通牒」が真珠湾攻撃後に届いてしまったのも、この文脈で理解できます。

さらに、１９４１年９月に開催された御前会議のための質疑応答にみられる楽観的見通し、そしてそこで決定された「帝国国策遂行要領」に政府と軍部が縛られてしまった（既定路線を覆せなくなった）こともありました。

質疑応答の記録をみると、

一．米英との戦争は長期化する
二．アメリカの妥協・屈従は困難

という結論が出されたにもかかわらず、

三．イギリスを屈服させることでアメリカの世論転換を待つ
四．東南アジア・東アジアの資源を活用し、「長期自給自足の経済態勢」をつくる
五．ドイツ・イタリアと提携してアメリカ・イギリスの連合を撃破する
六．アジア（日本）とヨーロッパ（ドイツ・イタリア）との外交を密にして「不敗の態勢」を

作り上げる

としていました。これを「安心材料」としてつくられた「帝国国策遂行要領」は、

一．アメリカ・イギリス・オランダと戦う準備を10月下旬までに整備する
二．10月下旬までには外交交渉で「日本の要求」貫徹に努力する
三．「日本の要求」を貫徹しうるめどが立たない場合はただちに開戦の決意をする

としました。

「日本の要求」は、

一．アメリカ・イギリスが日中戦争に干渉しないこと
二．アメリカ・イギリスが東アジアで日本の国防を脅かす行動に出ないこと、
三．アメリカ・イギリスは日本の主要物資確保に協力すること

というものでした。

「すでに決定していることだ」と、状況が変化しているにもかかわらず、その前提を覆せず、その決定を変えることによって生じるかもしれない責任を負うことを色々な部署が避けてしまい、「そ

うなることをわかっていても」そうしてしまう……。

現在の日本の企業の会議などでもよくみかける状況に陥ってしまったといえるのではないでしょうか。

X

現代世界の中の日本

——豊かさとそれとひきかえたもの

東京タワーと東京の夜景／写真提供：PIXTA

序

ソ連がナチスから解放した東ヨーロッパ、ナチスや日本に抵抗するレジスタンスやパルチザンが盛んだったフランス、イタリア、ユーゴスラヴィア、そして中国・朝鮮半島では、共産党やその勢力への支持が広がります。

アメリカは、こうした動きを封じ込めるため、西ヨーロッパに経済援助をおこない、占領した日本に対しても間接統治という形で民主化を進めながら、多額の資金を投入して復興を促していきます。

アメリカ、ソ連は各国に影響力を強めながら対立し、「冷戦」が始まりました。

日本は、本来ならば「連合軍」と講和をして戦争終結のはずでしたが、講和対象の「連合国」が、アメリカを中心とする資本主義諸国とソ連を中心とする社会主義諸国に分かれ、そして中国も国共内戦を始めてしまっていました。それは朝鮮半島の南北対立におよんで朝鮮戦争も勃発してしまいました。

日本が連合国との終戦直後の講和を実現できなかった所以です。

あくまで「連合国」との講和を求めるのが「全面」講和、分裂した連合国それぞれとの講和をめざすのが「単独」講和で、日本は分裂した「連合国」の一方、つまりアメリカとの講和を選択しました。

しかし、それは同時にアメリカと対立するソ連との戦争の可能性も生じます。

講和条約と同時にアメリカと安全保障条約を締結したのは、ソ連の侵略（戦争再開）を抑止するための必然でもありました。

こうして日本はアメリカの側に立って独立を実現したのです。日本は米ソ対立の中で、安全保障をアメリカに委ねることで独立し、経済発展を進めることに成功しました。

アジア諸国が抱く日本の再軍国主義化と台頭の懸念を、日本は「戦争放棄」と経済援助によって払拭し、賠償金の放棄と友好関係の樹立に成功しました。

50年代から60年代の日本は、これを背景に、一見アメリカ寄りの立場に立ちながらも、アジア・アフリカ会議への参加、ソ連との国交回復、韓国との国交回復に成功します。そして70年代には、中華人民共和国と国交を回復し、中東戦争ではアラブ諸国の理解も得たのです。これらを概観するとき、55年体制の自民党政権は、社会党の唱えた「非武装中立論」を絵に描いた餅と批判しながら、その実、それを現実的に実現していたともいえます。

この国際環境や安保体制は、日本の高度経済成長に少なからぬ寄与することになります。軽工業中心から重化学工業中心へ。第一次産業中心から第二次産業中心へ、そして第三次産業の大きな伸張。しかし、生活水準の向上、科学技術の発展とは裏腹にさまざまな問題が同時に進行し、70年代・80年代にそれらが表面化していきます。このことはまた、世界の大きな変化と深いかかわりがありました。

これらを日本と世界、一体的にとらえながら、現在の日本に至る過程をみていきたいと思います。

（1）終戦と占領と日本の民主化

1　ポツダム宣言の受諾　「日本のいちばん長い日」

1945年7月、小磯国昭内閣にかわって鈴木貫太郎内閣が発足しました。このとき陸軍は、

①「戦争は継続・完遂する」

②「本土決戦のための陸軍の企図する諸政策を具体的に躊躇なく実行する」

ということを条件に、阿南惟幾（あなみこれちか）を陸軍大臣に推しました。

さらに、終戦工作についても、

③「朝鮮を植民地として留保」

④「満州帝国の独立維持」

を条件としていました。

鈴木貫太郎はこれらを受け入れて組閣します。

陸軍は、この方針をもとに、満州から3個師団、1戦車師団を転用し、本土の在来師団を次のように大本営直轄に再編成しました。

図１　鈴木貫太郎（左）と阿南惟幾（右）

東日本の作戦担当は「第一総軍」、西日本の作戦担当は「第二総軍」、そして「航空総軍」を新たに設けて、「本土決戦」の準備を進めたのです。

そしてこの時、国民総動員の本土決戦に向けて「決戦訓」を示達しました。

「皇軍将兵は、皇土を死守せよ」。

「皇土は天皇在しまし、神霊鎮まり給ふの地なり。誓って外夷の侵襲を撃攘し、斃るるも尚魂魄を留めて之を守護すべし」。

「挙軍体当り精神に徹し、必死敢闘、皇土を侵犯する者悉く之を殺戮し、一人の生還なからしむべし」。

徹底抗戦の「姿勢」は杉山元（はじめ）第一総軍司令官の「敵の一人を斃すに我が一〇人を犠牲とするも敢て辞せず」という言葉によく示されています。（『戦史叢書　本土決戦準備（1）』防衛庁防衛研修所戦史室・朝雲新聞社）

日本は「特攻」を継続し、「本土決戦」の姿勢を崩さず（具体的に準備を進め）、そして日本が、「朝鮮半島」と「満州帝国」の維持を示している以上、「戦争を早期に終わ

図２　ポツダム会談での英首相チャーチル（左）、米大統領トルーマン（中）、ソ連首相スターリン（右）

らせる」ことをアメリカは考えざるをえない状況となりました。

１９４５年7月、ドイツ降伏後の処理と、対日降伏勧告のためにポツダムで米・英・ソの首脳が集まり、米・英・中の３ヵ国の名でポツダム宣言を発したのです。

ポツダム宣言は13項目におよび、降伏と連合国による占領を勧告した上で、「軍国主義の除去」「領土の削減（日本の主権は本州・北海道・四国・九州及び連合軍の指定する周辺の諸島のみに限定）」「民主化」「軍隊の解散」などを要求するものでした。

ポツダム宣言に対して、日本政府はこれを拒否する声明を出すのではなく、しばらく意思表示をしないこととしたにも関わらず、「態度を明確にしないのはいかがなものか」と軍部におされ、7月28日に鈴木貫太郎総理大臣は記者会見をすることになってしまいました。

「私は、三国共同声明はカイロ会談の焼き直しと思ふ。政府としては何等(なんら)重大な価値あるとは思はない。

ただ黙殺するのみである」

とし、さらに、

「われわれは断乎戦争完遂に邁進するのみである」

と発表しました

「黙殺」は"no comment"ではなく、「われわれは断乎戦争完遂に邁進するのみである」と直後にあることから、"ignore"と訳されてしまいました。こうして8月2日、ポツダム会談は終了し、3日に原爆投下作戦が発令されたのです。

ポツダム宣言には、次のような文言が示されています。

「吾等の軍事力の最高度の使用は日本国軍隊の不可避的且完全なる破壊を意味すべく、又同様必然的に日本本土の完全なる破壊を意味すべし」

言わばこの「警告」を"ignore"した、とアメリカは解釈しました。

「軍事力の最高度」とは、この段階での「最高度兵器」＝「原子爆弾」のことであることは言うまでもありません（『原爆投下への道』荒井信一・東京大学出版会／『十五年戦争小史』江口圭一・青木書店）。

ポツダム宣言受諾への過程は、「天皇の御聖断」一つで簡単に決まったことではありませんでした。

8月9日深夜の御前会議の席上、阿南陸軍大臣、梅津参謀総長、豊田軍令部長は、

「ポツダム宣言に複数の条件を付し、これが認められない限りは徹底抗戦すべし」

という発言をしています。

東郷外務大臣、米内海軍大臣、平沼枢密院議長は、

図３　ポツダム宣言受諾時の外務大臣・東郷茂徳（左）、海軍大臣・米内光政（中）、枢密院議長・平沼騏一郎（右）

「国体護持を確認してポツダム宣言を受諾する」というものでした。

昭和天皇は「国体護持を確認してからポツダム宣言を受諾する」という外務大臣・海軍大臣・枢密院議長の意見に同意しました。

ですから、この御前会議では、まだ「降伏」はもちろん、「敗戦」が決まったわけではありません。

実際、外務省は連合国に「国体護持」の確認をしています。それに対する連合国からの回答（8月12日）では、国体の護持ができるかどうかが曖昧であったため、また閣議で陸軍が徹底抗戦を唱えてしまい、8月14日午前11時に、再び御前会議が開催されることになりました。

ここでも阿南陸軍大臣は徹底抗戦を説きますが、ここで昭和天皇は

「私の考えはこの前申したことに変わりはない」
「これ以上戦争を続けることは無理だと考える」
「自ら戦争終結を決意したものにして変わりはない」

と、きっぱりと断言されました。（『昭和天皇実録』宮内庁編、東

京書籍）

思えば、8月9日から同月14日まで、「5日間」もありました。軍部は、「国体護持」にこだわったために5日間もの貴重な時間を消費しました。この間、東南アジア・中国・北方の各地では戦闘が続き、多くの命が失われている、ということを忘れてはならないと思います。

しかも、これですんなりと「終戦」とはなりませんでした。いわゆる「宮城事件」が起こります。これは陸軍省と近衛師団の一部将校・参謀たちが天皇の玉音放送の録音盤を奪取し、クーデターを起こそうと画策したものです。

彼らは近衛第1師団長を殺害、偽の師団命令を作成して下達し、近衛第2連隊を動かしてなんと宮中を占拠、御文庫や宮内省で玉音盤捜索をおこない、軍の反乱決起を促しましたが、ことごとく失敗に終わりました。

また周辺でも「終戦」を阻止しようとする暴挙は起こり、東京警備軍横浜警備隊長が率いた一隊（軍ではなく勤労動員の生徒たち）が15日未明に鈴木貫太郎内閣総理大臣官邸を襲撃、鈴木の私邸ならびに平沼騏一郎（ひらぬまきいちろう）枢密院議長、木戸幸一内大臣、そして東久邇宮稔彦（ひがしくにのみやなるひこ）親王の私邸などを次々に襲撃しています。

16日でも、厚木基地の一部将兵が徹底抗戦を呼びかけ、停戦を知らせるための航空機の破壊などをおこない、17日には厚木基地の航空機が米軍偵察機を攻撃する事件も起こっています。

17日、鈴木貫太郎内閣は総辞職し、皇族である東久邇宮稔彦が組閣することになりました。

2　帰られなかった人々

戦争が終結しても、日本に帰られなかった人々がいます。満州では開拓民の多くはとりのこされ、移動手段を失い、餓死・病死者が多く出ました。親、保護者を失い、中国人に保護され、中国で育った子どもたちがいたのです（中国残留日本人孤児）。

ソ連が占領した地域で捕虜となった約60万人の人々はシベリアに抑留されました。極寒の中の強制労働により、多くの人々が異国の地で亡くなっているのです。

もともと満州国が建国される以前から、昭和恐慌下の農村救済政策の一環として「満蒙開拓移民」が実行され、満州国建国後は、広田弘毅（ひろたこうき）内閣が「五百万人移民計画」を立て、30万人以上の開拓民が渡満していました。

しかし、ソ連の中立条約一方的破棄と宣戦により、多くの開拓民は国境地帯に取り残され、日本に帰国できたのは約１／３でした。

満州国を防衛するはずの関東軍は、実は１９４２年以降、南方・太平洋戦線へ兵力を抜き取られてしまっており、代替増強はされておらず、１９４５年の段階では、戦力の劣化が著しい状態でした。その結果ソ連軍の侵攻により、国境付近で多くの部隊が壊滅します。関東軍首脳は撤退を決定し、新京の関東軍関係者たちは8月10日、憲兵たちに護衛されながら、早々に特別列車を仕立てて脱出しています。

その結果、ソ連軍の侵攻で犠牲となったのは、主に満蒙開拓移民をはじめとする日本人居留民たちとなりました。

開拓民は、「引き上げ」途中で多くの死者・行方不明者を出し、ソ連軍に捕えられて「シベリア抑留者」となった人々の帰国は不可能に近い状態となったのです。

満州からの「引き上げ」は１９４６年に再開されますが、おりしも中国では国共内戦が開始され、国民党軍あるいは共産党軍に労働者として徴発されたりした人々もおり、中華人民共和国成立後は、日本が「国交」を結んでいなかったために、１９５３年には集団引き上げは終了、１９５９年には「未帰還者特別措置法」により「残留孤児」たちはすべて戦時死亡とされて戸籍から抹消されました。

３　占領政策と民主化

ＧＨＱは、日本政府に民主化を進める指令を出しました。労働組合の結成が奨励され（労働組合法が制定され）、圧政的諸制度の除去として憲兵組織の解体、治安維持法の廃止がおこなわれます。それと並行してＧＨＱは報道・出版の検閲を実施しました。占領政策の批判やアメリカ兵による刑事事件の報道を禁止し、米軍の戦闘行為、とりわけ原爆投下に対する批判に対しては、出版・報道を禁止しました。また、１９４７年、２００万人が参加して実行しようとしたストライキを中止させる指令を出します。

ＧＨＱは、ポツダム宣言に則った「占領政策」を実践していきました。

武装解除（軍隊の解散）、戦争指導者・協力者を逮捕して裁判をおこなう準備を進めます。軍国主義者や戦争協力者は公務員や議員から追放されることになりました。

民主化政策の「目玉」ともいうべき「財閥解体」と「農地改革」について詳述したいと思います。まず「財閥解体」は、巷間で思われているように、GHQの指令によって解体されたものではなく、「日本の手による解体」が進められたものでした。

「財閥解体」はGHQの占領政策の「間接統治」をもっとも端的に示した好例といえます。よって、「農地改革」とは少し異なる特徴的な展開をしました。

日本政府は「財閥解体」に消極的な態度をとっていたのですが、「三井財閥」自身が、GHQの示した「対日方針第4章B項」を受けて「解体論」の案を出したのです。そして「安田財閥」は以下の「三大方針」を明示しました。

① 安田一族の役員辞任

② 安田財閥の解散

③ 株式の公開

このように、財閥解体は「財閥側からの動きが先で政府が後」でした。

GHQは、日本の自主的な解体に期待するが、うまくいかない場合は「積極的に関与する」と表明します。

日本政府は、この「安田3項」を原案とし、4財閥と協議を進め、これをもとに財閥解体案を作成してマッカーサーに提案します。

「農地改革」のときは、かなり積極的にGHQは介入し、やりなおしを要求していますが、「財閥解体」は、ほぼ政府提案のまま実行にうつされることになりました。

さて、農地改革は、幣原喜重郎内閣のときに第一次が、吉田茂内閣のときに第二次がおこなわれ、第一次の不徹底を「訂正」する形で、第二次で徹底されました。

農地改革の目的は、

①「寄生地主制の除去」

②「自作農創出」

の二つです。

これにより、農地の半分を占めていた小作地が1949年には13％となり、3割ほどだった自作農が、1949年には約6割となりました。

明治時代におこなわれた税制改革の「地租改正」によって、納税者は土地所有者とされ、それまでの物納から現金納となりました。

「地主」は地価に税をかけられ、現金で納めるのですが、小作人は地主に小作料を「現物」で納めていました。

つまり、地価に課せられた税は同じであるため、地主は小作料を引き上げれば差額の利益を得られました。（良心的な地主も多数いたとは想像できますが）地主－小作の「貧富の差」は激しく、「経済力の差」と「社会的威信の差」は明確にあり、封建的な農村内の「上下関係」は厳然と存在していたのです。それが大きく変えられることになったのが農地改革で、財閥解体とともに「経済の民主化」のみならず「社会の民主化」を大きく進めた改革でした。

そして同時に、農地改革は「農民の保守化」も促します。

１９４６年に再結成された「日本農民組合」を中心とする農民運動は、たしかに農地改革を後援したのですが、「農地改革」が終わると急速に収束し、１９４７年12月以降、農業協同組合（農協）が各地に設立されることになります。

自作農となった農民は保守化し、独立後の議会では、保守系議員の票を支えていくようになります。18世紀末のフランスにおいて、領主の支配下にあった農民が、「革命」によって自作農になったとたん、保守化して過激な革命の進行に反対するようになり、フランス革命の保守反動をもたらして、後のナポレオン政権誕生の基盤となったことに似ています。農民の自作農化は保守層の育成と深い関係がありました。

4　日本国憲法の制定

１９４５年、ＧＨＱは日本政府に憲法の改正を指示します。しかし、政府案は大日本帝国憲法とほぼ代わらない内容であったため、ＧＨＱ草案と呼ばれるものを作成しました。ＧＨＱがモデルとしたものは、憲法学者鈴木安蔵・高野岩三郎らの「憲法研究会」が作成したもので、自由民権運動期につくられた私擬憲法、世界の諸憲法を参考にしていました。

日本国憲法制定の過程を以下に詳細に説明したいと思います。

１９４５年10月、ＧＨＱは日本政府に対して、「新憲法の制定」を指示しました。

図４　幣原喜重郎（左）と松本蒸治（右）

当時の内閣総理大臣は幣原喜重郎で、10月末、松本蒸治国務大臣を委員長とする憲法問題調査委員会が草案作成に入りました。

しかし、そこで行われた「議論と過程」は公表されず、草案そのものは松本烝治国務大臣がほとんど一人で起草したものです。

しかし、この草案は、日本政府が自主的に民主的な憲法を作成するであろうと期待していたマッカーサーを失望させるものでした。大日本帝国憲法とほぼ同じものだったからです（『マッカーサーの二千日』袖井林二郎・中公文庫）。

実は、マッカーサーが憲法改正を指示した段階で、政府とは別に並行して、政党や団体、あるいは個人がさまざまな憲法草案を作成しており、その代表的なものとして次の四つがありました。

①　保守党政党の自由党・改進党の案

②　憲法懇談会案（社会党・文化人グループ）

③　共産党案

④　憲法研究会の案（憲法学者のグループ）

このうち①は松本試案とほぼ同じで大日本帝国憲法と類似したものです。②は天皇の統治権を制限しながらも天皇制を維持する内容のものでした。③は天皇制を廃止し、共和政をとるものです。④は天皇制を存続させながらも、主権は国民にあるとするもので、天皇は「国家的儀礼」をおこなう存在にする、というものでした。

とくに④の憲法研究会の案には「健康にして文化的水準の生活を営む権利」が含まれ、これが後の憲法第25条に示される「健康で文化的な最低限度の生活を営む権利を有する」という条文の下敷きになっていることは容易に推測できます。この他、男女の完全な平等、民族・人種による差別の禁止ということも盛り込まれており、マッカーサーは大いに注目しました。こうして、GHQは④の草案を高く評価し、草案作成の土台としたのです。

日本国憲法の制定の背景で、実は、忘れてはならない外交上の「駆け引き」がありました。

ソ連は、日本を敗戦後のドイツのように「軍政下」に置いて、「東西分割占領」を企図していましたが、アメリカとソ連は「極東におけるアメリカの優越権」と「ソ連の東ヨーロッパ・バルカンにおける優越権」を“bargain”（取引）したのです。

アメリカは「ソ連を含む『連合国』が介入しなくても日本は自ら民主化できる」という前提で、他

図5　昭和天皇とマッカーサー

国にアメリカ主導の間接統治を認めさせていました。

もし、ポツダム宣言の要求に合致し、連合国を納得させる憲法を日本政府が作らなければ、ソ連の介入を許すことにもなりかねません。そうなれば「天皇の戦争責任」もクローズアップされてしまいます。

日本政府は「天皇の戦争責任」及び「日本の東西分割」を回避し、GHQも極東におけるソ連の影響力を排除するために、民主的、自由主義的な憲法とそれによる政体の実現を急いだのでした。

この「対策」の一つが憲法第9条にありました。

従来、第9条の「戦争放棄」の項目は、首相の幣原喜重郎がマッカーサーに申し出たとされていました。その根拠となったのは、マッカーサー自身の「証言」によるものです（『マッカーサー大戦回顧録』中公文庫）。

1946年1月24日に幣原がマッカーサーを訪問した時、「…新憲法を書き上げる際にいわゆる『戦争放棄』条項を含め、その条項では同時に日本は軍事機構を一切持たない、と提案した」ということが記されています。マッカーサーは「私は腰が抜けるほどに驚いた」とまで感想を綴っているのです。

しかし、マッカーサーが「戦争放棄」を日本政府に認めさせた（押しつけた）という印象を払拭するため、「幣原が提案した」ということにしたのではないか、という考え方も根強く残っています。

これについては興味深い指摘があったことを、服部龍二が『幣原喜重郎』（吉田書店）の中で記しています。それは幣原の秘書岩倉松の「証言」によると、「戦争放棄の思想または理想について幣原首相から話し出し、幣原首相、マ元帥がまったく意見が一致したのは事実ではあるが、日本国憲法に規定するとかしないとかという問題には、ぜんぜん触れていない……。幣原氏には、それを憲法で規定しようとする考えは全然なかつたからである」と述べています。

幣原は、憲法に入れるつもりはなかったが、「戦争放棄」の思想と理想をマッカーサーに語ったことは事実であり、マッカーサーが回想の際に、幣原との「政治談義」と「憲法草案」の話を混同した（あるいはやはり意図的に取り違えた）、というのが実際だったような気がします。

ここで問題としなくてはならないのが、この時の日本をとりまく連合国諸国や国際世論の状況です。前述のように、ポツダム宣言の要求を実現し、ソ連を説得しなくては「東西分割」の危機もありましたし、中国・オーストラリア・ニュージーランドは日本の再軍備と軍国主義の復活を懸念し、天皇を戦争犯罪人として天皇制を廃止しようという意図も持っていたのです。

マッカーサーとしても日本が「軍国主義」を放棄して再軍備化しないことを、幣原としても「新しく生まれ変わった国」として連合国や国際世論に示す必要がありました。

古関彰一も当時の史料や幣原以外の閣僚の反応などから「マッカーサー説」を採用していて（『日本国憲法の誕生』〔岩波書店〕）、私もこの考え方に賛成です。

ただ、単にマッカーサーが指示した、ということにとどまらず、終戦直前、「国体護持」のためには「戦

図６　GHQ本部として使われた第一生命館

争を放棄する平和国家」を唱えなくてはならないという意思が政府（幣原）に強くあったことは確かで、それが第９条を憲法の中に組み込ませたのでしょう。

さて、ＧＨＱの憲法草案を、日本政府はそのまま受け入れたりはせず、日本の実情をふまえて「修正」し、ＧＨＱもそれを受け入れました。

まず第１に、ＧＨＱ草案では、国会は「一院制」だったのですが、日本政府は「二院制」の意義を説いて、ＧＨＱも「二院制」を受け入れました。

そして第２に、「土地の国有化条項」がＧＨＱ案には含まれていましたが、日本政府はこれを拒否し、「土地国有化条項」は削除されています。

第３に、「外国人の人権を保障する条項」がありましたが、日本政府はこの条項を削除させています。

さらに第４として、「地方自治」に関する規定も、ＧＨＱの草案は、「連邦制」に近いような地方分権制度でしたが、現行のものに修正されました。

日本政府とＧＨＱは、キャッチボールを繰り返すように条項を修正して「政府案」を完成させました。そして婦人参政権が認められた選挙で選ばれた議員からなる帝国議会（第90回）に提出されました。帝国議会での審議もおこなわれ、その１００日間に議会でも修正が加えられています。

その第一は「国民主権」が憲法に明示されたことです。これは議会での修正で、政府案にはありませんでした。

第25条の「健康で文化的な最低限度の生活を営む権利」という「生存権」の規定も、議会での修正であり、ＧＨＱ草案にはありませんでした。

さらに、ＧＨＱ草案には義務教育の年限が定められていなかったのですが、議会において「その保護する子女に普通教育を受けさせる義務を負ふ」というように明記され、現在の第26条ができたのです。

これだけではありません。１９４６年10月、極東委員会は憲法施行後、1年から2年以内に、憲法の再検討の機会を与える決定までしています。日本人の手で、再検討する機会も提供されました。しかし、吉田茂内閣は「再検討」せず、１９４９年4月、吉田首相が国会で憲法は修正しないと答弁したのです。

このような過程をふりかえるかぎり、ＧＨＱと日本政府、議会による「共同作業」によって日本国憲法は作成されたというべきで、「日本国憲法」は戦勝国が一方的に敗戦国に「おしつけた」とは断言できないものだったといえるでしょう。

１９４６年11月3日、日本国憲法は公布され、翌5月3日から施行されました。

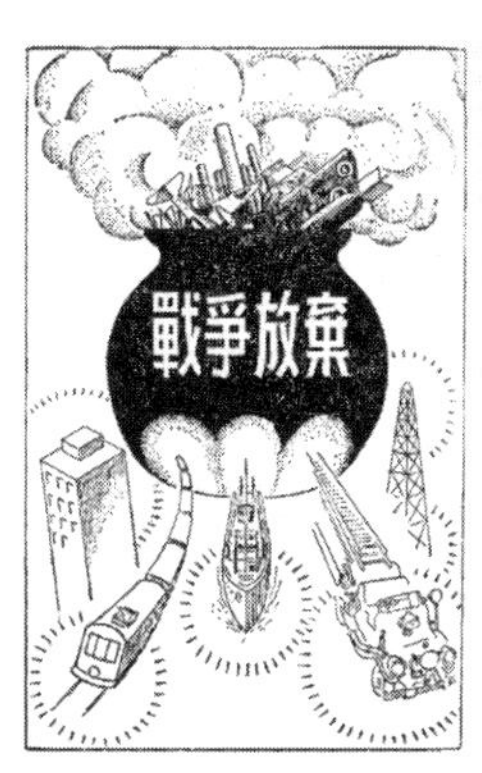

図７ 『あたらしい憲法のはなし』に記載された、戦争の放棄と三大原則を象徴したイラスト

政府は、公布から施行までの半年の間、新憲法普及のための活動を展開し、パンフレットの配布や啓蒙後援会を開いています。

そして１９４７年、『あたらしい憲法のはなし』という社会科教科書が中学1年生に配布されました。わかりやすく憲法の要点を説明した次の一文は、戦時体制下にあって苦しい思いをした人々の心に染みこんだことでしょう。

「こんどの憲法は、民主主義を根本の考え方としていますから、主権はとうぜん国民にあります。」

「みなさんは憲法で基本的人権というりっぱな強い権利をあたえられました。」

「よその国と争いごとがおこったとき、けっして戦争によって、相手をまかして、自分のいいぶんをとおそうとしないことを決めたのです。」

「国民主権・基本的人権の尊重・平和主義」が日本の三大原則です。

［コラム］第9条の第二項に秘密あり

第9条「戦争放棄」は、「国民主権」「基本的人権の尊重」と並ぶ日本国憲法の三大原則の一つです。国際紛争を解決する手段としての戦争放棄、戦力不保持、交戦権の否認。これが第9条の骨子ですが、満州事変・日中戦争・太平洋戦争をおこなった歴史的反省をふまえた上で、自国の安全を軍事力によってではなく、「平和を愛する諸国民の公正と信義に信頼して」（日本国憲法前文）委ねることを憲法の基本原則としました。

日本は太平洋戦争に敗れましたが、それはアメリカの強大な軍事力に屈したわけで、大きな被害を受けたアジアの諸地域・諸国にすれば、日本が経済的に復興し、再び軍国主義が台頭して戦争に及ぶことを恐れて当然でした。

将来の講和条約とその結果としての独立を実現するためには、日本はアジアの信頼を回復し、戦争による外交問題解決という愚挙を二度と起こさないことを示す必要があります。その意味では、日本の「再建」は、「平和国家」としての再出発が前提でなければならなかったといえるでしょう。

事実上のアメリカ単独の占領とはいえ、「連合国」による占領政策と日本の民主化には、極東委員会に属する国々の同意が必要でした。これらの国々の中には、少なからず日本への警戒が強い国があり、とくにソ連とオーストラリアは軍国主義の排除と天皇の責任追及を要求していました。

「戦争放棄」「象徴天皇制」を憲法に盛り込むことで「大日本帝国」との決別を意味し、新生日本が誕生したことを世界にアピールできたといえるでしょう（後に、各国が日本への賠償金請求を放棄し、平和条約に調印して独立ができた背景にこのことがあったことを忘れてはなりません）。

憲法改正の草案は１９４６年からの第90臨時議会に提出され、憲法審議を通じて86ヵ所の修正が施されました。

第９条の戦争放棄について吉田茂首相は、「自衛の戦争を含む」一切の戦争を放棄し、戦力を持たないとの答弁を繰り返します。

しかし、憲法改正小委員会で、「微妙な」修正がおこなわれます。

第９条は第１項において「日本国民は、正義と秩序を基調とする国際平和を誠実に希求し、国権の発動たる戦争と、武力による威嚇又は武力の行使は、国際紛争を解決する手段としては、永久にこれを放棄する」、第２項において「前項の目的を達するため、陸海空軍その他の戦力は、これを保持しない。国の交戦権は、これを認めない」と記されているのですが、芦田均（あしだひとし）委員長は第１項と第２項の間、つまり第２項の冒頭に「前項の目的を達するため」という言葉を追加しました。

この言葉の挿入によって第１項を「侵略戦争の放棄」と解釈すると、第２項の「戦力の不保持」は「侵略のための戦力の不保持」ということになり、「自衛のための戦争は放棄していない」と解釈することも可能になったのです。

実際、１９５２年には吉田茂内閣の法制局の解釈は「直接侵略防衛の用に供することは違憲ではない」とし、その後の鳩山内閣では「自衛のためなら戦力を持つことは許される」という解釈に変わっていきました。

5　もう一つの「東京裁判」

「東京裁判史観」という言葉を耳にすることがあります。
この史観を雑は承知の上で言うと、「勝てば官軍」という歴史解釈、といえるかもしれません。つまり、連合軍、第二次世界大戦の戦勝諸国、とくに太平洋戦争の局面で言うならばアメリカ合衆国による、日本に対する「不当な歴史解釈」であり、なかでも、満州事変以降の大日本帝国の行動を全面的に否定し、日本人の誇りを失わせる「歴史観」の出発点が「東京裁判」である、という考え方です。

この主張をよく聞けば、その「正しい歴史観」は、概ね東京裁判の弁護側の主張と同じといえます。つまりは大日本帝国の始めた戦争は「侵略戦争」ではなく、軍の残虐行為を過小に評価しようとする解釈といえるのではないでしょうか。

1945年7月26日、米英中の3ヵ国は日本の降伏を勧告するポツダム宣言を出しました（ただし、ポツダムで実際に会談したのは、米英ソである）。

「吾等は日本人を民族として奴隷化せんとし又は国民として滅亡せしめんとする意図を有するものに非ざるも、吾等の俘虜（ふりょ）を虐待せる者を含む一切の戦争犯罪人に対しては、厳重なる処罰を加えらるべし。」

読めば明白に「日本人」そのものに「復讐」するつもりはなく、「戦争犯罪人」を裁くつもりであることがわかります。

そして、東京裁判に至る前に、その「一切の戦争犯罪人」の定義、つまりは、戦争犯罪とは何か、一切、とあるがその適用範囲がどこまでなのか、ということが具体化されていくことになります。

注目すべきは１９４３年11月１日に米英ソによって発表された「モスクワ宣言」です。

ここで「残虐行為をはたらいたドイツ兵」「ナチ党員」、そして連合国が「共同で裁く」政治的・軍事的高位にあった責任者の処罰が示唆されていました。

そして、１９４５年５月のドイツ降伏以降、ゲーリング、ヘス、リッベントロップ、カイテルらが逮捕・拘禁されています。そしてこのことは日本政府にも伝えられていました。

ポツダム宣言が出され、原子爆弾の投下並びにソ連の参戦によってこれを受諾せざるをえない状況となったとき、軍部が頑なに主張した「条件」が「戦争犯罪人の処罰は日本がおこなう」というものでした。

ドイツの敗戦直後の政治・軍事高位者たちの様を知る軍部が、戦犯として処罰され、日本の旧支配層が瓦解することをおそれていたことがわかります。

そして日本の降伏直前の１９４５年６月26日から８月８日にかけて、ナチス・ドイツの戦争裁判の方式を確定するロンドン会議（米英ソ仏の代表が参加）が開かれました。

「東京裁判史観」を構成する要素の一つに、東京裁判は「事後法」によって裁判された、つまり、過去の日本の戦争犯罪を後からできた国際法で裁いたもので無効である、という主張です。

確かにロンドン会議において、アメリカ合衆国の代表は、ナチス・ドイツの戦争犯罪について、「このような裁判をおこなう方式についての条約も先例も慣行もなかった」と述懐しています（「報告書」

に記しています）が、政治・軍事の高位指導者を裁く先例・国際条約は存在していました。

それがヴェルサイユ条約第227条です。ドイツの皇帝ヴィルヘルム2世を戦争責任者として裁くことを定めたもので、ヴィルヘルム2世その人はオランダに亡命し、結局裁判にかけられることはありませんでしたが、「国際道義に反し条約の神聖を流したる重大な犯行」は裁かれるものである、というものです。

ロンドン会議では、ナチス・ドイツの残虐行為が、戦場の異常心理にもとづく偶発的なものではなく、組織的・計画的におこなわれたものであり、よって不法な残虐行為を実行した軍の下位者だけでなく、高位にあって残虐行為を計画・指示した政治・軍事の指導者も処罰されるべきである、という考え方が連合国共通の認識となりました。フランスは、実際にナチス・ドイツの侵略・支配されたこともあり、いわば「ナチスは盗賊団と同様の犯罪者集団」であるので裁かれるに十分な法的根拠はあるとし、直接ナチスの被害を受けていないアメリカ合衆国は、侵略戦争の計画と実行そのものが国際法違反である、という立場にありました。

こうしてロンドン会議で「平和に対する罪」「人道に対する罪」が策定されたのです。

すでに「侵略戦争は違法」という考え方は国際的に認められていて（国際連盟規約・ロカルノ条約・不戦条約）、具体的な「刑事罰」が存在しなかったものを、ロンドン会議によって明確にしました。こうして「侵略戦争を開始した刑事責任を当事国の高位指導者個人にも負わせる」という考え方が国際法上認められたのです。

さて、戦争犯罪者の「認定方式」であるかのように付加されている「A級・B級・C級」という文言は、等級、つまりはAの罪が一番重く、二番目がB、三番目はC、と誤解されている人も多いと思います。実際に現代社会でも、比喩的に「この事件のA級戦犯は○○だ」と使ってしまう場合がありますが、誤用というべきでしょう。

このロンドン会議で策定された協定における「平和に対する罪」を犯した者がA級戦犯、「人道に対する罪」を犯した者がC級戦犯なのです。そしてB級は「一般の戦争犯罪」を犯した者でした。

こうしてロンドン会議での協定にもとづき、ナチス・ドイツの戦犯を裁くニュルンベルク裁判が1945年10月18日に開廷されたのです。

東京裁判でも、日本に先立っておこなわれたナチス・ドイツの高位戦争犯罪人を裁く方式が採用されました。

一般にABC級、と分類されているものは、極東軍事裁判所条例という裁判の方法・手続き、刑罰と判決について定めたものの、条例第五条の英語訳abc項に基づいています。日本語訳ではイロハという表記で、イロハ級戦犯という呼称は定着しませんでした。

東京裁判は1946年5月3日、開廷します。

戦争犯罪の立証は第一部から第十部までありました。

第一部　日本の国家指導・世論指導

第二部　満州事変

第三部　支那事変と南京事件、アヘン密貿易

第四部　日独伊三国同盟
第五部　仏印
第六部　ソ連
第七部　一般戦争準備
第八部　太平洋戦争
第九部　残虐行為
第十部　個人別追加立証

概ね、日本の「戦争への道とそれらがもたらしたもの」が概観できるものといえるでしょう。

25人の被告人たちの判決はどのようなものだったのでしょうか。

死刑が7人、終身禁固が16人、禁固二十年が1人、禁固七年が1人。

死刑を受けた7人は、結局「侵略戦争の共同謀議」で有罪となったのではなく、「通例の戦争犯罪を命令、授権もしくは許可した罪」と「故意または不注意によって戦争法規違反の防止義務を怠った罪」で有罪となりました。この点、ナチス・ドイツの戦犯とは大きく異なる判決であったといえます。

さて、極東軍事裁判を「東京裁判」とイコールであると考えられている方も多いと思いますが、これも誤解です。

実は、ＢＣ級の戦争犯罪を対象とする「横浜裁判」も存在していたのです。

この軍事裁判は、横浜に司令部を持つアメリカ第8軍によって開かれました。

この裁判の「規模」は、実は東京裁判をはるかに上回り、ＢＣ級戦犯とされた１０３９人が起訴され、その八割に有罪判決が出され、１２３人が死刑判決を受けて51人の死刑が執行されました。

この裁判で裁かれた「事件」は以下の例です。

石垣島事件
鴨緑丸事件
東京陸軍刑務所飛行士焼死事件
能崎（佐原町）事件
九州大学生体解剖事件

これらの多くは、いずれも１９４４～４５年という大戦末期に起こり、捕虜の虐待を行った将兵、あるいは将兵と加担・協力したと考えられた民間人が裁かれたものでした。

石垣島事件では撃墜された米軍機から脱出した米兵３人が捕らえられ、多くの兵士から暴行を受けた後、殺害されたという事件です。海軍警備隊の46人が起訴、41人が試験判決を受けました（うち7人の死刑が執行）。

鴨緑丸事件は、鴨緑丸によって捕虜を移送中におこった虐待、及び鴨緑丸撃沈時の虐殺・虐待事件です。９人が起訴され、死刑３人、終身刑１人、有期刑３人という判決が出されました。

東京陸軍刑務所飛行士焼死事件は、陸軍刑務所に捕らえられていた米軍兵士が空襲で発生した火災にまきこまれ、逃げ遅れて焼死したという事件なのですが、日本人囚人は救出され、米兵は置き去りにされたというものです。ただ、これは不可抗力であるとされたのですが、脱出しようとした米兵が看守により斬殺された事実が明らかになり、それに関与した5名に死刑判決が出ました（減刑され懲役刑）。

民間人が起訴の対象となったのが、能崎（佐原町）事件です。

千葉県八日市場町上空に飛来した米軍機のうち一機が、日本軍機に迎撃されて墜落、脱出した米兵パイロットが捕らえられ、村人や軍人から竹槍や銃剣で刺突されて負傷することになりました。さらに師団司令部に連行されて取り調べを受けた後、集まった町民たちによる集団暴行を受けて死亡したという事件です。この事件では、軍人3人が重労働の実刑、町人4人が重労働1年の実刑となっています。

九州大学生体解剖事件は、撃墜された爆撃機の搭乗員たちの一部が暴行を受けて死亡、残りのアメリカ軍捕虜も斬首されたりしましたが、残りの8名は九州帝国大学に引き渡され、医学部の解剖実習で、被験者が生きたままの解剖がおこなわれた、という事件です。大学関係者14人、軍関係者が11人逮捕され、うち一人は生体解剖をおこなったことを否認して自殺しています。結局裁判では5人に死刑判決が、18人が有罪となりました。

「不法な残虐行為を実行した軍の下位者だけでなく、高位にあって残虐行為を計画・指示した政治・軍事の指導者も処罰されるべきである」とするロンドン会議での協定を考えるとき、横浜裁判で裁かれたBC級戦犯の人々もまた、「被害者」であったという側面に思いをいたさざるをえません。

戦時国際法（捕虜の扱い、戦争犯罪について）は、多くの国民に周知徹底されていたのでしょうか。米軍機による空襲・機銃掃射による被害は、人々の「憎悪」をかき立てていたことは容易に想像できます。戦局が悪化し、戦争継続が不可能になりつつあってもなお、軍部・政府がその継続に固執する中、兵士には「虜囚の辱めを受けず」という戦陣訓が徹底され、一般市民には「鬼畜米英」というスローガンが刷り込まれていきました。

これらの戦争犯罪が起こった背景に、市民をも戦争体制にまきこむ「総力戦」の性質があったことを忘れてはならないと思います。

図８『くにのあゆみ』（資料協力：戦争に関する資料館運営協議会）

6　戦後教育の開始

ＧＨＱは、「皇国史観」による教育の授業を中止させ、「修身」「日本史」「地理」の三教科書の回収を指示しました。それらに代わる「暫定教科書」の作成を進めたのですが、文部省は「皇国史観」、とくに記紀（『古事記』『日本書紀』）の記述に基づく日本史教育の継続をのぞみました。ＧＨＱ幕僚部の一部局である民間情報教育局（ＣＩＥ）は粘り強く修正や削除を要求しつづけ、結果、「記紀から始まる日本史」から「考古学からはじまる日本史」記述による教科書『くにのあゆみ』が１９４６年にできあがります。

さらに1947年、アメリカ教育使節団の勧告に基づいて教育基本法が制定され、「教育の機会均等」「男女共学」の原則が提唱されます。これによって義務教育は戦前の6年から9年になり、さらに学校教育法の制定によって4月から開始される新学制発足、「小・中・高・大」＝「六・三・三・四」年制となりました。

そして1948年には公選制による教育委員会が都道府県・市町村ごとに設けられ、「教育の民主化」に加え、「教育の地方分権化」も進められたのでした。

［コラム］掌返しの教師たち——戦後教育の一風景

私の母や伯母は茶華道の師範をしておりましたから、家にはいわゆる茶道の本や、家元（千家）の著作物など、けっこうありました。そのため、今でも家元の千宗室（せんそうしつ）さんの著作はよく読みます。2002年に家元を譲られてから「玄室（げんしつ）」と名乗られるようになったのですが、その千玄室さんの書かれた『いい人ぶらずに生きてみよう』（2010年）を読んだとき、このような記述が目に止まりました。

「大学に復学して一番びっくりしたのは、先生たちの態度でした。出征するときには、泣いて送り出してくれた教授なんてひとりもいなかった。

万歳！万歳！元気で行ってこい、お国のために死力を尽くせよ！

みんなそう言って、それが口先だけじゃなく、けっこう本気な雰囲気だったのです。ところが、帰ってきたら、俺、そんなこと言ったことあるか？　もともと戦争には反対だったんだ、君たちが戦争に行ったのは間違いだったと思う、なんて言って、すっかり民主主義者になっている。自分こそがデモクラシーを唱える男だと、堂々と講義する教授までいる。これにはびっくりを通り越して、もうあほらしくなってきました。」

千玄室さんは、学徒動員で徴兵され、海軍少尉に任官後、「特攻隊」に志願、終戦をむかえて除隊となります。

あの当時に少年や青年たちだった人たちで、戦前戦後の大人たちや教師たちの「掌返し」を目の当たりにし、怒りよりも呆れを感じた人は、千玄室さんだけではありません。

この「掌返し現象」をどう説明すべきでしょうか。

もちろん、色々なパターンがあるでしょう。面従腹背、いわゆる「心の中ではおかしいと思っていたが、自分の地位や立場を失わないために従っていただけ」という人ももちろんいるでしょう。こういう人は、また逆に、自分の地位や立場を守るために、状況が変わった場合、１８０度逆のことを口にするものです。

7　経済政策の転換

戦後の極度の物資不足と、敗戦直後の軍事費の支払い、日本銀行の民間貸し出しの増加などによって、激しいインフレーションが起こりました。

１９４６年、幣原内閣は「預金封鎖」と「旧円の流通禁止」をおこない、貨幣流通量を減らす金融緊急措置令を出します。

次の第１次吉田内閣では、資材と資金を復興関連重要産業（鉄鋼・石炭など）に集中して投下する「傾斜生産方式」を導入しました。また、復興金融公庫を創設、基幹産業（電力・海運）へ資金供給をおこないます。

さらに国際情勢の変化が、日本の占領政策への変更をもたらしました。

日本を政治的に安定した資本主義国家として自立させ、西側諸国に友好的な国を東アジアに建設することを考えたのです。

日本の非武装化と民主化に一定の成果を出したと判断したＧＨＱは、日本の工業生産力を高め、経済復興を優先した諸政策を実施していきます。

日本の諸外国への賠償金の負担はほぼ解消され、財閥解体の促進を図った過度経済集中排除法による企業分割を抑え、国際競争力の高い企業の創設に力を置くようになりました。

１９４８年の第２次吉田内閣に対してＧＨＱは、「均衡予算」「徴税強化」など、経済安定九原則の実行を指令します。

図９　訪日したドッジと当時の大蔵大臣・池田勇人

さらには１９４９年、銀行家のドッジが特別公使として日本に派遣され、第３次吉田内閣はドッジの支持する、赤字を出さない予算を立て、徹底的な財政支出のカットをおこないました。さらに１ドルを３６０円とする為替レートを定め、輸出の振興を図ろうとしたのです。

同年、財政学者シャウプを団長とする税制改革チームが来日して日本政府に改正を勧告しました。これにより、

①　直接税を税の中心にすえる。

②　累進課税制度を採用する。

という税制改革が進行します。

ドッジ＝ライン（ドッジの指示による一連の経済改革）によってインフレは終息しましたが、１９４９年の後半からは不況が深刻化し、中小企業の倒産と失業者が増加する、ということになってしまいました。

8　民法の改正　「家」制度の解体

憲法第24条は、当然民法も改正することになり、戦前の家制度を完全に解体してしまいます。

1）戸主権の消滅

戦前、家庭内で「絶大な権力」を持っていたのは「戸主」でした。戦前家族の婚姻、居所の指定を決定する権限はなくなります。

2）長子相続・家督相続制の廃止

財産は配偶者が全体の1／3を、残りを子どもが均しく相続することになり、親の扶養義務も成年の子どもの協議による、とされました。

3）夫婦の平等

戦前の妻の地位は低く、未成年者と同じ扱いをうけ、契約や財産処分は夫の許可が必要とされていました（妻の無能力規定）が排除され、妻だけに課せられた姦通罪も廃止されます。

こうして家族生活における男女の平等・婚姻の自由・財産についての「両性の本質的平等」が民法にも反映され、戦前の日本社会の基礎単位であった家族の家父長的性格は消滅し、夫婦中心の家族制度が確立したのでした。

（2）日本の独立と国際社会への復帰

1　「冷戦」のはじまり

ソ連は、ドイツから解放された東ヨーロッパの国々で共産党を中心とする政権を樹立させ、また、フランスやイタリアの共産党とも連携して社会主義の拡大と政権の拡大を図るようになります。

これに対してアメリカは、西ヨーロッパ諸国に経済支援をおこない（マーシャル・プランを実行し）、「対ソ封じ込め」を宣言しました。ジャーナリストのウォルター＝リップマンが形容した「冷戦」の始まりです。

これに対してソ連は、コミンフォルムを結成し、各国の共産党・社会主義政党と連携し、その国での共産党勢力の伸張を後援する方針を進めました。

一方、アジア・アフリカでは、「東西対立」は軍事衝突、つまりは「熱戦」としてあらわれます。旧植民地の国・地域では、内外において、言わばアメリカ・ソ連の「チェスの駒」のようにそれぞれの後援勢力が対立・内戦・戦争を始めました。

もちろん、これは地域の事情・歴史によって異なっていたというべきでしょう。

脱植民地化、独立への過程で内部対立・権力闘争があり、主義・思想とは別に、一方がソ連、一方がアメリカをそれぞれ「利用」していた側面も否めません。

中国では、日本の敗戦後、国民党軍と共産党軍の間で内戦が始まりました。国民党はアメリカの支援を得て共産党軍と戦いますが、政治の腐敗や紙幣の濫発によるインフレで、しだいに中国の人々の支持を失います。

一方で農村では、土地解放を進めて支持を得ていた共産党が勢いを増していきました。国民党軍は台湾に馳駆され、こうして共産党を中心に、国民党を除く諸勢力が連立して1949年、中華人民共和国が成立したのです。

そしてまた、冷戦の始まりは、核兵器開発競争の始まりともなりました。

20世紀に入って、原子物理学の研究が進み、核兵器の開発を後推しすることになります。第2次世界大戦終結時、核保有国はアメリカのみでしたが、1949年にはソ連が核兵器を保有し、1952年にはアメリカが水素爆弾を開発します。さらに翌年にはソ連が水素爆弾の実験に成功し、米ソ核開発競争は激化していくことになります。

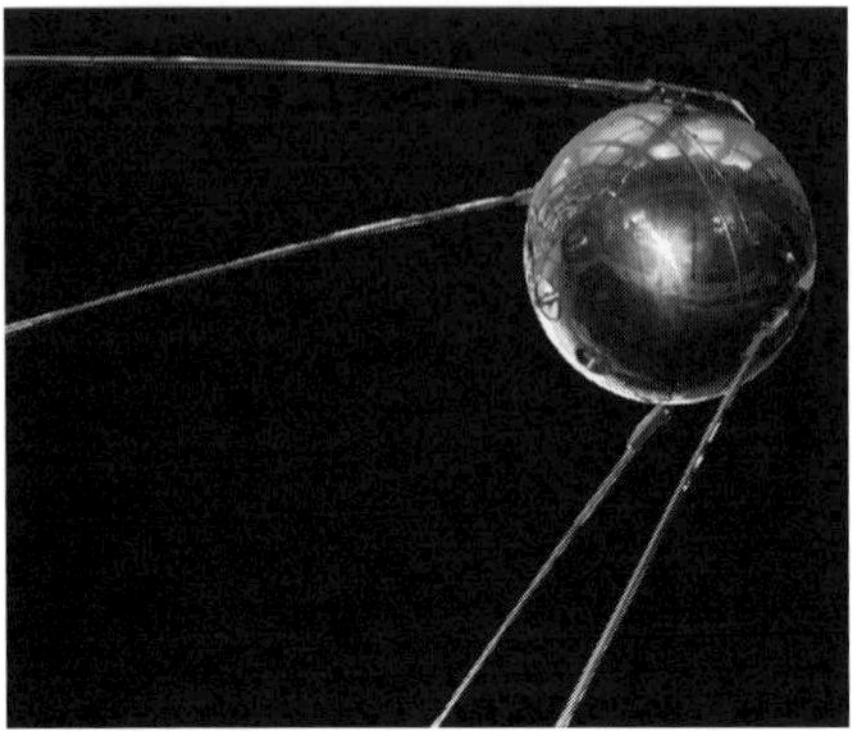

図10　世界初の人工衛星となったソ連のスプートニク1号

核開発競争と宇宙開発競争は、並行して進みます。宇宙開発、とりわけロケットの技術は、核兵器と長距離ミサイルの技術に転用可能だからです。

１９５７年にソ連が人工衛星打ち上げに成功すると、これに危機感を持ったアメリカ合衆国は本格的な宇宙開発に乗り出し、米ソとも大陸間弾道弾（ＩＣＢＭ）の開発に成功しました。

１９５４年、アメリカ合衆国が太平洋のビキニ環礁でおこなった水爆実験によって第五福竜丸被爆事件が起こると、原水爆禁止を求める世界的な運動が広がり、１９５５年、広島で原水爆禁止世界大会が、長崎で平和大会がそれぞれ開催されることになったのです。

こうして、冷戦、核兵器開発、平和運動は、１９５０年代の世界と日本の政治・外交・社会を動かす大きなキーワードになりました。

2　朝鮮戦争と日本――二つの「画期」

朝鮮は、８月15日で日本の植民地から「解放」されることになりますが、「独立」できたわけではありません。

実態はおおよそ北緯38度以北をソ連が占領し、以南をアメリカが占領し、そのまま南北分割占領が続きました。日本の植民地時代の「資産」はすべて米ソによって接収されます。

１９４８年にアメリカ占領地域に李承晩（イスンマン）を大統領とする大韓民国が、そしてソ連占領地域に金日成（キムイルソン）を首相とする朝鮮民主主義人民共和国がそれぞれ成立します。

図 11　朝鮮戦争：国連軍による北朝鮮への爆撃

両国はそのまま「対立」を続け、1950年6月25日、武力統一をめざした北朝鮮軍が国境を越えて侵入しました。

ソ連欠席の安全保障理事会において北朝鮮が「侵略者」とされ、国連軍による介入を決定し、アメリカのマッカーサーを最高軍司令官としました。日本に駐留していた在日アメリカ軍の4個師団が朝鮮半島に派兵されます。こうして朝鮮戦争が開始されました。

以下、朝鮮戦争をやや詳細に説明することにします。

朝鮮では1949年に入って「38度線」周辺で衝突が散発するようになっていました。

1950年6月25日、朝鮮人民共和国の人民軍が突如南下し、大韓民国軍は各所で撃破されていきます。

同日、アメリカは国際連合の安全保障理事会で朝鮮人民軍の即時撤退、即時停戦を要求する決議案を提出しました。26日にはアメリカによる韓国軍への武器援助が開始されます。さらに27日、在日米軍に出動命令が出され、まず航空機による空爆が開始されました。その午後には、アメリカのトルーマン大統領は空軍・海軍に攻撃命令を発します。アメリカは軍事だけではなく、外交でも素早く行動しました。午後3時にはソ連が欠席したままの安全保障理事会で、アメリカの提案によって北朝鮮に対する「非難」、そして国連軍による武力攻撃が決定されました。

朝鮮内戦が国際紛争へ発展した瞬間です。

当時は1949年に中華人民共和国が成立し、ソ連が原爆保有を宣言していた時期でもあり、国連軍最高司令官に任命されたマッカーサーは、これを契機に社会主義国の台頭に歯止めをかけ、東アジアでの軍事的覇権を確立しようと意図していたといわれています。そのため、中国との全面戦争に発展することもやむなしという強硬な態度に出ました。仁川上陸作戦を敢行して、釜山にまで到達しようとしていた朝鮮人民軍を分断して撃退に成功しただけでなく、今度は逆に38度線を越えていっきに北進したのです。

これに対して中華人民共和国は人民義勇軍を組織して、1950年11月末にいっきに南下、アメリカ軍を中心とする国連軍に反攻を展開しました。

見通しを誤ったマッカーサーは38度線まで押し戻された危機感から、原爆の使用も辞さぬかまえをみせるようになります。これに対してトルーマン大統領はマッカーサーを司令官から解任し、米中全面対決を回避したのでした。

三年以上にわたったこの戦争は、国連軍・朝鮮人民軍・中国人民義勇軍あわせて戦死傷者は

１４６万人にものぼり、民間人の犠牲者は韓国側約99万人、北朝鮮側の死傷者は約２００万人、難民は68万人に達しました。

開戦前の北緯38度線を境界（休戦ライン）とする協定が調印されるとともに、米韓相互防衛条約によってアメリカ軍が朝鮮半島に駐留することになります。

「冷戦」は「戦わない軍事的・思想的対立」ですが、朝鮮戦争という「熱戦」は南北朝鮮における「戦わない軍事的・思想的対立」を深刻化させ、両国の「和解」をはるか遠方に追いやることになったのです。

一方、朝鮮戦争の勃発と展開で、４個師団の占領軍が日本から離れたことは、アメリカの占領政策に大きな影響を与えました。

これを契機に日本での反米クーデター、あるいは北朝鮮軍の動きと連動した共産クーデターの可能性を危惧したマッカーサーは、警察予備隊（7万５０００人）、海上保安庁（８０００人）の創設を指令し（ポツダム政令２６０号）、当時の吉田内閣はこれらの創設をおこない、占領政策の大きな画期を迎えます。

中国や北朝鮮という社会主義国の動向に影響されて広がっていた共産主義的な動きを封じるための「レッド・パージ」も進められていきました。また「公職追放」が解除されて、戦争協力者とされていた人々の復権と、旧軍人の一部追放も解除されて警察予備隊の幹部に登用されます。

そして朝鮮戦争は、日本の戦後経済の「画期」となります。

完全均衡財政をめざすドッジ＝ラインによって、深刻なデフレに陥っていた日本は、朝鮮戦争による「特需」（アメリカ軍発注の軍需品増産）によって一気に好況に転じました。また、アメリカ軍の指示で、日本の海上保安庁の部隊も朝鮮半島に派遣され、機雷除去作業をおこなったほか、日本赤十字社の看護師100名近くが北九州につくられた国連軍の病院で負傷兵を看護しています。

戦争はその後、前述したように、アメリカ軍の仁川上陸、反転攻勢による北進、そして北朝鮮を後援した中華人民共和国の義勇軍の派遣、さらには核兵器の使用の危機、マッカーサー司令官の解任、という急展開をみせつつ、1953年に休戦協定が成立しました。

3　日本の独立と安全保障条約

朝鮮戦争の勃発は、連合国と日本の講和（戦争・対立状態の解消）、そして「独立」を促すことになった、と説明しても過言ではありません。

当時、「全面講和」か「単独講和」か、という問題がありました。よく誤解されるのですが、日本は「連合国」と戦ったのですから、「連合国と講和する」のが当たり前です。

1943年に降伏したイタリアの場合は、もちろんすべての連合国との講和＝「全面講和」でしたし、オーストリアは、英・米・仏・ソの四ヵ国に独立を承認され、1955年10月には「永世中立」を宣言し、冷戦のいずれにも与しない非同盟・中立国として独立を達成しました。

前述したように、「全面講和」というのは「連合国」と講和する、という意味で、「単独講和」とは各国と別個に（将来、結果としてすべての連合国と講和するとしても）講和をする、という意味です。

しかし、1945年の終戦以降、米ソ冷戦の深化と中国の国共内戦のせいで、日本が講和の対象とする「英・米・ソ・中」が、内戦の「中」、冷戦の「英・米」、「ソ」に3分裂してしまいました。

当時の国際慣習では、「連合国」と講和を結ばないかぎり、戦争は終結できません。が、しかし、「連合国」が分裂してしまっている以上、「それぞれ」と講和しないと、いつまでたっても話が進まないことになります。これが「単独講和論」なのです。

冷戦をふまえて、この国際環境の状況から考えると、「連合国」と結ぶというのが「全面講和」、「資本主義陣営と社会主義陣営」どちらか一方と結ぶのが「単独講和」という意味になります。

国内の世論は大いに沸騰しました。

「全面講和」は原則論で、これに対して「単独講和」は情勢の変化に合わせた現実論というべきでしょう。

ただ、当時の冷戦、国際環境を概観すれば、東西両陣営の一方と講和を結ぶことは、一方との戦争の可能性がありました。アメリカと講和すれば、ソ連との戦争状態は解消されないばかりか、戦争が再開されかねない。

実際、「冷戦」とは米・ソが直接対決しないだけで、「周辺」では戦争になっています（とくに目の前では朝鮮戦争が起こっている）。

「全面講和」に一定以上の賛成者がいたのは、ある意味当然だったといえます。

そこで政府（吉田内閣）は、同時に、もしソ連が攻めてきた場合は、アメリカが代わりに戦う、という安全保障条約をセットとし、これを「裏付け」（アメリカによる軍事力の後援）として、「単独講和」に踏み切ったのです。

「全面講和論」も「単独講和論」も当時にはどちらにも「理」がありました。私も個人的には吉田茂、佐藤栄作が進めた「単独講和」がよかったと考えていますが、だからといって「全面講和」が間違っているとも思いません。ヨーロッパのオーストリアのように冷戦のまっただ中で非同盟・中立を実現した国もあるので、「全面講和」「非同盟・中立」は絵空事ではなかったからです。当時の政府は「一方を選択した」ということだと理解すべきでしょう。

また別の視点も指摘できます。

そもそもの日本占領の前提として、アメリカとソ連は、すでに「アメリカによる日本支配の優先権」と「ソ連による東ヨーロッパの優先権」を相互に認め合う取り引きをしていたということは重要な視点です。

ソ連のほうも、日本がアメリカとの単独講和をするであろうことは想定の範囲内で、結果としてソ連は、日米安全保障条約を非難しながら、北方四島を実効支配する口実を得ましたたし、東アジアにおける中・朝への影響力を担保する外交カードを握ることができたといえるでしょう。ソ連にとっても、この段階では、「単独講和」をしてくれたほうが都合がよい側面もあったのではないでしょうか（拙著『もう一つ上の日本史（近代～現代篇）』）。

さて、サンフランシスコ講和会議での吉田茂全権の演説を紹介したいと思います。

図12　サンフランシスコ平和条約に署名する吉田茂首相

「この平和条約は復讐の条約ではなく、『和解』と『信頼』の文書であります。日本全権は、この公平寛大なる平和条約を欣然受諾いたします」

「アジアに国をなすものとして、日本は他のアジア諸国と緊密な友好と協力の関係を開きたいと熱望するものであります」

「それらの国々と日本は伝統と文化・思想ならびに理想をともにしているのであります」

この吉田の演説は、まだ講和を結べていなかった中国やインドへの「メッセージ」ともなり、中国国民党政府とは1952年4月に講和が成立し、中国は賠償請求権の放棄で「吉田が示した日本の意思」に応えました。

さらにインドも6月、平和条約を日本と調印し、同じくすべての賠償請求権を放棄する、としました。

現在でも、世界における日本の国際的地位は、この吉田茂演説の上に立脚していると思います。

さて、日米安全保障条約についてですが、ダレスの

「平和七原則」というのがあります。これは1950年に、日本の独立に向けての「手順」が示されたもので、要約すると、「国際連合が実効的責任を負担するというような満足すべき別途の安全保障の取り決めが成立するまで、日本国区域における国際の平和と安全のために」、米軍が日本に駐留し、「その他の軍隊」（日本の軍事力）と引き続き協力するという方式が提起されているものでした（シリーズ昭和史No.11・サンフランシスコ講和・佐々木隆爾・岩波ブックレット）

イギリスもこれに同意を示しました。

しかし、太平洋の諸国、とりわけニュージーランドとオーストラリアは「日本軍国主義の復活」を懸念していました。

そこで、アメリカは、ニュージーランドとオーストラリアの安全を保障するとともに、「日本の脅威からも守る」という担保を与えて同年2月、三国協定を結びました（これが後の「太平洋安全保障条約」〝ANZAS〟に発展することになります）。

このように、大きく世界史の動向から眺めると、日米安全保障条約は、まさにこの「平和七原則」と「三国協定」をふまえて結ばれたものであることがわかるはずです。

さて、改めて、日米安全保障条約の条文を紹介します。

第一条……この軍隊（アメリカの駐留軍）は、極東における国際の平和と安全の維持に寄与し、並びに、一又は二以上の外部の国による教唆又は干渉によって引き起こされた日本国における大規模の内乱及び騒擾を鎮圧するため、日本国政府の明示の要請に応じて与えられる援助を含めて、外部からの武力攻撃に対する日本国の安全に寄与するために使用することができる。

これをよく読めば、アメリカの意思で、共産クーデター、軍国主義政権樹立の阻止、ソ連などの侵攻から「守る」ことができる条約になっていることがわかります。

吉田茂は、アメリカのオーストラリアやニュージーランドとの協定、「七原則」をふまえた上で、日米安全保障条約の調印をおこないました。

当時の国際環境を鑑みた場合、第一条は、「不平等だが日本には有利」な条項だったといえるでしょう。

［コラム］　吉田茂とアデナウアー

学生時代、何のきっかけだったか、吉田茂が内外の政治家を大磯の邸宅に招いて歓談している写真を目にしたことがあります。

その中の一枚に、西ドイツの首相アデナウアーといっしょに吉田茂が写っている写真がありました。西ドイツのアデナウアーも来日したことがあるんだな、と、ちょっと驚いたとともに、この二人の政治家が同じ時代の同じ空間に居合わせていることに、なんともいえない感慨をおぼえました。

コンラート＝アデナウアー。１９４９年に70歳にして西ドイツの首相となり、西ドイツの「奇

図13　吉田茂（左）とコンラート・アデナウアー（右）
Bundesarchiv, B 145 Bild-F078072-0004 / Katherine Young

跡の経済復興」を指導した政治家と評価された人物です。

戦前ケルン市長をつとめたこともありますが、ナチスの政策に反対し、投獄された経験を持ちます。

第二次世界大戦後、キリスト教民主同盟を結成し、ドイツが東西に分離独立してドイツ連邦共和国が成立すると、その初代首相となりました。

さて、吉田茂です。吉田茂も67歳という高齢で首相に就任し、傾斜生産方式・復興金融金庫などを創設して日本の経済復興に大きく貢献しました。

戦前外交官・外務省次官をつとめましたが、親英米・反三国同盟の立場から軍部に目をつけられ、終戦間際の１９４５年2月には憲兵隊に拘束されるという経験もしています。

アデナウアーは、アメリカの経済援助を受けつつドイツ経済を復興させ、さらにＮＡＴＯ加盟、その後の再軍備を進めるなど、50年代の冷戦時代のドイツをリードしていきましたが、吉田茂もまた、日本経済を復興させる諸政策をアメリカの指導・援助のもとに進め、朝鮮戦争中に警察予備隊を創設、サンフランシスコ平和条約の調印と同時に日米安全保障条約を結んで、日本を西側諸国の一員として独立させます。

国際政治学者の高坂正堯（こうさかまさたか）は1981年のシンポジウムで「この二人は、実に驚くほど共通点を持っておりまして、大事な点はすべて似ていると言っても過言ではありません」と説明しました。

「大事な点」の共通点は、次の4点であるといえます。

一．強権的ともいえるほどの指導力

二．アメリカ・西欧諸国との協調

三．1930年代のファシズムへの反発

四．自由主義経済の志向

セバスチャン＝ハフナーは『ドイツ現代史の正しい見方』（瀬野文教訳）の中でアデナウアーをこう評しています。

「老人が頑張らなければならなかった。なぜならドイツの政界は、砂漠と化した森のように、すっかり人材が枯渇してしまったからである。当時の40代、50代のいわゆるナチス世代は、ボロボロに潰され、威信を失墜していた。30代の若者は戦没兵士の墓地に横たわるか、捕虜収容所でうずくまっていた」

この状況もまた、戦後直後の日本社会によく似ているといえます。そしてまた、こうも説明しています。

「まさかドイツ連邦共和国（西ドイツ）が、１９４９年の発足後わずか5、6年のうちに、戦勝国とほぼ対等の同盟国にまでのしあがり、賠償や解体の問題にけりをつけ、再軍備まで許され、いや許されるどころか再軍備を強要されるまでになるとは、誰一人予想していなかったろう。そしてこれもまた忘れてならないことだが、まさか議会制民主主義が、１９１９年のときと違って、今回は戦後ドイツで根を張り、一般市民に受け入れられ、立派に機能するようになるとは、いったい誰が予想できたであろうか。こうした内政・外交両面の成功は、まさにアデナウアーがもたらした成功であり、これについてややこしい解釈は無用である」

「ドイツ連邦共和国」を「日本」に、「アデナウアー」を「吉田茂」に置き換えて文脈を整えれば、そのまま吉田茂の評価になるような気がします。

北半球の東と西で、同じような政策をとり、同じように成功したことは、当時のドイツと日本の置かれた状況の中、ほとんど唯一の選択肢で、唯一の方法を二人が採択した結果だったと思います。

4　「雪どけ」の狭間で——国際社会への復帰

１９５０年代前半までに、冷戦の構造がほぼ整いました。冷戦の緩和、という評価もできますが、

図14　フルシチョフ（左）とスターリン（右）

ある意味米ソ両勢力の政治・軍事対立の拮抗がもたらす「膠着」状態であった一面もあります。

日米安全保障条約も、ソ連をアメリカが包囲するための集団安全保障体制の一翼にすぎず、アメリカは、太平洋安全保障条約（ＡＮＺＡＳ）、米比（アメリカ＝フィリピン）相互防衛条約、米華相互防衛条約、米韓相互防衛条約など、次々と「安全保障条約」を結んでいきました。

朝鮮戦争後、１９５４年には東南アジア条約機構（ＳＥＡＴＯ）が、58年にはイギリス・イラク・トルコ・パキスタン・イランによるバグダード条約機構（58年にイラクが脱退して中央条約機構）が成立し、アメリカは中ソを中心とする社会主義諸国を「包囲」する体制をアジア・太平洋に構築します。

対するソ連は１９５５年、東欧７ヵ国と友好協力相互援助条約(ワルシャワ条約)を結んでこれらに対抗しました。こうして、１９５５年の段階で東西両陣営の勢力範囲が画定し、対立のせめぎ合いの中の「棲み分け」ができたといえるでしょう。

ソ連ではこの間、大きな「政変」が起こりました。１９５３年にスターリンが死去すると、フルシチョフ第１書記が外交政策の転換を進め、１９５５年には米・英・仏・ソによるジュネーブ４巨頭会談に参加し、西側との協調路線を示しました。ユーゴスラヴィアとも和解し、さらには西ドイツとの国交回復も

図15　鳩山一郎

実現します。

さらに56年にソ連共産党第20回大会で「スターリン批判」がおこなわれ、西側との平和共存路線が明確に示されました。

１９５４年、鳩山一郎を中心とする自由党内の反吉田グループは離党して日本民主党を結成、同年末には鳩山内閣が成立し、「憲法改正・再軍備」を提唱しました。

これに対し、左右の社会党は再軍備反対の立場を示してこちらも党勢を伸ばし、55年の総選挙で改憲阻止に必要な１／３以上の議席を確保したことを受けて10月、左右両派が合同します（社会党の成立）。

保守陣営でも、財界の強い後援を受けて11月、日本民主党と自由党が再結集し、自由民主党が成立しました。

こうして保守２／３弱、革新１／３強という一党優位の二大政党制が成立し、これを成立した西暦年をとって「五十五年体制」といいます。

第３次鳩山内閣は、防衛力増強をめざして国防会議を発足させ、憲法改正のための憲法調査会を設置しました。外交では「自主外交」としてソ連との国交回復、領土問題解決に動き出します。

55年の東西冷戦構造の確立と「雪解け」を背景に、ソ連との交渉が進み、１９５６年に日ソ共同宣言が出されました。

「北方領土」については、日本は当然四島を日本固有の領土として強く返還を求めたのですが、ソ連は択捉(えとろふ)島・国後(くなしり)島については「解決済み」とします。しかし、平和条約締結後には歯舞(はぼまい)群島・色丹(しこたん)島については引き渡す、ということとしました。

国交正常化と戦争状態解消が確認され、これをきっかけに、日本はモンゴルとともに国際連合に加盟し、国際社会への復帰を実現したのです。

［コラム］　石橋湛山と小日本主義

「現代人の価値観で過去を見てはいけない」とはよく言われることですが、同時に「過去の人々は何が見えていなかったか」ということも浮き彫りにしなければならないと思っています。

「大正デモクラシー」の政治家の多くは「民主主義」を主張し、「立憲主義」に立った近代国家をめざした、といえますが、同時に「当時の近代国家」は、たとえばイギリスがそうであるように、「内政」は立憲主義ではあるけれど、「外交」は帝国主義であった、ということです。

立憲君主制のイギリスであれ、共和政のフランスであれ、当時のその繁栄や強国としての地位の基盤には「植民地と帝国主義政策」がありました。

欧米並みの資本主義をめざし、立憲主義的な政治体制の確立を急ぐことは、同時に帝国主義的な膨張も容認あるいは推進せざるをえない一面があったのです。

図16　石橋湛山

「桂園時代」の桂・西園寺にせよ「憲政の常道」の時代の田中外交・幣原外交にせよ、帝国の解体、すなわち植民地の放棄を唱えたことはなく、その政治・外交の目指すところは異なっても、「帝国」の基盤の上に立ったものだったといえます。

この「同床異夢の帝国」の矛盾を突き、資本主義・立憲主義の立場を保ちながら、侵略的・排他的・植民地主義的政策から、商業・貿易立国に転換し、植民地の放棄を提唱した（社説「一切棄つるの覚悟」）のが、雑誌『東洋経済新報』でした。

これが「小日本主義」です。そしてこの小日本主義の論客として活躍したのが石橋湛山(いしばしたんざん)でした。この姿勢は1930年代、「満蒙は日本の生命線」という軍・政・民をあげての熱狂の中にあっても変わらず、「国防線は日本海にて十分」「中国全国民を敵に回し、ひいては世界列強を敵に回し、何の利益があるか」と喝破しています。

そして敗戦。国土は荒廃し、人々が絶望しているなか、湛山は「更生日本の門出。前途は洋々たり」との論説を発表しました。

まさに「逆張り」。

しかし、その後の日本史の展開は石橋湛山の「小日本主義」の実現化のように進んでいきます。

日本はすべての海外領土を失いながらも、民主主義国家として生まれ変わり、貿易立国として経済的に繁栄しました。

領土的膨張ではなく経済的膨張へ。

石橋湛山は吉田内閣で大蔵大臣として初入閣しました。前述した「傾斜生産方式」の導入と「復興金融公庫」の創設は「石橋財政」と呼ばれたのです。経済復興に弾みが付いたものの、インフレとなりました。これに対してGHQは、「均衡予算」「徴税強化」など経済安定九原則の実行を指令し、インフレを収束させようとしました。

石橋湛山は、この政策に反対であったといわれます。

そして突如、GHQから「公職追放」を受けます。名目は『東洋経済新報』が日本の帝国主義を擁護した、という理由でしたが、GHQの経済政策に反対したためである、と言われました。

「ドッジの政策（均衡財政）に反するからといって、私は反英米政策をいうのではない。米英協調主義である。が、イエス・マン的協調ではならぬ。真の友人は忠告し合うのが本当だ。イエス・マン的関係は一方の奴隷に過ぎない」。

協調主義であってもイエス・マン的関係であってはならぬ……。何やら現代にも通じる湛山の言葉です。

（3）新しい「日本のかたち」

1　高度経済成長の「光と陰」

１９５０年代、日本の耐久消費財に革命が起こりました。電気洗濯機が売り出され、さらに合成洗剤、ビニル製の手袋、ホースが生まれ、バケツ・洗濯ハサミがプラスチックになったのです。これらは機械工業・化学工業の発達とともに供給できたもので、それらの使用と普及がさらに機械・化学工業を発達させることになりました。１９６０年代に入って「生活革命」がさらに進み、白黒テレビ、電気冷蔵庫が普及し、70年代にはカラーテレビが、さらに国産自動車を所有する家庭も増えていくようになります。

テレビ番組が登場して新しい大衆娯楽の象徴となり、テレビを用いたＣＭは人々に大量消費を促していきました。

「大きいことはいいことだ」「使い捨て時代」「時代の最先端」といったコピーがあふれ、需要が喚起されて高度経済成長の流れに竿を挿していくことになったのです。

１９６０年代の実質経済成長率は年平均約12％を維持し、１９６４年の東京オリンピック開催を経て、１９６８年にはＧＮＰ（国民総生産）が世界第二位になるまでに成長しました。

図 17　東京オリンピック開会式（Bundesarchiv, Bild 183-C1012-0001-026 / Kohls, Ulrich）

経済大国としての躍進の基盤は、占領期の経済改革にあったことは明白です。

第一は、戦争を放棄、すなわち「戦力不保持」により、先進国の経済規模に占める軍事費の占める割合が低く抑えられ、資源と労働力を「民需」に投入できたことです。

第二は農地改革・民法改正による「家」制度の改変によって、自作農が創出され、労働力の移動が容易になったことがあげられます。

第三には、教育の自由化により、教育の大衆化が進み、労働三法の制定と、勤労の権利保障は、労働者の勤労意欲を高めたことです。

第四は、経済発展を重視したことと裏腹に、社会福祉の整備が遅れましたが、そのことは同時に国民の将来に備えた「貯蓄」欲を刺激し、国民所得の約25%を貯蓄に回すようになりました。これを受けて銀行には多くの資金がプールされ、企業への貸し付け、投資が進んだのです（間接金融の活性化）。

しかし、宮本憲一が『経済大国』で指摘した通り、

① 生産技術一流、生活水準三流

②産業の二重性（農業と工業の格差、工業の中でも中小企業数は多いが生産額の半分は大企業による、という構造）
③都市の過密と農村の過疎
④社会資本の不足と公害の発生

という高度経済成長の裏に隠れた「脆弱性」を内包していました。

これらの問題は、1970年代の石油危機によって表面化し、そのまま「低成長時代」の背景となったのです。

とくに1960年代の高度経済成長の光と陰を浮かび上がらせたのは、公害問題であったといえます。

熊本県でおこった水俣病（みなまたびょう）は、熊本県と熊本大学医学部が早期の段階で「水俣チッソ」からの排水が原因であると指摘していたにもかかわらず、政府とチッソは別の原因を主張しました。

その一方でチッソは生活に困っていた漁民と「見舞金契約」を結び、「将来水俣病が、工場廃水が原因であると判明しても新たな補償要求はしない」という項目を認めさせています。

後の水俣病第一次訴訟判決（1973年）ではこの項目は無効とされましたが、政府とチッソは頑なに工場排水が原因とすることを否定し、「有機水銀原因説」を認めたのは1968年になってからのことでした。

この背景には、日本の産業の発展と、産業構造の変化、すなわちエネルギー革命と石油化学興業の発展がありました。石油化学工業の伸張により、電気化学分野の利益が減少したため、チッソは電気

図18　チッソ本社前で座りこみ抗議する水俣病患者の遺族たち（写真提供：毎日新聞社）

化学工業で使用されるアセトアルデヒドの生産を中止するようになりました。水俣病がチッソの排水が原因である「公害」と認定された背後には、アセトアルデヒドの必要性がなくなり、この生産がなくなっても産業界に大きな影響が出なくなったという理由があったのです。

　新潟県阿賀野川で発生した新潟水俣病、すでに戦前から問題が指摘されていた富山県神通川流域のイタイイタイ病、そして三重県四日市ぜんそくをはじめとする水質汚濁、大気汚染は、生産と利益を優先し、汚染物質の処理や環境を配慮しなかった産業界と政府の姿勢が生み出していった「高度経済成長」の陰の部分であり、光が強い分、その闇も深かったといえます。

　これらの公害は、当時の「公害列島日本」という言葉に象徴されるように、日本中に大きく広がり、住民の抵抗、市民運動を活性化させ、それらが原動力の一つとなって（中央では野党であった地方の革新政党への住民の支持を高め）、「革新自治体」を生み出す背景にもなったのです。

2　1960年代の世界と日本

日本が国際社会に復帰できた国際的環境「雪どけ」は、長くは続きませんでした。日本がソ連と国交を回復し、国際連合に加盟したまさにその年の1956年、社会主義陣営からの離脱を求めたハンガリーに対してソ連は軍事介入をおこないました。

さらにドイツでは、後の東西冷戦の象徴となった「ベルリンの壁」が築かれます。西ドイツの経済復興、東ドイツの農業集団化をみた東ドイツの国民が、東西に分断されていたベルリンを経由して西側に「脱出」を図り始めたのです。それを阻止するために東ドイツ政府は、1961年、「ベルリンの壁」を築きました。

さらにこの翌年の1962年、キューバ危機が起こります。キューバで起こった革命が、しだいに社会主義革命に進展するなか、これを後援するソ連がキューバにミサイル基地の建設を進めたのです。

こうして、ソ連とアメリカによる「核戦争」勃発の危機に陥り、全世界が震撼することになりました。「危機」は結局のところ回避され、翌年には米ソ間に両国首脳が直接「対話」できるホットラインが開通し、米ソの部分的核実験停止条約締結へと進みました。こうして「雪どけ」に続く緊張緩和の時代、「デタント」の時代が訪れたのです。

図19　キューバ危機：海上封鎖したキューバ近海で、ソ連の貨物船の上空を飛行するアメリカの軍用機

図20　ベトナム戦争：避難する市民

1960年代のもうひとつの「対立」の象徴はベトナム戦争です。

1945年、抗日組織ベトナム独立同盟の指導者ホー＝チ＝ミンがベトナム民主共和国の独立を宣言します。フランスはこれを認めず、こうしてインドシナ戦争が起こりました。

フランスは、1949年、「阮朝」最後の皇帝バオ＝ダイを元首に立て、フランス連合の一部としてベトナム国を独立させます。

しかし、フランスはベトナム民主共和国と戦って敗退し（ディエンビエンフーの戦い）、休戦協定となりました。

その後、南では、ゴ＝ディン＝ディエムがバオ＝ダイを追放してベトナム共和国が成立します。こうして北のベトナム民主共和国と南のベトナム共和国が対立し、北を中ソが、南をアメリカが支援するようになったのです。

アメリカは、ベトナムの共産化はすなわち東南アジアの共産化の端緒となる、という「ドミノ理論」から軍事介入を企図するようになりました。

トンキン湾巡回中の米駆逐艦がベトナムの水雷艇に攻撃された、という「トンキン湾事件」（実はこの事件はなんと「でっち上げ」であったことが後に発覚）をきっかけにジョンソン大統領は「アメリカに対する攻撃を退け、さらなる侵略を阻止するあらゆる手段をとることができる権限」を議会から与えられることになりました。

こうしてアメリカは本格的な軍事介入をベトナムに開始し、1965年、いわゆる「北爆」をおこない、ベトナム戦争が開始されたのです。

ベトナム戦争は、日本の社会・外交・経済にも大きな影響を与えていきます。「反戦・平和」という言葉は、政治的なものとしてだけでなく、60年代のひとつの「カルチャー」を生み出し、文化の風景となりました。

大学生を中心とする若者たちは、髪を伸ばし、ジーンズをはき、ギターを弾いて反戦的な歌詞や権威に逆らうロックを歌います。経済優先批判や女性解放、社会的地位向上などもこの時代に萌芽があらわれたといえるでしょう。

他方、「日本の独立」後も、沖縄は依然アメリカの軍政下にありました。1950年代半ばに本土復帰運動が激化していましたが、ベトナム戦争は、アメリカ軍の前線・補給基地として「沖縄」の軍事的重要性を高め、「本土復帰」への道を大きく遅らせてしまうことになりました。

佐藤栄作内閣は、南ベトナムでのアメリカの軍事行動は「極東の安全維持」のためであるとし、安全保障条約の下、「施設区域の供与」の義務があるとして、ベトナム戦争を進めるアメリカに協力する姿勢を明らかにしました。

実際、アメリカ軍の野戦病院へ医療物資や輸血用血液が送られ、日本の硫黄採掘・増産が進み、農作物などもベトナムに輸出されるようになります。

しかし、朝鮮戦争のときの「特需」とは大きく異なることがありました。

ベトナム戦争の際、アメリカは韓国・台湾・タイなど人件費が安い地域に製品などを発注したのですが、それらを製造する機械や原材料を日本が輸出し、また、それらの国の「ベトナム特需」によって、インフラ開発が進んだわけですが、それに必要なセメント・鉄鋼などを日本が受注することになりました。

朝鮮戦争の特需とは違う形での、ベトナム戦争による経済効果を幅広く日本が受けたことも再注目すべきところでしょう。

3　アジアとの和解

1951年のサンフランシスコ講和会議では、日本との最大の戦争当事国である中国は招待されず、36年におよぶ植民地支配を受けていた南北朝鮮も招かれていません。

また、インド・ビルマ・ユーゴスラヴィアは招待されたものの参加せず、ソ連・ポーランド・チェコスロヴァキアは会議には出席しましたが、平和条約を調印しませんでした。

冷戦や東アジアの政治的不安定などから、日本は「アジアとの和解」が未解決のまま、独立したことになります。

日米安全保障条約によって資本主義陣営に参加しながら（一見アメリカ寄りのようにみえながら）、独立後の1955年に日本はアジア・アフリカ会議に参加して、第三世界にも接近しています。

1956年にはソ連と国交を回復して国際連合の加盟を実現させました。1960年には新安保条約を結び、1965年には日韓基本条約を結びます。

1972年には沖縄返還を実現させると同時にアメリカに先んじて日中国交回復に成功させたわけで、第四次中東戦争では、イスラエルを支持するアメリカには同調せず、イスラエルを非難してアラブ諸国の信用も得ました。

日本は「全方位友好外交」ということを展開しながら、国際社会での地位を高めていったともいえ、その中で「アジアとの和解」を進めていきました。

さて、日本と韓国の関係は、すでに国交正常化のための予備交渉は進んでいたものの、「漁業問題」と「賠償請求権」の問題で交渉は難航します。

アメリカは、ベトナム戦争を展開しつつ、東アジアにおける共産主義封じ込めのため、日米韓の連携を重視し、一刻も早い日韓関係の正常化を両国に強く求めるようになりました。

こうしたアメリカの「後押し」によって、1965年、日韓基本条約が締結され、国交回復が実現しますが、日韓両国で強い反対運動が起こりました。韓国では大学生を中心に「売国外交」として激しい非難があり、日本でも自民党と民社党だけの裁決によって、国会で批准されています。

韓国は賠償金請求を放棄し、日本は5億ドルの借款供与をおこないました。日本の企業は韓国に多く進出し、それと結びついた韓国の財閥は利益を上げ、これらを背景に韓国の経済は急成長することになります（「漢江の奇跡」）。

しかし、同時にこのことは、韓国経済と日本経済の深い結びつきを進め、韓国内の民主化運動をおさえこむ朴正熙政権を支持し（利用し）たことは、1973年の民主化指導者金大中氏拉致事件に対して曖昧な態度をとる背景にもなったのです。

次に、中国との関係ですが、日本は、台湾との関係を続けながらも、中華人民共和国とは民間貿易や政府間の貿易を通じて「政経分離」の方針を立てていました。

「経済交流」と「民間の文化交流」を地道に進めていたのですが、アメリカ合衆国が外交方針を転換し、ニクソン大統領が「突然に」中国を訪問したのです。

当時、日本にとって、これは大きな衝撃で、「頭越し」の米中の対話に困惑することになります。このことは、『「国交正常化交渉」～北京の5日間』の中で鬼頭春樹が「最初は、アメリカは日本に相談していたが、ある朝目が覚めたら中国とアメリカが手を結んでいた」と回想していることからも明らかです。

この状況を打開すべく行動したのが田中角栄でした。それまでの政財界の日中国交回復への努力を背景に、1972年7月7日、国交回復を実現すると宣言します。中国の「反応」も素早く、その二日後にすぐに周恩来が「歓迎する」という声明を発しました。

図21　田中角栄（首相官邸ホームページより）

ニクソン訪中の7ヶ月後、9月25日、今度は日本の首相が電撃的に中国を訪問し、同29日、「日中共同声明」に署名することになりました。ニクソンの訪中は米中国交回復には至りませんでしたが、日本は国交回復を実現したのです。

1945年以降、中国は内戦状態にあり、1949年に中華人民共和国が成立しましたが、日本は中華人民共和国ではなく、中華民国（台湾）を唯一の合法政府として承認し、平和条約を結びました。日中国交回復までの間の政治的・外交的な日本の対象となる「中国」は台湾政府でした。

しかし、1972年、日中共同声明が発表され、日本は外交方針を大転換し、中華人民共和国を唯一の合法政府と認めました。ここから日中双方が、「平和友好条約」締結を目的とした「歩み寄り」を始めています。

首相周恩来は、日中国交回復にあたって賠償を放棄することを明かしました。

周恩来の考え方は「日本軍国主義は、戦争によって中国に大きな災難をもたらし、日本人民も多くの被害を受けた」というもので一貫しています。主体を「日本」ではなく「日本軍国主義」と表現し、日本国民もまた戦争の犠牲者だった、という考え方です。周恩来は「賠償金を日本に請求することは、被害者である日本国民に二重の苦しみを背負わせるものである」として賠償請求を全面的に放棄しました。

ポツダム宣言の精神にも合致し、日中の平和友好を実現する上で、すぐれた「理論」であったと思います。

この周恩来の考え方が現在も続く「対日外交方針」です。よって中国が日本に対して「非難」する場合は、この考え方に反する場合、日本の政治家の「軍国主義的言動」が明らかになったときでした。

あらためて、「日本国民もまた日本軍国主義の犠牲者であった」ということを思い起こしたいものです。

4　石油危機がもたらしたこと

1970年までの世界経済の発展を支えていたのは、実は「石油」でした。西アジアの安価な原油は、中東戦争による産油国の石油戦略によって高騰し、深刻な経済的打撃を受けることになります（石油危機）。

これにより、日本では高度経済成長は止まり、低成長時代に入りました。

産業構造の転換が進み、中心となる産業もそれまでの鉄鋼・化学などの基礎素材産業から、自動車・精密機械・コンピューターなど付加価値の高い製品を生産する産業に移行することになったのです。日本の「高度経済成長」の脆弱性はここにもありました。つまり、安価な燃料・原材料の供給によって支えられたものだったのです。

しかし、他の先進国が「石油ショック」の「ショック」の痙攣からおさまらない中、日本は経営合理化、マイクロ＝エンジニアリングの推進、ロボット化（無人化）による国際競争力の高い商品の生産、そして「重厚長大」産業から「軽薄短小」産業への転換、さらには赤字国債の増発による「積極財政」で、いち早く「安定成長」に転化することに成功します。

日本は、電気機械・精密機械・自動車産業の発展、そして第2次産業中心から第3次産業中心の「先進国」へと脱皮しました。

そして同時にそのことは、日本人の意識の安定志向、保守化を進め、共産主義思想や労働組合運動の低調、野党への支持の減少を招きます。

1970年代後半になると、地方政治の赤字を背景に、自治省・大蔵省が推進する「自治体経営」に同調する、共産党をのぞく政党が支持する官僚出身などの首長が次々に当選するようになり、革新首長はことごとく落選していきました。

石油ショック後の安定成長期には、労働組合運動も、ストライキを続けてきた「闘争型」から「労使協調型」に移行していきます。

これらを通じて、生活水準の向上とライフ＝スタイルの均質化が進み、人々は「富裕でもなく貧困でもない」「社会の中の、中の上」に「安住する」意識を持つようになっていきます。そして、終身雇用と社会保険の充実の中で、「学校を卒業したら就職する」のが当たり前という「人は企業に属している」「企業のリクツが社会の倫理」という意識が生まれました。

「社会に出たら通用しない」「そんな考え方一般企業ではありえない」などという言説によって人々の「生き方」を説明したり、たしなめたりする現在の風潮の出発点は、「石油ショック」とその後の「安定成長期」の中で生まれた、「戦後の新しい日本人の意識」であるような気がします。

1979年の第2次石油危機を、日本はほぼ克服しています。日本は金融引き締めによってインフレーションを制御し、むしろ国際競争力の高い製品の輸出をもたらし（自動車・家電製品・カメラ・時計など）、1970年代末には「大幅な貿易黒字」を実現しました。

5　1980年代の世界と日本

アメリカ合衆国は、「双子の赤字」に苦しむ超大国となっていました。共和党のレーガン政権は「強いアメリカ」の復活を謳い、「財政赤字」と「貿易赤字」の解決に乗り出しました。また、日本の膨大な貿易黒字も、国際経済に歪みをもたらし、その均衡化と貿易の安定は国際的な課題となっていたのです。日本は自動車を中心に輸出を大幅に伸ばして貿易黒字となっていましたが、このことはアメリカとの「貿易摩擦」をもたらしました。

1985年、ニューヨークのプラザ＝ホテルでアメリカ・日本・イギリス・西ドイツ・フランスの蔵相・中央銀行総裁が会合し、為替相場を「円高」に誘導することが容認されます。日本の産業界、とりわけ自動車・電気機械など輸出関連企業は、生産の合理化、コストダウンの工夫を図り、生産拠点を人件費の低い東南アジアなどに移すこと（現地生産方式）で国際競争力の低下をおさえていきました。「石油ショック」と「円高」の二つの大きなハードルは、日本の企業体質や産業構造を変化させる大きな契機となったのです。

対米貿易摩擦の象徴ともなった自動車に関しても、アメリカ製品の輸入の促進だけでなく、日本の企業はアメリカでの「現地生産方式」を進めて、アメリカの失業者を吸収するという方法で摩擦の軽減を試みました。

これらをきっかけとして、アジア諸地域や南米、とくにブラジルからの外国人労働者も増えることになります。

1980年代の産業構造の転換と同時に、国際経済における日本への「注目」は、日本社会の閉鎖性も浮き彫りにすることになりました。

アメリカや日本などの資本主義国は、エネルギー消費を減らし、企業経営の合理化を進めるなどして不景気からの回復をめざしていきました。このような動きを「新自由主義」といいます。

一方、ソ連など社会主義国は、産業・経済の転換がうまくいかず、1980年代半ばまでには深刻な経済危機に陥っていきます。

資本主義諸国は、「労働組合」「インフラの公営」「土地の一部公有」「社会保険」「基幹産業の国有化」などの社会主義的な手法を取り入れて政治・経済のメンテナンスを進め、資本主義体制の根本を維持することができました。1980年代までの日本は銀行などの「護送船団方式」にみられるように、大蔵省・通産省主導の「経済の国家統制」も進めてきました。結果としてこれらは、戦後の経済の景気・不景気の衝撃を緩和することに一定の役割を果たしていたと思います。

また、冷戦が進む中、西側資本主義諸国は、軍備の増強を図り、そのことが国家予算を圧迫して（民業も一部圧迫して）いたことに対して、日本は日米安全保障体制の枠組みで、軍事予算の圧迫を免れてきました。

そしてソ連は、スターリン体制後、フルシチョフが一部市場経済を導入したりして「修正」を図ったものの、また、保守反動に陥ってしまいます。

いわゆるブレジネフ政権の「停滞の時代」です。

政権幹部はスターリンの粛清によって抜擢された世代で固められ、生産設備も更新されず、低い労働生産性のもとで経済成長率は0%となってしまいます。市民の中には、社会主義イデオロギーの情熱は消え、党・政権の末端も同様で、一部特権階層（ノーメンクラツーラ）の腐敗も市民の反感をかい、共産党への不信は深まる一方となりました。

国民経済は破綻し、配給も停滞気味になり、食糧・生活必需品の慢性的な不足が続きます。市民の間に自由化を求める空気が広まり、社会主義イデオロギーへの情熱も喪失し、「市場経済の導入」や「情報公開」はもはや避けられない状況となりました。

こうして、1985年、ゴルバチョフ政権による「ペレストロイカ」が進められたのです。

アメリカのレーガン政権が進める「軍拡」に対抗する経済力はもはやソ連にはなく、軍事費の圧迫を解消するには「軍縮」が必須でした。ブレジネフ時代の「主権制限論」による東ヨーロッパ諸国への政治干渉や東ヨーロッパを含む社会主義体制をソ連が維持する、という政治的・経済的コストもソ連の大きな負担でした。

ゴルバチョフ政権下の「新思考外交」が西側諸国との協調、東ヨーロッパ諸国への不干渉を軸として進められたのはこういう背景があったのです。

ソ連の東欧への政治的不干渉宣言（新ベオグラード宣言）は、1989年の「ベルリンの壁」崩壊をもたらし、「東欧革命」による社会主義政権崩壊という「ドミノ倒し」が起こりました。

ソ連のゴルバチョフとアメリカのブッシュによるマルタ会談で「冷戦の終結」が宣言され、1990年にはついに東ドイツ政府は、西ドイツへの統合（参加）を表明し、東西ドイツの統一が実現します。

それらの「余勢」はソ連そのものに及び、保守派のクーデターによるゴルバチョフ排除とその失敗は、共産党支配の継続を不可能とし、1991年のソ連崩壊へと進むことになったのです。

1980年代後半の日本の政治・経済はこうした世界の動きを背景として展開されていきました。

「戦後政治の総決算」を掲げて鈴木内閣の後継となったのが、中曽根康弘内閣です。

外交においては、レーガン大統領との会談で「日米は運命共同体である」としてアメリカとともに西側諸国の中心的存在である立場を明確にし、内政においては、

① 靖国神社の「公式参拝」
② 防衛費のGNP1%枠の突破
③ 原子力空母寄港の承認

といった、従来の政権が避けてきた（タブーとしてきた）ことを実現していきました。

また、自民党の支持率上昇を背景に、行政改革を進め、次いで電電公社、専売公社の「民営化」、さらには国鉄の「民営化」を進めます。

しかし、「売上税」の導入に関しては世論の強い反発を受け、統一地方選挙において自民党が惨敗したこともあり、中曽根内閣は退陣することになったのです。

自民党の中の派閥の力学も大きく動くようになりました。「ニューリーダー」と称された竹下登・宮沢喜一・安倍晋太郎らが政局の中心となり、宮沢・安倍の支持をとりつけた竹下登が1987年に内閣を発足させます。

竹下内閣は、税制改革を進めて懸案の「大型間接税」の導入を「消費税」という形で実現させまし

た（1989年）。

中曽根・竹下、そしてそれに続く海部俊樹、宮沢喜一内閣を経て、直接税中心から間接税中心への税制改革、湾岸戦争への参加、自衛隊の海外派遣など、それまで維持されてきた「戦後民主主義」「戦後経済」は1980年代から90年代初頭にかけて大きく変質していくことになったのです。

［コラム］「新自由主義」の呪縛

「ネトウヨ」「サヨク」という表現はもちろん、右派・左派という言葉すら私は好みません。人の考え方は実に多様で、ステレオタイプに纏（まと）めてしまうことは危険だと思うからです。

しかし、便宜的に、そのほうがわかりやすい、ということで「右派」「左派」という言葉を使わせていただきますと……。

右派の人々の思想の様相は、簡単に言いますと「東西冷戦」時代の意識が残存し（あるいはそれを思い出し）、市場経済を守ることが日本の共産化を防ぐ道であるという信念を持つあまりに、自由主義を批判する人たちに、簡単に共産主義者、左派、サヨクというレッテルを貼り、政府の力（国防を含め）を強化しようとしてしまう……。

これに対して、左派の人々は、すでに経済学者野口悠紀雄が指摘する（『1940年体制――さらば戦時経済』）ように、戦前の「総力戦体制」を思い出し、国家が国民経済を統制して人々の生活に介入することを批判し、そのあまりに「民主主義とは政府の行動を制約すること」であると考えるようになってしまいました。本来、利益の再配分、ということを主張しなくてはならない左派が、国家の介入を否定せざるを得なくなるジレンマに陥る……。

「税は安いが低福祉」、「高福祉だが税は高い」という右派・左派の本来のあり方が大きくねじれ、右派は「増税しているのに低福祉」を、左派は「減税しているのに高福祉」を、それぞれがありえない政策を主張せざるを得ないことになってしまいました。

一方は新自由主義を唱えながら政府主導を好み、一方は新自由主義を批判しながら政府主導を嫌う……新しくなりきれない右派と、自由になりきれない左派。

まるで「新自由主義」に呪われているようです。

戦後、「保守派」は「親米」が基本路線です。当然、アメリカが「新自由主義」に傾斜すればそれに乗りやすく、結果、「バイデン・民主党」よりも「トランプ・共和党」に親和性を持っています。

それに対して「リベラル」は、前述したように「政府を規制するのが民主主義」と考えがちになり、これはすなわち「小さな政府」を志向することに他ならない。福祉の充実と弱者救済をしたいのに、「大きな政府」は否定しがちになってしまう。

さて、新自由主義は、若い世代にも浸透しやすい状況になっています。

1980年代に入って、大学進学率が高くなり、それまでは、大学卒はエリートだったのに、大学卒は凡人になりました。結果、大学卒でも偏差値の高低で「差」をつくろうとし、少子化なのにいわゆる難関大学は狭き門、という現象が進むようになります。

ところが、彼らが社会人となって能力を十分発揮できるのか、というとそうではなく、その理由を、年功序列で出世した「既得権益」を手放そうとしない「古い世代」の存在に見出すようになりました。「老害」という言葉が若者たちの間で、さまざまな局面で使われ、おもしろがられる風潮はここにありそうです。

こういう「新興エリート」たちは、「既得権益」を打ち破り、自分たちの「実力」を正当に評価してくれる（してくれそうな）新自由主義に共感するのはある意味当然かもしれません。

左右の両極端は「みんなが貧しくなる社会主義」と「だれかだけが豊かになる資本主義」です。政治家のみなさんは、左右どちらのサイドにおられてもかまいませんが、めざすところは「一人でも多くの人が豊かになる」であってほしいと思います。

6　冷戦は終わり、テロとの戦いが始まる

「対称戦」から「非対称戦」へ、21世紀は、「戦争」の革命的変化が進行している時代といえるかもしれません。

「冷戦の終結」後、「紛争の処理」ということを考えるとき、国際連合の働き、とりわけ安全保障理事会の「機能」の限界が顕著になってきた気がします。

国際連合がまとまって行動し、紛争の処理をおこなっている、ということは、私たちが目に見えな

いところでは着々とおこなわれてはいるのですが、いわゆる「大きな問題」に関しては、アメリカ・イギリス（場合によって日本も）など先進国が率いる多国籍軍や国連監視団、ＮＡＴＯなどの軍事同盟の行動によって解決する動きが通常化してきました。

この解決方法そのものの是非はともかく、すなわち、「国際連合の限界」の証でもあります。

21世紀に入って「グローバル化」のメリット・デメリットがそれぞれ深化するようになり、環境問題やエネルギー問題、食糧問題、衛生（地球規模の感染症）、貧困、ジェンダーなどが浮かび上がり（20世紀からの継続した未解決問題の深刻化も進み）、どのようにしてサステイナビリティ（持続可能な発展）を実現していくかが大きな課題となりました。

これらの進行にともない、民主主義・人権が改めてクローズアップされ、これらが「普遍の価値観」であるという前提で国際連合など国際的な機関が「世界基準」を設けていく一方で、自国の「固有の制度・慣習」の主張との軋轢・対立も生まれてきています。

「グローバル化」は世界の人々に自由と平等をもたらす「魔法の杖」ではもちろんなく、一国を超えた世界的な「格差」と「疎外」、「混乱」をかえってもたらしているという現実も明らかになってきました。

一例をあげるならば、金融市場の自由化などは、国際資本、投機的な投資家の動向により、突発的な乱高下を起こし、株式市場・金融の混乱を招く場合があります。１９９０年代ならば中南米・韓国・タイ・ロシアなどで「通貨危機」が起こり、２００８年にはアメリカ発の「リーマン＝ショック」によって「世界金融危機」が誘発されました。

さらにグローバル化のもたらす「人の移動」も、多くの「摩擦」を世界にもたらします。人件費の安い国・地域に生産拠点を移していく「現地生産」方式が広がる一方、また逆に、他国へと「出稼ぎ」に出て行く労働者も増えていきます。

生産拠点は先進国から途上国へ、労働力は途上国から先進国へ。多くの文化交流がおこると同時に、排他的な「民族主義」も台頭していく。

「単独行動主義」という言葉も唱えられるようになります。

一国の、一方的な主張で国際問題を強引に解決し（自国の有利なように解決し）、環境問題では京都議定書からの離脱、イラク戦争の開始、など21世紀のアメリカ合衆国を典型とし、先進国の内部には、単独行動主義（自国ファースト）の思想を持つ「新保守主義」が伸張してきています。

2001年の「9・11事件」は、国際テロ組織アルカーイダによる、アメリカ合衆国を中心とする「世界秩序」の破壊をもくろむものでした。これに対して、アメリカ合衆国の当時の大統領ブッシュは「テロとの戦い」を宣言し、以来、世界各

図22　9・11 事件：航空機が激突し炎上する世界貿易センタービル（Flickr user TheMachineStops (Robert J. Fisch)derivative work: upstateNYer）

国で「テロとの戦い」との連携が広がりました。

民主党政権のオバマは、前政権からの財政問題・社会福祉問題を抱えつつ、イラクからの撤退は進めたものの、アフガニスタンの問題には関与を止めませんでした。

2017年に成立したトランプ政権は、「アメリカ・ファースト」を掲げて雇用問題などの解決のために、むしろ外交を「手段」として利用し、国際秩序維持への関与の低下を示しました。

この姿勢を批判する形で成立したバイデン政権も、オバマ政権時代の東アジア政策を継承しながら台湾問題・ホンコン問題・ウイグル問題など、「人権問題」の侵害に関しては、対中強硬姿勢をとり続けています。

[コラム] 国体とは何だったのか

「謹ンデ惟(おもんみ)ルニ我神州タル所以(ゆえん)ハ、万世一神タル天皇陛下御統帥ノ下ニ、挙国一体生成化育ヲ遂ゲ、終(つい)ニ八紘一宇ヲ完(まっと)フスルノ国体ニ存ス。」

(訳) 謹んで考えると、我国が神国である理由は、万世一系の神である天皇陛下の統治の下で、国を挙げて一つとなり、成長発展して、ついに全世界を一つの家とする理想を達成する国体にある。

これは、１９３６年に勃発した二・二六事件において、青年将校たちがクーデターを起こした際に各方面に配布した決起趣意書（野中四郎大尉の起草）の冒頭部分です。

奇しくも、その後の日本は、この決起趣意書冒頭の「理想」を実現するために戦争に走って行ったかのようです。二・二六事件で一部軍人たちの「夢」は破れたにもかかわらず、その求めたところは連続し、それを実現しようとする動きが後続する……。

それは、実は、彼らの決起趣意の冒頭そのものは、「政府」にも「軍部」にも共通した「思想」であったからです。

二・二六事件の前年、岡田啓介内閣は「国体明徴声明」を発しています。

「恭しく惟みるに、わが国体は、天孫降臨の際下し賜へる御神勅に依り明示せらるる所にして、万世一系の天皇国を統治し給ひ、宝祚（ほうそ）の隆（さかえ）は天地と与（とも）に窮（きわまり）なし。」

（訳）丁重に考えると、日本の国体は、天照大神が天孫降臨の際に下された神勅によって明示されたところで、万世一系の天皇が日本を統治され、皇位は天地とともに永久に栄えていく。

決起趣意書の冒頭は、この国体明徴声明の冒頭をなぞるかのようです。

そもそも、この国体明徴声明は、美濃部達吉の説く「天皇機関説」を否定するものでした。

「…統治権が天皇に存せずして天皇は之を行使する為の機関なりと為すが如きは是全く万邦無比なる我が国体の本義を愆るものなり。」

（訳）統治権が天皇になく、天皇は統治権を行使するための機関であるとするような考え方（天皇機関説）があれば、全く万国に並ぶもののない日本の国体を誤るものだ。

決起趣意書、そして国体明徴声明に明らかに示されている「国体」という言葉は、この後も、政治・軍事・思想・国民生活の中で繰り返し使用され、人々の言の葉にのぼるようになります。

終戦直前、ポツダム宣言を受諾するか否かの会議においても、この言葉は出現しています。最高戦争指導会議、そして閣議において、東郷茂徳外務大臣は「国体護持」を唯一の条件としてポツダム宣言の受諾を主張し、阿南惟幾陸軍大臣は、国体護持を筆頭に、軍隊の自主撤退・戦争犯罪の自国処理・占領拒否の四条件を主張しています。

両者の意見対立が続く中、二発目の原子爆弾が長崎に投下されました。深夜の御前会議にて、天皇陛下による「御聖断」により、ポツダム宣言受諾が決せらることになったのですが、日本政府・軍部は、なおも「国体護持」が確実であるかどうかをアメリカ政府に確認し、アメリカ側は「降伏の時より天皇と日本国政府の統治権限は連合国軍最高司令官の従属下におかれる」とし、「日本国政府の形態は日本の国民の自由に表明する意思によって決定される」と回答しました。

この回答に対して軍部はなおも食い下がり、戦争継続を主張するのですが、再度の御前会議において天皇自ら、

「国体に就（つい）ては敵も認めて居（お）ると思ふ、毛頭不安なし。」

と述べて、ポツダム宣言受諾は決定されたのです。

政府・軍部が、ソ連の侵攻が始まり、原子爆弾が投下されて、降伏決定後も、その護持に拘った「国体」とはどのようなものだったのでしょうか。

もちろん、単なる「国がら」や国家の「体面」、国家の「体裁」といった、国語辞典的説明で語られるものではないことは確かです。

「国体」は、天皇統治の政治形態を観念的に示した国の在り方のように説明され、国体明徴声明にみられるように「万邦無比たる」という枕詞を冠し、他国と比して優秀性を示す概念として利用されてきました。

その優秀性は、「国生み神話」に基づいた天皇の神聖性とその君臨の持続性にある、と捉えられています。

幕末の水戸学以後、明治維新の諸政策・法令、たとえば新聞紙条例、教育勅語、治安維持法などにも国家体制の正当性を示す言葉として使用されてきました。

もともと定義が曖昧であった「国体」は、満州事変をきっかけに、急進的な国家改造を求める青年将校や右翼らの活動が活発になり、五・一五事件によって犬養毅首相が暗殺されて大正デモクラシーの成果であった政党政治が絶たれて以降、社会主義思想や自由主義思想（主に天皇機関説）などを弾圧する根拠として、国体の神話的とでもいえる解釈が強調されていくようになり、岡田内閣の「国体明徴声明」、文部省の「国体の本義」に結集することになったといえます。

ポツダム宣言受諾後の、ＧＨＱによる占領下の民主化、東京裁判による戦犯の処罰、新しい憲法の制定によって、「国体」という概念は、統治の正当性の根拠としての役割を終えましたが、現在でも、何か事あるごとに、「日本は特別な国」「他の国とは異なる」という説明がおこなわれて、それに親和性を感じる背景（遠いルーツ）に、「他国と比して優秀性」を持つという国体の概念が生き残っているのではないでしょうか。

優秀性の自認が、「日本人としての誇りと自信」の回復として社会の活性化、経済復興への原動力となればよいのですが、単なる自己満足や負け惜しみ、さらには排他思想や民族差別の原因にならないように、深く意識する必要があるように思います。

7　結びにかえて　憲法第9条と日本の歩み

日本国憲法の三大原則は言うまでもなく「基本的人権の尊重」「国民主権」「平和主義」の三つですが、「平和主義」は憲法の「前文」と「第9条」に記されています。

憲法第9条において、「戦争放棄」を示したことは、日本の独立と戦後の政治・外交に大きな影響を与えてきました。

日本国憲法において、「戦争の放棄」を原則として明らかにしたことは、日本が太平洋戦争・日中戦争において「戦場」とした東南アジアや東アジアに向けて、もはや日本は「侵略国家ではない」というアピールになったことは重要な視点です。

これをうけて、多くのアジア諸国が、新生日本の姿勢を評価し、賠償金の全額放棄をおこないました。それから、「冷戦」を通じて、多くの先進国が、国家予算の少なからぬ割合を軍事費に割かなくてはならなかった中、日本は防衛費を大幅に抑えることが可能になりました。さらに、新安保条約の第二条の経済協力条項によって高度経済成長に弾みをつけたことも重要な視点です。

憲法第9条の改正について語るとき、いわゆる「護憲」の姿勢を示す人々を揶揄して「平和ボケ」という言葉が使用される場合があります。

そもそも「平和ボケ」って何でしょうか。

独立後の、平和主義に基づく「政治・外交の歩み」は、日本の国民を「平和ボケ」にさせたのでしょうか？

1955年以降1990年代初めまで、改憲を党是とする自由民主党は、国会においてほぼ過半数を占め続けています。

これは、自衛隊の存在を否定的に考え、憲法第9条に違反していると考えている国民が多いのならば、自衛隊を違憲であると主張していた社会党が、五十五年体制の中で政権をとっていたはずです。しかし同時に、自由民主党は改憲に必要な2／3以上の議席を五十五年体制下では実現できていません。

軍国主義や覇権主義には否定的だが、さりとて冷戦期の中でアメリカの後援によって安全保障を保ちたい、という「国民の意思」の表れである、といえないでしょうか？　野党に過半数をとらせることなく、さりとて与党にも2／3以上の議席を与えず、という絶妙の「バランス」が「民意」だったといえるでしょう。

また、前述のように自民党の政権も、新安保条約で資本主義陣営に参加しながら（一見アメリカ寄りのようにみえながら）、独立後の1955年にはアジア・アフリカ会議に参加して第三世界にも接近し、翌年にはソ連と国交を回復して国際連合の加盟を実現させます。

1960年には新安保条約を結び、1965年には日韓基本条約を結びました。

1972年には沖縄返還を実現させると同時にアメリカに先んじて日中国交回復に成功します。第四次中東戦争では、イスラエルを支持するアメリカには同調せず、イスラエルを非難してアラブ諸国の信用も得ました。

外交によって巧みに日本の安全保障を確立してきたといえるのではないでしょうか。

「平和ボケ」ではなく「平和を希求する外交」を続けてきていることこそ、大いに評価すべきではないでしょうか。

「冷戦の終結」とともにまさに「平成」が始まりました。

かつて「戦後」という言葉が日本の現代史を説明する際のキーワードになりました。そしてその次は、「冷戦後」という言葉が日本の現代史を説明する際に欠かせない言葉になっています。

1991年、イラクの「クウェート侵攻」に対して、アメリカ軍を主力とする多国籍軍が組織され、国連決議を背景に武力制裁がおこなわれましたが、日本は、「国際貢献」の名の下に、資金援助の他、当時の憲法解釈、国民の理解できる範囲での「対応」をおこないました。

宮沢内閣の時、国連平和維持活動（ＰＫＯ）協力法が成立し、ＰＫＯに日本が積極的に参加できるようになります。

１９９２年からカンボジアの停戦監視のため自衛隊を海外に派遣したことを皮切りに、モザンビーク、ザイール、ゴラン高原でのＰＫＯは現地での政府、あるいは住民から高い評価も得ることになりました。

１９９９年には自由党、公明党が政権に参加し（自自公政権）、衆参両議院で安定多数を確保して新ガイドライン関連法、さらに国旗・国歌法も制定します。

２００１年に勃発したアフガニスタン紛争に対してはテロ対策特別措置法を制定し、海上自衛隊はインド洋で給油活動をし、さらにその翌年、東ティモールでもＰＫＯを実施しました。

２００３年のイラク戦争に対してはイラク復興支援特別措置法を制定し、それに基づいて展開された人道的支援は、国際的にも現地の人々からも高い評価を得ています。

これらの自衛隊の活動が高い評価を受けたのは、「軍事力」による貢献ではなく、「平和主義」に基づく行動だったからではないのでしょうか。

戦後、日本は軍国主義を放棄し、「新生日本」となりました。

サンフランシスコ平和条約で調印しなかった（参加しなかった）国々とも国交を回復し、あるいは平和条約締結を実現し、さらには多くの国が賠償金を放棄し、そして日本も人道支援・経済援助に積極的に取り組んできました。

日本が、東南アジア・東アジアの国々に受け入れられた背景には「戦争放棄」があったことは明らかです。

このように、「新生日本」が国際社会に復帰できたことに、現行憲法が果たした役割は大きいものがあったと評価できると思います。

吉田茂のサンフランシスコ講和会議での演説が説得力を帯びたのは、日本が口先だけでなく「態度」で（憲法で平和主義の精神を）示したからです。

まさにこれは「第９条」を「足かせ」と考えるか「行動規範」と考えるかの問題で、冷戦後の国際紛争において、自衛隊や日本のＰＫＯ活動が評価されているのは「軍事力を持つ軍事行動」ではなく「軍事力を持ちながらもそれを行使しない経済・人道支援活動」でした。

歴史的にみれば、終戦後、そして冷戦後、「第９条」は日本の国際的な「行動規範」たり得たのではないでしょうか。

憲法は、絶対不変のものではなく、時代や社会の変化に合わせてメンテナンスすべきであることはまちがいありません（でなければ憲法自体に改正規定が記されないからです）。

終戦から冷戦、そして冷戦後。人権意識や環境問題、そして安全保障のあり方など、現行憲法の「解釈」のみで対応するには限界が近づきつつあることも確かでしょう。

しかし、いま、憲法第９条を改正せんがために、過去のさまざまな段階での日本政府の外交政策・努力を否定したり、憲法第９条が「足かせ」となって適切な外交・政治ができていなかったと説明したりするのは誤りであると断定すべきです。

改めて、サンフランシスコ講和会議での吉田茂の演説をふりかえってみたいと思います。

「アジアに国をなすものとして、日本は他のアジア諸国と緊密な友好と協力の関係を開きたいと熱望するものであります。」

「それらの国々と日本は伝統と文化・思想ならびに理想をともにしているのであります。」

現在、大日本帝国が戦場とした東アジア・東南アジアは、ＧＤＰ世界第2位の中国、第3位の日本、発展途上国から先進国への道のりを歩む韓国、そして経済発展を続ける東南アジア諸国を含み、ＥＵ・アメリカ合衆国と並んで、世界経済を牽引する地域となっています。

しかし、また、北朝鮮・台湾海峡問題・ホンコンなど、安全保障・人権・領土問題が複雑に入り組み、それらの解決の枠組みが形成されているとはいえない状態が続いているともいえます。

東アジアの平和の発展のために、日本が貢献する場合、果たして第9条がその「足かせ」となるのか、その「行動規範」となるのか、改めて問いかけていくことが大切ではないでしょうか。

【参考文献】

Ⅵ　近代の扉

（1）ペリー来航と日本の開国

『ペリー提督日本遠征記』（M＝C＝ペリー・宮崎壽子・角川ソフィア文庫）
『黒船がやってきた―幕末の情報ネットワーク』歴史文化ライブラリー191（岩田みゆき・吉川弘文館）
『幕末・維新』シリーズ日本近現代史1（井上勝生・岩波新書）
『岩波講座日本歴史第14巻 近世5』「2開国と幕末の幕制改革」保谷徹（岩波書店）

（2）開港と人々の生活

『もう一つ上の日本史　『日本国紀』読書ノート・古代～近世篇』（浮世博史・幻戯書房）
『幕末・維新』シリーズ日本近現代史1（井上勝生・岩波新書）
『岩波講座日本歴史第14巻 近世5』「2開国と幕末の幕制改革」保谷徹（岩波書店）
『岩波講座日本歴史第14巻 近世5』「4在来経済・産業の発展」谷本雅之「5流通構造の転換」斎藤善之（岩波書店）
『幕末明治の国際市場と日本―生糸貿易と横浜』（西川武臣・雄山閣出版）

（3）幕末の民衆運動　「世直し一揆」

『岩波講座日本歴史第14巻 近世5』「8近世後期の民衆運動」谷山正道（岩波書店）

『幕末の世直し―万人の戦争状態』歴史文化ライブラリー307（須田努・吉川弘文館）
『幕末明治の国際市場と日本―生糸貿易と横浜』（西川武臣・雄山閣出版）
『昔夢会筆記』東洋文庫76（渋沢栄一編・大久保利謙校訂・平凡社）
『徳川慶喜公伝』ワイド版東洋文庫88（渋沢栄一・藤井貞文解説・平凡社）
『大政奉還と討幕の密勅』（石尾芳久・三一書房）
『徳川慶喜』人物叢書（家近良樹・吉川弘文館）
『徳川慶喜―将軍家の明治維新』（松浦玲・中公新書）

（5）水戸学　鳥羽・伏見の戦い後の慶喜逃亡の謎を解く

『昔夢会筆記』東洋文庫76（渋沢栄一編・大久保利謙校訂・平凡社）
『徳川慶喜公伝』ワイド版東洋文庫88（渋沢栄一・藤井貞文解説・平凡社）
『覚書・幕末の水戸藩』（山川菊栄・岩波文庫）
『尊王攘夷―水戸学の四百年』（片山杜秀・新潮選書）
『汗血千里の駒』（坂崎紫瀾・林原純生校注・岩波文庫）
『竜馬がゆく』（司馬遼太郎・文春文庫）
『世に棲む日日』（司馬遼太郎・文春文庫）
『高杉晋作―情熱と挑戦の生涯』（一坂太郎・角川ソフィア文庫）
『司馬遼太郎が描かなかった幕末―松陰・龍馬・晋作の実像』（一坂太郎・集英社新書）
『もう一つ上の日本史　『日本国紀』読書ノート・古代〜近世篇』（浮世博史・幻戯書房）

Ⅶ　近代国家への歩み

（1）中央集権化　身分の解体と再編

『現代語訳特命全権大使米欧回覧実記』（久米邦武編著・大久保喬樹訳注・角川ソフィア文庫）
『明治日本体験記』東洋文庫430（グリフィス・山下英一訳）
『木戸孝允日記』日本史籍協会編（マツノ書店）
『明治維新』（遠山茂樹・岩波文庫）
『幕末・維新』シリーズ日本近現代史1（井上勝生・岩波新書）
『明治維新1858-1881』（坂野潤治・大野健一・講談社現代新書）
『岩波講座日本歴史第15巻 近現代1』「1戊辰戦争と廃藩置県」松尾正人（岩波書店）
『廃藩置県―近代統一国家への苦悶』（松尾正人・中公新書）
『廃藩置県―「明治国家」が生まれた日』（勝田政治・講談社選書メチエ）

（2）文明開化と岩倉具視使節団

『岩倉具視「米欧回覧実記」』（田中彰・岩波現代文庫）
『文明開化』（飛鳥井雅道・岩波新書）
『岩波講座日本歴史第15巻 近現代1』「8文明開化の時代」苅部直（岩波書店）
『明治維新と西洋文明―岩倉使節団は何を見たか』（田中彰・岩波新書）
『岩倉使節団という冒険』（泉三郎・文春新書）
『日本紀行』（イザベラ=バード・時岡敬子訳・講談社学術文庫）

『イザベラ＝バードと日本の旅』（金坂清則・平凡社新書）
『ベルツの日記』（エルウィン＝ベルツ・トク＝ベルツ編・菅沼竜太郎訳・岩波文庫）
『大君の都・幕末滞在記』（オールコック・山口光朔訳・岩波文庫）
『オールコックの江戸─初代英国公使が見た幕末日本』（佐野真由子・中公新書）
『もう一つ上の日本史　『日本国紀』読書ノート・古代〜近世篇』（浮世博史・幻戯書房）

（3）学校教育の開始と徴兵令

『岩波講座日本歴史第15巻 近現代1』「9教化・教育政策と宗教」谷川穣（岩波書店）
『明治五年「学制」─通説の再検討』（竹中暉雄・ナカニシヤ出版）
『明治国家と地域教育─府県管理中学の研究』（荒井明夫・吉川弘文館）
『徴兵令』（大江志乃夫・岩波新書）
『岩波講座日本歴史第15巻 近現代1』「7官僚制と軍隊」鈴木淳（岩波書店）
『秩禄処分─明治維新と武士のリストラ』（落合弘樹・中公新書）
『日本の軍隊─兵士たちの近代史』（吉田裕・岩波新書）

（4）江戸時代からの決別　地租改正と殖産興業

『岩波講座日本歴史第15巻 近現代1』「4殖産興業政策の展開」神山恒雄（岩波書店）
『もう一つ上の日本史　『日本国紀』読書ノート・古代〜近世篇』（浮世博史・幻戯書房）
『殖産興業』（田村貞雄・教育社歴史新書）
『日本鉄道史─幕末・明治編』（老川慶喜・中公新書）

『大久保利通―幕末維新の個性』（毛利敏彦・中公新書）
『〈政事家〉大久保利通―近代日本の設計者』（勝田政治・講談社選書メチエ）
『岩波講座日本歴史第15巻 近現代1』「3地租改正と地域社会」奥田晴樹（岩波書店）
『地租改正と明治維新』（佐々木寛治・有志社）
『地租改正―近代日本への土地改革』（佐々木寛司・中公新書）
『幕末・維新』シリーズ日本近代史1（井上勝生・岩波新書）
『もう一つ上の日本史『日本国紀』読書ノート・近代〜現代篇』（浮世博史・幻戯書房）
『徳富蘇峰集』明治文学全集34（筑摩書房）
『木戸孝允』維新前夜の群像4（大江志乃夫・中公新書）
『木戸孝允―「勤王の志士」の本音と建前』日本史リブレット「人」（一坂太郎・山川出版社）
『木戸孝允』幕末維新の個性8（松尾正人・吉川弘文館）
『大久保利通』（佐々木克監修・講談社学術文庫）
『大政事家大久保利通―近代日本の設計者』（勝田政治・角川ソフィア文庫）
『大久保利通と明治維新』歴史文化ライブラリー45（佐々木克・吉川弘文館）
『近世日本国民史―明治三傑・西郷隆盛・大久保利通・木戸孝允』（徳富蘇峰・講談社学術文庫）
『幕末維新史料叢書』第4「逸事史補」松平慶永（人物往来者）

（5）自由民権運動・「一揆」から「演説」へ

『岩波講座日本歴史第15巻 近現代1』「5地方自治制と民権運動・民衆運動」松沢裕作（岩波書店）
『明治六年政変』（毛利敏彦・中公新書）

『大久保利通―幕末維新の個性』（毛利敏彦・中公新書）
『〈政事家〉大久保利通―近代日本の設計者』（勝田政治・講談社選書メチエ）
『西郷隆盛―西南戦争への道』（猪飼隆明・岩波新書）
『西郷隆盛と明治維新』（坂野潤治・講談社現代新書）
『自由民権』（色川大吉・岩波新書）
『秩禄処分―明治維新と武士のリストラ』（落合弘樹・中公新書）
『自由民権運動―〈デモクラシー〉の夢と挫折』（松沢裕作・岩波新書）
『西南戦争―西郷隆盛と日本最後の内戦』（小川原正道・中公新書）
『五日市憲法』（新井勝紘・岩波新書）
『憲法構想』日本近代思想大系（江村栄一・岩波書店）
『自由民権運動―〈デモクラシー〉の夢と挫折』（松沢裕作・岩波新書）
『民権と憲法』シリーズ近現代史2（牧原憲夫・岩波新書）
『帝国議会―西洋の衝撃から誕生までの格闘』（久保田哲・中公新書）

（6）国境の画定　日本の輪郭の誕生

『岩波講座日本歴史第15巻 近現代1』「6北海道・沖縄・小笠原諸島と近代日本―主権国家・属領統治・植民地主義」塩出浩之（岩波書店）
『明治国家形成の外政と内政』（松井秀夫・北海道大学出版会）
『蝦夷地から北海道へ』街道の日本史（田端宏・吉川弘文館）
『明治の北海道』岩波ブックレット―シリーズ「日本近代史」（夏堀正元・岩波書店）

『北海道と明治維新―辺境からの視座』（田中彰・北海道大学図書刊行会）
『北海道の歴史（下）』（関秀志・桑原真人・大庭幸生・高橋昭夫・北海道新聞社）
『廃藩置県―「明治国家」が生まれた日』（勝田政治・講談社選書メチエ）
『琉球王国』（高良倉吉・岩波新書）
『台湾出兵―大日本帝国の開幕劇』（毛利敏彦・中公新書）
『もう一つ上の日本史『日本国紀』読書ノート・近代～現代篇』（浮世博史・幻戯書房）
『李鴻章の対日観―「日清修好条規」を中心に』（白春岩・成文堂）
『日本の外国―明治維新から現代まで』（入江昭・中公新書）
『開港期朝鮮の戦略的外交』（酒井裕美・大阪大学出版会）
『幕末の小笠原―欧米の捕鯨船で栄えた緑の島』（田中弘之・中公新書）
『小笠原諸島をめぐる世界史』（松尾龍之介・弦書房）

（7）大日本帝国憲法の制定

『岩波講座日本歴史第16巻 近現代2』「1明治憲法体制の成立」坂本一登（岩波書店）
『民権と憲法』シリーズ近現代史2（牧原憲夫・岩波新書）
『憲法構想』日本近代思想大系（江村栄一・岩波書店）
『明治憲法史』（坂野潤治・ちくま新書）
『帝国議会―西洋の衝撃から誕生までの格闘』（久保田哲・中公新書）
『大隈重信（上）―「巨人」が夢見たもの』（伊藤之雄・中公新書）
『もう一つ上の日本史『日本国紀』読書ノート・近代～現代篇』（浮世博史・幻戯書房）

『日本人の8割が知らなかったほんとうの日本史』（浮世博史・アチーブメント出版）
『伊藤博文―知の政治家』（瀧井一博・中公新書）
『伊藤博文―近代日本を創った男』（伊藤之雄・講談社学術文庫）
『ベルツの日記』（エルウィン＝ベルツ・トク＝ベルツ編・菅沼竜太郎訳・岩波文庫）
『金子堅太郎と近代日本―国際主義と国家主義』（酒井一臣・昭和堂）
『帝国議会〈戦前民主主義〉の五七年』（村瀬信一・講談社選書メチエ）
『元老―近代日本の真の指導者たち』（伊藤之雄・中公新書）
『山県有朋―明治日本の象徴』（岡義武・岩波文庫）
『自由民権運動と女性』（大木基子・ドメス出版）
『花の妹 岸田俊子伝―女性民権運動の先駆者』（西川祐子・岩波現代文庫）
『植木枝盛―民権青年の自我表現』（米原謙・中公新書）
『岩波講座日本歴史第15巻 近現代1』「9教化・教育政策と宗教」谷川穣（岩波書店）
『岩波講座日本歴史第16巻 近現代2』「2伝統文化の創造と近代天皇制」高木博志（岩波書店）
『岩波講座日本歴史第16巻 近現代2』「8軍部の成立」山田朗（岩波書店）
『徹底検証 教育勅語と日本社会―いま、歴史から考える』（岩波書店編集部）
『教育勅語』（山住正己・朝日選書）
『帝国軍人―公文書、私文書、オーラルヒストリーからみる』（戸高一成・角川選書）
『山県有朋―愚直な権力者の生涯』（伊藤之雄・文春新書）

Ⅷ　帝国主義の時代

（1）朝鮮問題と日清戦争

『条約改正交渉史―１８８７～１８９４』（大石一男・思文閣出版）
『条約改正―明治の民族問題』（井上清―岩波新書）
『条約改正と国内政治』（小宮一夫・吉川弘文館）
『条約改正史』（五百旗頭薫・有斐閣）
『日韓外交史料第２巻』「壬午事変」（明治百年史叢書・原書房）
『日韓外交史料第３巻』「甲申事変・天津条約」（明治百年史叢書・原書房）
『壬午軍乱と近代東アジア世界の成立』東アジア世界の形成第３巻（藤間生大・春秋社）
『伊藤博文―近代日本を創った男』（伊藤之雄・講談社学術文庫）
『山県有朋―愚直な権力者の生涯』（伊藤之雄・文春新書）
『山県有朋と明治国家』（井上壽一・ＮＨＫブックス）
『もう一つ上の日本史　『日本国紀』読書ノート・近代～現代篇』（浮世博史・幻戯書房）
『岩波講座日本の歴史第16巻』「４日清・日露戦争」千葉功（岩波書店）
『新訂　蹇蹇録―日清戦争外交秘録』（陸奥宗光・中塚明校注）
『福沢諭吉の朝鮮―日朝清関係のなかの「脱亜」』（月脚達彦・講談社選書メチエ）
『日清・日露戦争』シリーズ日本近現代史３（原田敬一・岩波新書）
『日清戦争―近代日本初の対外戦争の実像』（大谷正・中公新書）
『日清戦争―「国民」の誕生』（佐谷眞木人・講談社現代新書）

『日清戦争』戦争の日本史19（原田敬一・吉川弘文館）
『陸奥宗光とその時代』（ＰＨＰ研究所・岡崎久彦）
『日清戦争における日本外交史―東アジアをめぐる国際関係の変容』（古結諒子・永小屋大学出版会）
『日清・日露戦争と帝国日本』日本近代の歴史3（飯塚一幸・吉川弘文館）
『日清・日露戦争をどう見るか―近代日本と朝鮮半島』（原朗・ＮＨＫ出版新書）
『東アジアにおける近代条約関係の成立』（柳英武・龍渓書舎）
『近代国家への模索１８９４－１９２５』シリーズ中国近現代史2（川島真・岩波新書）
『北京燃ゆ―義和団事変とモリソン』（ウッドハウス暎子・東洋経済新報社）
『中国、一九〇〇年―義和団運動の光芒』（三石善吉・中公新書）
『小村寿太郎―近代日本外交の体現者』（片山慶隆・中公新書）
『日露戦争史―20世紀最初の大国間戦争』（横手慎二・中公新書）

（3）帝国主義戦争としての日露戦争

『もう一つ上の日本史『日本国紀』読書ノート・近代～現代篇』（浮世博史・幻戯書房）
『岩波講座日本の歴史第16巻』「4日清・日露戦争」千葉功（岩波書店）
『小村寿太郎―近代日本外交の体現者』（片山慶隆・中公新書）
『日露戦争史―20世紀最初の大国間戦争』（横手慎二・中公新書）
『庶民のみた日清・日露戦争―帝国への歩み』刀水歴史全書（大濱徹也・刀水書房）
『岩波講座日本の歴史第16巻』「3藩閥と政党」五百旗頭薫（岩波書店）
『日清・日露戦争後経営と議会政治』（伊藤陽平・吉川弘文館）

『桂園時代の形成—1900年体制の実像』(中里裕司・山川出版社)
『桂太郎—外に帝国主義、内に立憲主義』(千葉功・中公新書)

(4) 帝国の教育と文化

『岩波講座日本の歴史第16巻』「6近代学校教育制度と家族」小山静子(岩波書店)
『教育勅語』(山住正己・朝日選書154)
『「教育勅語」の思想—天皇と日本の近代』(八木公生・講談社現代新書)
『はじめて学ぶ教育の制度と歴史』(広岡義之・津田徹・ミネルヴァ書房)
『日本の教育史を学ぶ』(佐藤環監修・田中卓也編著・東信堂)
『明治の文化』(色川大吉・岩波現代文庫)
『滝廉太郎—夭折の響き』(海老沢敏・岩波新書)
『日本の近代小説』(中村光夫・岩波新書)
『日本近代小説史』(安藤宏・中央公論新社)
『明治・大正の農村』シリーズ日本近代史11(大門正克・岩波ブックレット)

(5) 韓国併合への道

『岩波講座日本の歴史第17巻』「1韓国併合と植民地官僚制の形成」小川原宏幸(岩波書店)
『高宗・閔妃—然らば致し方なし』(木村幹・ミネルヴァ書房)
『閔妃暗殺—朝鮮王朝末期の国母』(角田房子・新潮文庫)
『大韓帝国の保護と併合』(森山茂徳・原田環)

『近代朝鮮と日本』（趙景達・岩波新書）
『韓国併合』（海野福寿・岩波新書）
『岩波講座日本の歴史第16巻』「4日清・日露戦争」千葉功（岩波書店）
『植民地朝鮮と日本』（趙景達・岩波新書）
『韓国併合 110年後の真実—条約による併合という欺瞞』（和田春樹・岩波ブックレット）
『東洋拓殖会社—日本帝国主義とアジア太平洋』（黒瀬郁二・日本経済評論社）

（6）鉄と生糸の産業革命

『明治・大正の農村』シリーズ日本近代史11（大門正克・岩波ブックレット）
『明治国家と地域社会』（大島美津子・岩波書店）
『明治東京下層生活誌』（中川清・岩波文庫）
『近現代日本の農村』歴史文化ライブラリー155（庄司俊作・吉川弘文館）
『岩波講座日本歴史第16巻』「7地主制の成立と農村社会」坂根嘉弘（岩波書店）
『岩波講座日本歴史第16巻』「5日本の産業革命」中村尚史（岩波書店）
『八幡製鉄所』（小林正彬・教育社歴史新書）
『八幡製鉄所・職工たちの社会誌』（金子毅・草風館）
『日本の産業革命—日清・日露戦争から考える』（石井寛治・講談社学術文庫）
『岩波講座日本歴史第16巻』「8社会問題の「発生」」石居人也（岩波書店）
『時代閉塞の現状・食うべき詩』（石川啄木・岩波文庫）
『田中正造文集』（由井正臣・小松裕編・岩波文庫）

『大逆事件—死と生の群像』（田中伸尚・岩波書店）
『幸徳秋水—直接行動論の源流』（飛鳥井雅道・中公新書）

（7）第一次世界大戦と日本

『第一次世界大戦』（木村靖二・ちくま新書）
『第一次世界大戦史』（飯倉章・中公新書）
『辛亥革命』（野沢豊・岩波新書）
『大正デモクラシー』シリーズ日本近現代史4（成田龍一・岩波新書）
『大正政変—1900年体制の崩壊』歴史と日本人5（坂野潤治・ミネルヴァ書房）
『大隈重信（下）』（伊藤之雄・中公新書）
『対華二十一ヵ条要求とは何だったか—第一次世界大戦と日中対立の原点』（奈良岡聰智・名古屋大学出版会）
『岩波講座日本歴史第17巻』「3都市民衆騒擾と政党政治の発展」季武嘉也（岩波書店）
『シベリア出兵—近代日本の忘れられた七年戦争』（麻田雅文・中公新書）
『原敬—「平民宰相」の虚像と実像』（清水唯一朗・中公新書）
『憲法講話』（美濃部達吉・岩波文庫）

（8）総力戦の果てに

『ロシア革命—破局の8か月』（池田嘉郎・岩波新書）
『ロシア革命とソ連の世紀第1巻』（松戸清裕・浅岡善治・池田嘉郎・宇山智彦・中島毅・松井康浩・

岩波書店）

『シベリア出兵―近代日本の忘れられた七年戦争』（麻田雅文・中公新書）

『ヴェルサイユ条約―マックス・ウェーバーとドイツの講和』（牧野雅彦・中公新書）『もう一つの戦後史―第一次世界大戦後の日本・アジア・太平洋』（「20世紀と日本」研究会・千倉書房）

『近代国家への模索』シリーズ中国近現代史2（川島真・岩波新書）

『中国ナショナリズム―民族と愛国の近現代史』（小野寺史郎・中公新書）

『岩波講座日本歴史第17巻』「5政党内閣、宮中とワシントン体制」服部龍二（岩波書店）

『ワシントン体制と日米関係』（細谷千博・斎藤真・東京大学出版会）

（9）「デモクラシー」のうねり

『岩波講座日本歴史第17巻』「4戦間期の家族と女性」小野沢あかね（岩波書店）

『「青鞜」女性解放論集』（堀場清子・岩波文庫）

『草の根の婦人参政権運動史』（伊藤康子・吉川弘文館）

『伊藤野枝と代準介』（矢野寛治・弦書房）

『伊藤野枝集』（森まゆみ・岩波文庫）

『甘粕正彦』増補改訂（角田房子・ちくま文庫）

『鈴木文治のいる風景―日本労働運動の源流をつくった男』（芳賀清明・無明舎出版）

『堺利彦―初期社会主義の思想圏』（小正路淑泰・論創社）

『森戸辰男』人物叢書（小池聖一・吉川弘文館）

『関東大震災』（姜徳相・中公新書）

『関東大震災の社会史』(北原糸子・朝日選書)
『逸翁自叙伝阪急創業者・小林一三の回想』(小林一三・講談社学術文庫)
『同潤会のアパートメントとその時代』(佐藤滋・高見澤邦郎・伊藤裕久・大月敏雄・真野洋介・鹿島出版会)
『転換期の大正』(岡義武・岩波文庫)
『岩波講座日本歴史第17巻』「6「改造」の時代」黒川みどり(岩波書店)
『岩波講座日本歴史第17巻』「7大衆社会の端緒的形成」大岡聡(岩波書店)
『岩波講座日本歴史第17巻』「5政党内閣、宮中とワシントン体制」服部龍二(岩波書店)
『原敬―「平民宰相」の虚像と実像』(清水唯一朗・中公新書)
『転換期の大正』(岡義武・岩波文庫)
『治安維持法小史』(奥平康弘・岩波現代文庫)
『治安維持法―なぜ政党政治は「悪法」を生んだか』(中澤俊輔・中公新書)

Ⅸ　第二次世界大戦の時代

(1)大戦後の文化　「映画」と「自動車」　大衆文化の開花

『大正文化 帝国のユートピア―世界史の転換期と大衆消費社会の形成』(竹村民郎・三元社)
『怒りの葡萄』(スタインベック・大久保康雄訳・新潮文庫)
『フランクリン＝ローズヴェルト―大恐慌と大戦に挑んだ指導者』(佐藤千登勢・中公新書)

『大恐慌のアメリカ』（林敏彦・岩波新書）
『ニューディール労働政策と従業員体制―現代アメリカ労使関係の歴史的前提』（伊藤健市・ミネルヴァ書房）
『岩波講座日本歴史第17巻』「8昭和恐慌と日本経済―1919－1937」武田晴人（岩波書店）
『昭和金融恐慌史』（高橋亀吉・講談社学術文庫）
『昭和恐慌と経済政策』（中村隆英・講談社学術文庫）
『政党政治と天皇』（伊藤之雄・講談社学術文庫）
『浜口雄幸―政党政治の試験時代』（波多野勝・中公新書）
『昭和東北大凶作―娘身売りと欠食児童』（山下文男・無明舎出版）
『犬養毅―党派に殉ぜず、国家に殉ず』（小林惟司・ミネルヴァ日本評伝）
『高橋是清自伝』（高橋是清・上塚司編・中公文庫）
『高橋是清―財政家の数奇な生涯』（大島清―中公新書）
『高橋是清と昭和恐慌』（木村昌人・文春新書）

（3）ファシズムの嵐

『ムッソリーニ―帝国を夢みた政治家』世界史リブレット「人」（高橋進・山川出版社）
『ファシズムと文化』世界史リブレット（田之倉稔・山川出版社）
『イタリア・ファシズム経済』（G・トニオロ・浅井貞夫・C・モルテーニ訳・名古屋大学出版会）
『ナチズム―ドイツ保守主義の一系譜』（村瀬興雄・中公新書）
『世俗宗教としてのナチズム』（小岸昭・ちくま新書）

『ヒトラーとナチ・ドイツ』（石田勇治・講談社現代新書）
『スペイン内戦』（ピエール＝ヴィラール・立石博高・中塚次郎訳・クセジュ文庫）
『スペイン内戦―政治と人間の未完のドラマ』（川成洋・講談社学術文庫）
『ゲルニカ物語―ピカソと現代史』（荒井信一・岩波新書）

（4）戦争への道

『馬賊の「満州」張作霖と近代中国』（澁谷由里・講談社学術文庫）
『張作霖爆殺　昭和天皇の統帥』（大江志乃夫・中公新書）
『満州事変への道―幣原外交と田中外交』（馬場伸也・中公新書）
『浜口雄幸と永田鉄山』（川田稔・講談社選書メチエ）
『岩波講座日本歴史第17巻』「9満州事変・日中戦争の勃発と立憲政治」源川真希（岩波書店）
『もう一つ上の日本史　『日本国紀』読書ノート・近代～現代篇』（浮世博史・幻戯書房）
『満州事変から日中戦争へ』シリーズ日本近現代史5（加藤陽子・岩波新書）
『五・一五事件―海軍将校たちの「昭和維新」』（小山俊樹・中公新書）
『国際連盟―世界平和への夢と挫折』（篠原初枝・中公新書）
『国際連盟と日本外交―集団安全保障の「再発見」』（樋口真魚・東京大学出版会）
『松岡洋右―その人間と外交』（三輪公忠・中公新書）
『移民たちの「満州」』（二松啓紀・平凡社新書）
『満蒙開拓青少年義勇軍の旅路―光と闇の満州』（旅の文化研究所・森話社）
『岡田啓介回顧録』（岡田啓介・中公文庫）

『二・二六事件―「昭和維新」の思想と行動』（高橋正衛・中公新書）
『二・二六事件と青年将校』（筒井清忠・吉川弘文館）
『広田弘毅―「悲劇の宰相」の実像』（服部龍二・中公新書）
『滝川事件』（松尾尊兊・岩波現代文庫）
『治安維持法小史』（奥平康弘・岩波現代文庫）
『幻の東京オリンピック―1940年大会 招致から返上まで』（橋本一夫・講談社学術文庫）
『宗教で読み解く日本史』（浮世博史・すばる舎）
『世界最終戦争』「最終戦争論」「戦争史大観」（石原莞爾・福井雄三・毎日ワンズ）

（5）日本の総力戦　日中戦争

『十五年戦争小史』（江口圭一・ちくま学芸文庫）
『満州事変から日中戦争へ』シリーズ近現代史5（加藤陽子・岩波新書）
『外交五十年』（幣原喜重郎・中公文庫）
『特高警察』（荻野富士夫・岩波新書）
『「天皇機関説」事件』（山崎雅弘・集英社新書）
『岡田啓介回顧録』（岡田啓介・中公文庫）
『広田弘毅―「悲劇の宰相」の実像』（服部龍二・中公新書）
『近衛文麿―「運命」の政治家』（岡義武・岩波新書）
『昭和天皇―側近たちの戦争』歴史文化ライブラリー296（茶谷誠一・吉川弘文館）
『昭和天皇独白録』（文春文庫）

『日中戦争』（古屋哲夫・岩波新書）
『日中戦争―和平か戦線拡大か』（臼井勝美・中公新書）
『もう一つ上の日本史　『日本国紀』読書ノート・近代〜現代篇』（浮世博史・幻戯書房）
『重慶爆撃とは何だったのか―もうひとつの日中戦争』（戦争と空爆問題研究会・高文研）
『南京事件』（笠原十九司・岩波新書）
『南京事件―「虐殺」の構造』（秦郁彦・中公新書）
『岩波ブックレット・シリーズ昭和史』「5新版南京大虐殺」藤原彰（岩波書店）
『中国の旅』（本多勝一・朝日文庫）
『「南京大虐殺」のまぼろし』（鈴木明・WAC）
『〝南京虐殺〟の虚構―松井大将の日記をめぐって』（田中正明・日本教文社）
『決定版南京戦史資料集』「南京戦史」「南京戦史資料Ⅰ」「南京戦史資料Ⅱ」（偕行社）
『「南京虐殺」の徹底検証』（東中野修道・展転社）

（6）第二次世界大戦

『第二次世界大戦外交史』（芦田均・岩波文庫）
『第二次世界大戦への外交史2―ナチスの勃興から開戦まで1933−1939』（芦田均・書肆心水）
『第二次世界大戦1939−1945』（アントニー・ビーヴァー・平賀秀明訳・白水社）
『ヒトラーとスターリン―死の抱擁の瞬間』（アンソニー＝リード・デーヴィッド＝フィッシャー・みすず書房）
『岩波ブックレット・シリーズ昭和史』「4日独伊三国同盟と第二次世界大戦」木畑洋一（岩波書店）

『日独伊三国同盟─「根拠なき確信」と「無責任」の果てに』（大木毅・角川選書）
『虚妄の三国同盟　発掘日米開戦前夜の外交秘史』（渡辺延志・岩波書店）
『近衛文麿─「運命」の政治家』（岡義武・岩波新書）。
『松岡洋右─その人間と外交』（三輪公忠・中公新書）
『岡田啓介回顧録』（岡田啓介・中公文庫）。
『重光・東郷とその時代』（岡崎久彦・ＰＨＰ文庫）

（7）「大東亜戦争」と日本

『独ソ戦─絶滅戦争の惨禍』（大木毅・岩波新書）
『関東軍〈2〉』「関特演・終戦時の対ソ戦」戦史叢書（朝雲新聞社・防衛庁防衛研修所戦史室）
『松岡洋右と日米開戦─大衆政治家の功と罪』歴史文化ライブラリー496（服部聡・吉川弘文館）
『統帥乱れて─北部仏印進駐事件の回想』（大井篤・毎日新聞社）
『戦争拡大の構図─日本軍の「仏印進駐」』（吉沢南・青木書店）
『近衛文麿と日米開戦─内閣書記官が残した「敗戦日本の内側」』（川田稔・祥伝社新書）
『日本陸軍の対ソ謀略─日独防共協定とユーラシア政策』（田嶋信雄・吉川弘文館）
『ノモンハン戦争─モンゴルと満州国』（田中克彦・岩波新書）
『ノモンハン─責任なき戦い』（田中雄一・講談社現代新書）
『もう一つ上の日本史　『日本国紀』読書ノート・近代〜現代篇』（浮世博史・幻戯書房）
『第二次世界大戦外交史』（芦田均・岩波文庫）
『東条英機─太平洋戦争を始めた軍人宰相』日本史リブレット「人」（古川隆久・山川出版社）

『太平洋戦争』（家永三郎・岩波現代文庫）
『アジア・太平洋戦争』シリーズ日本近現代史6（吉田裕・岩波新書）
『太平洋戦争への道1931－1941』（半藤一利・加藤陽子・保阪正康・NHK出版新書）
『新版昭和史』（遠山茂樹・今井清一・藤原彰・岩波新書）
『総力戦』（エーリヒ＝ルーデンドルフ・伊藤智央訳・解説・原書房）
『岩波ブックレット・シリーズ昭和史』「6国民総動員の時代」北河賢三（岩波書店）
『総力戦のなかの日本政治』日本近代の歴史6（源川真希・吉川弘文館）
『近衛新体制』（伊藤隆・中央公論社）
『大政翼賛会への道』（伊藤隆・講談社学術文庫）
『講座日本歴史10』「アジアの中のファシズム国家」須崎慎一（歴史学研究会・日本史研究会編・東京大学出版会）
『十五年戦争期の政治と社会』（粟屋憲太郎・大月書店）
『日中戦争―前線と銃後』（井上寿一・講談社学術文庫）
『後期日中戦争―太平洋戦争下の中国戦線』（広中一成・角川新書）
『大東亜戦争―敗北の本質』（杉之尾宜生・ちくま新書）
『帝国日本の拡張と崩壊―「大東亜共栄圏」への歴史的展開』（河西晃祐・法政大学出版局）
『「大東亜共栄圏」の形成過程とその構造―占領地軍政と軍事作戦の葛藤』（野村佳正）
『国家総動員の時代』（森靖夫・名古屋大学出版会）
『慰安婦問題』（熊谷奈緒子・ちくま新書）

『日本陸軍とアジア政策―陸軍大将宇都宮太郎日記』（宇都宮太郎関係資料研究会・岩波書店）
『沖縄戦―強制された「集団自決」』歴史文化ライブラリー275（林博史・吉川弘文館）
『岩波ブックレット・シリーズ昭和史』「4日独伊三国同盟と第二次大戦」木畑洋一（岩波書店）

X　現代世界の中の日本

（1）終戦と占領と　日本の民主化

『日本のいちばん長い日』（半藤一利・文春文庫）
『「ポツダム宣言」を読んだことがありますか？』（山田侑平・共同通信社出版センター）
『ポツダム宣言と軍国日本』敗者の日本史20（古川隆久・吉川弘文館）
『黙殺―ポツダム宣言の真実と日本の運命』（仲晃・NHKブックス）
『占領と改革』シリーズ日本近代史7（雨宮昭一・岩波新書）
『中国残留邦人―置き去られた六十余年』（井出孫六・岩波新書）
『終わりなき旅―「中国残留孤児」の歴史と現在』（井出孫六・岩波現代文庫）
『移民たちの「満州」』（二松啓紀・平凡社新書）
『シベリア抑留―スターリン独裁下、「収容所群島」の実像』（富田武・中公新書）
『もう一つ上の日本史『日本国紀』読書ノート・近代～現代篇』（浮世博史・幻戯書房）
『日本占領史―東京・ワシントン・沖縄』（福永文夫・中公新書）
『岩波ブックレット・シリーズ昭和史』「9占領と戦後改革」（竹前栄治・岩波書店）
『米国の日本占領政策―戦後日本の設計図』叢書国際環境（五百旗頭真・中央公論社）

『財閥解体』（梅津和郎・教育社歴史新書）
『マッカーサー大戦回顧録』中公文庫
『マッカーサーの二千日』袖井林二郎・中公文庫
『幣原喜重郎』（吉田書店）
『日本国憲法の誕生―増補改訂版』（古関彰一・岩波現代文庫）
『学校の戦後史』（木村元・岩波新書）
『日本国民をつくった教育―寺子屋からＧＨＱの占領教育政策まで』（沖田行司・ミネルヴァ書房）
『敗戦と民主化―ＧＨＱ経済分析官の見た日本』（Ｔ・Ａ・ビッソン・内山秀夫訳・慶應義塾大学出版会）
『日本占領―ＧＨＱ高官の証言』（竹前栄治・中央公論社）
『戦後インフレーション―昭和20年代の日本経済』（原薫・八朔社）
『吉田茂―尊皇の政治家』（原彬久・岩波新書）
『吉田茂と昭和史』（井上寿一・講談社現代新書）

（2）日本の独立と国際社会への復帰

『ヨーロッパ冷戦史』（山本健・ちくま新書）
『冷戦１９４５－１９９１』（マイケル＝Ｌ＝ドックリル・伊藤裕子訳・岩波書店）
『日本冷戦史』（下斗米伸・夫岩波書店）
『朝鮮戦争―米中対決の原形』（神谷不二・中公新書）
『朝鮮戦争全史』（和田春樹・岩波書店）
『韓国現代史』（木村幹・中公新書）

『回想十年』（吉田茂・中公文庫）
『サンフランシスコ平和条約・日米安全保障条約』シリーズ戦後史の証言・占領と講和7（西村熊雄・中公文庫）
『日米安保体制』（吉次公介・岩波新書）
『もう一つ上の日本史 『日本国紀』読書ノート・近代〜現代篇』（浮世博史・幻戯書房）
『日本外交史27 サンフランシスコ平和条約』（西村熊雄・鹿島研究書出版）
『講座日本歴史11・12』（歴史学研究会・日本史研究会編・東京大学出版会）
『日本通史Ⅲ 国際政治下の日本』（宮地正人・山川出版）
『岩波ブックレット・シリーズ昭和史』「11サンフランシスコ講和」佐々木隆爾（岩波書店）
『現代西ヨーロッパ政治史』（中木康夫・河合秀和・山口定・有斐閣ブックス）
『ドイツ現代史の正しい見方』（セバスチャン＝ハフナー著・瀬野文教訳・草思社文庫）
『アデナウアー―現代ドイツを創った政治家』（板橋拓己・中公新書）
『吉田茂―その背景と遺産』（高坂正堯編・TBSブリタニカ）
『宰相吉田茂』（高坂正堯・中公クラシックス）
『二〇世紀の歴史』（木畑洋一・岩波新書）
『ソ連史』（松戸清裕・ちくま新書）
『歴史のなかのソ連』世界史リブレット（松戸清裕・山川出版社）
『鳩山一郎とその時代』（増田弘・中島政希・平凡社）
『石橋湛山―リベラリストの真髄』（増田弘・中公新書）

『石橋湛山評論集』（松尾尊兊・岩波文庫）
『湛山回想』（石橋湛山・岩波文庫）
『石橋湛山の経済政策思想―経済分析の帰結としての自由主義、民主主義、平和主義』（原田泰・和田みき子・日本評論社）

（3）新しい「日本のかたち」

『もう一つ上の日本史　『日本国紀』読書ノート・近代〜現代篇』（浮世博史・幻戯書房）
『戦後の日本経済』（橋本寿朗・岩波新書）
『高度成長』シリーズ近現代史8（武田晴人・岩波新書）
『四大公害病―水俣病、新潟水俣病、イタイイタイ病、四日市公害』（政野淳子・中公新書）
『二〇世紀の歴史』（木畑洋一・岩波新書）
『ヨーロッパ冷戦史』（山本健・ちくま新書）
『ベルリンの壁―ドイツ分断の歴史』（エドガー＝ヴォルフォルム著・飯田収治・木村明夫・村上亮訳・洛北出版）
『岩波ブックレット・シリーズ昭和史』「12ベトナム戦争と日本」（吉沢南・岩波書店）
『戦後補償から考える日本とアジア』日本史リブレット（内海愛子・山川出版社）
『戦後日本のアジア外交』（宮城大蔵・ミネルヴァ書房）
『日中国交正常化―田中角栄、大平正芳、官僚たちの挑戦』（服部龍二・中公新書
『岩波ブックレット・シリーズ昭和史』「13高度経済成長から『経済大国』へ」伊藤正直（岩波書店）
『昭和経済史』（中村隆英・岩波現代文庫）

『戦後日本経済史』（野口悠紀雄・新潮選書）
『レーガン・ゴルバチョフ・ブッシュ—冷戦を終結させた指導者たち』（和田修一・一藝社）
『レーガン』（村田晃嗣・中公新書）
『私の見たペレストロイカ—ゴルバチョフ時代のモスクワ』（和田春樹・岩波新書）
『中曽根康弘—「大統領的首相」の軌跡』（服部龍二・中公新書）
『1940年体制—さらば戦時経済』（野口悠紀雄・東洋経済新報社）
『リベラルとは何か—17世紀の自由主義から現代日本まで』（田中拓道・中公新書）
『新自由主義の暴走—格差社会をつくった経済学者たち』（ビンヤミン＝アッペルバウム著・藤井清美訳・早川書房）
『変異する資本主義』（中野剛志・ダイヤモンド社）
『平和主義は貧困への道』（佐藤健志・ベストセラーズ）
『リベラリズムの再生—可謬主義による政治理論』（施光恒・慶應義塾大学出版会）
『反動世代—日本の政治を取り戻す』（三橋貴明・施光恒・佐藤健志・中野剛志・柴山桂太著・森健編著・講談社）
『冷戦史—その起源・展開・終焉と日本』（松岡完・広瀬佳一・竹中佳彦・同文館出版）
『ブッシュの戦争』（ボブ＝ウッドワード著・伏見威蕃・日本経済新聞社）
『世界金融危機』岩波ブックレット（アンドリュー＝デウィット著・金子勝訳・岩波書店）
『アメリカの政党政治—建国から250年の軌跡』（岡山裕・中公新書）
『グローバル時代のアメリカ—冷戦時代から21世紀』シリーズアメリカ合衆国史4（古矢旬・岩波新書）

『平成時代』(吉見俊哉・岩波新書)
『平成史講義』(吉見俊哉・ちくま新書)
『ポスト戦後社会』シリーズ日本近現代史9(吉見俊哉・岩波新書)

あとがき

そもそも、一人で「通史」を描くことには無理がある、と私はずっと考えています。

第一の理由は、やはり「広く浅く」の説明にならざるをえず、その「浅く」のために、内容が表面的になり、その「広く」のために、書き手の専門性に限界が出る、ということです。

第二の理由は、「通史」は「長さ」をともなうことになり、読み手を飽きさせない、という意識が働いてしまい、結果として「物語」的にならざるをえず、無意識的に「面白さ」を求めてしまい、そこに誇張や虚構が入り込む可能性が出てしまう……。

第三の理由は、やはり、その「長さ」ゆえに、割愛や省略が増加してしまい、無意識的に筆者の好悪が反映され、場合によっては恣意的な選択もおこなわれてしまうかもしれないからです。

よって全体にまとまりをもたせる(テーマを設定する)編者と、各時代の複数の専門家に「分担」して、通史を描く、というのが一般的です。

青灯社の代表辻一三氏より、丁重な通史著述の依頼をいただいたとき、たいへんありがたい申し出であると光栄に思うと同時に、やはり私の手に余ると辞退申し上げようと、正直思いました。

しかし、ふと、思ったのです。この第一から第三の理由こそが、歴史著述や歴史の説明に誤解と誤謬を与えてしまう「原因」そのものでないのかと。

専門外のことに言及するがゆえに誤りが出る。

面白くしようとするがゆえに、誇張や虚構が生まれてしまう。

割愛と省略があるがゆえに、筆者のバイアスがかかった「選択」が起こってしまう。

第一については、多くのすぐれた研究者たちの成果を紹介し、第二については、たとえ面白くなくとも、興味がわかないような部分でも、「ありのまま」に捉えて説明し、第三については、歴史「で」何かを語らず、歴史「を」しっかりと見つめる……。

そうして各章に一つのテーマを定めて、それを軸に描いていく……。

それらを意識してまとめていったつもりです。

遅筆ではないはずの私でしたが、通史を描く重みに耐えかねて、当初の予定から大幅に遅れて筆を進めたにもかかわらず、根気強く励まし、そしてまた新しい視点と考え方の示唆をしてくださった辻一三氏には感謝の言葉しかありません。

日本に限らず、「正しい歴史」が存在しているわけでもなく、多くの出来事のすべてが解明されているわけでもありません。現在「わかっている歴史」は、その何百、何千倍もの「わからない歴史」のほんの一部分にしかすぎないのです。

これから新しい史料が発見されるかもしれませんし、誰も気づかなかった史実が埋もれたままかもしれませんし、従来と異なる解釈や考え方が取り入れられるかもしれません。

歴史は、タイルの粗いモザイク画。遠くから見れば美しい……。

そういうつもりで本書をまとめました。

本書を通じて、何か一つの原因で歴史は動くことなどなく、ときに多角的に、ときに俯瞰的に、そしてまた複眼的に過去の出来事を眺めていく必要がある、ということがわかっていただけたなら幸いです。

浮世博史（うきよ・ひろし）私立西大和学園中学校・高等学校社会科教諭。塾教師として20年近く中学・高校受験の指導にあたった後、大阪市天王寺区の私立四天王寺中学校・高等学校社会科主任をへて現職。著書『もう一つ上の日本史『日本国紀』読書ノート・古代～近世篇、古代～近世篇』（幻戯書房）『宗教で読み解く日本史』（すばる舎）ほか。

教科書を書き換える 日本史の教室 下

2022年5月31日　第1刷発行

著　者　浮世博史
発行者　辻　一三
発行所　株式会社青灯社
東京都新宿区新宿 1－4－13
郵便番号 160－0022
電話 03－5368－6923（編集）
　　 03－5368－6550（販売）
URL http://www.seitosha-p.co.jp
振替　00120－8－260856

印刷・製本　モリモト印刷株式会社

ISBN978－4－86228－120－3 C0021

小社ロゴは、田中恭吉「ろうそく」（和歌山県立近代美術館所蔵）をもとに、菊地信義氏が作成

●青灯社の本●

日本はなぜ原発を拒めないのか——国家の闇へ　山岡淳一郎　定価1600円+税

中国のロジックと欧米思考　天児　慧　定価1800円+税

ふたたびの〈戦前〉——軍隊体験者の反省とこれから　石田　雄　定価1600円+税

自分で考える集団的自衛権——若者と国家　柳澤協二　定価1400円+税

知・情・意の神経心理学　山鳥　重　定価1800円+税

「二重言語国家・日本」の歴史　石川九楊　定価2200円+税

9条がつくる脱アメリカ型国家——財界リーダーの提言　品川正治　定価1500円+税

子どもが自立する学校——奇跡を生んだ実践の秘密　尾木直樹　編著　定価2000円+税

米朝戦争をふせぐ——平和国家日本の責任　和田春樹　定価1200円+税

拉致問題を考えなおす　蓮池透／和田春樹／菅沼光弘／青木理／東海林勤　定価1500円+税

毛沢東最後の革命（上・下）　ロデリック・マクファーカー／マイケル・シェーンハルス　朝倉和子　訳　定価各3800円+税

神と黄金（上・下）——イギリス・アメリカはなぜ近現代世界を支配できたのか　ウォルター・ラッセル・ミード　寺下滝郎　訳　定価各3200円+税

起源——古代オリエント文明：西欧近代生活の背景　ウィリアム・W・ハロー　岡田明子　訳　定価4800円+税

魂の脱植民地化とは何か　深尾葉子　定価2500円+税

枠組み外しの旅——「個性化」が変える福祉社会　竹端　寛　定価2500円+税

合理的な神秘主義——生きるための思想史　安冨　歩　定価2500円+税

生きる技法　安冨　歩　定価1500円+税

他力の思想——仏陀から植木等まで　山本伸裕　定価2200円+税

理性の暴力——日本社会の病理学　古賀　徹　定価2800円+税

愛と貨幣の経済学——快楽の社交主義へ　古賀　徹　定価2000円+税

魂深き人びと——西欧中世からの反骨精神　香田芳樹　定価2500円+税